Familienforschung
und
Wappenkunde

1633
Gregorius Zauer De ung bin Jch genam
Den Hoff Linden Zu Kaltbrun wol be kant //
Die 3 Frauw Hat mir gott ge eben // Mari
Anna //

Peter Bahn

Familienforschung
und
Wappenkunde

BASSERMANN

Inhalt

Polycronycon

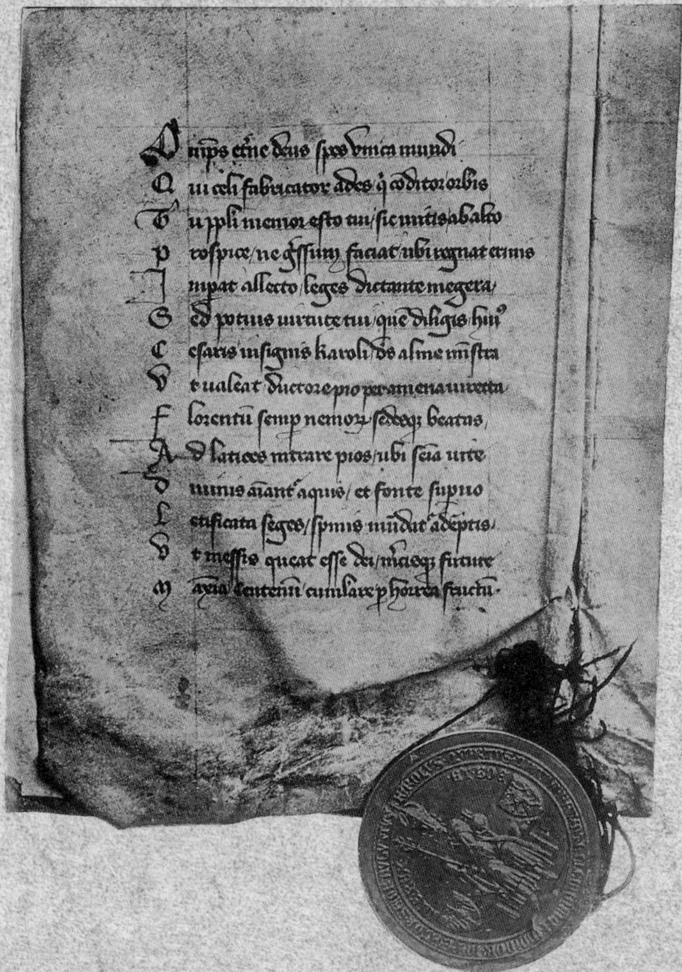

Familienforschung

Familienforschung – warum?

Auf der Suche nach den Wurzeln

Der Erfolg von Fernsehserien wie »Heimat« und »Die Dornenvögel«, »Rote Erde« und »Roots« (= Wurzeln) kam nicht überraschend: das Interesse an der Geschichte früherer Generationen und am Schicksal von Familien im Strudel der Zeitereignisse ist seit den siebziger Jahren unverkennbar, und zwar nicht nur in Deutschland. Ganz gleich, ob es um Hunsrücker Bauern oder australische Pächter, um die Nachkommen polnischer Einwanderer im Ruhrgebiet oder afrikanischer Sklaven im Süden der USA geht, Familiengeschichte hat etwas Packendes, und trockene historische Fakten werden eingängiger und begreifbarer, wenn sie anhand konkreter Lebensläufe nachvollzogen werden können.

Überhaupt scheint alles Alte heute einen Boom zu erleben, und vieles, was man in den ersten Nachkriegsjahrzehnten noch unbesehen als wertloses Gerümpel verhökert oder weggeworfen hätte, wird heute sorgsam restauriert, gepflegt und für die Nachwelt bewahrt. Die historische Dimension des menschlichen Daseins, in der Wiederaufbau- und Modernitätswelle der fünfziger und sechziger Jahre fast vergessen, hat wieder an Beachtung und Bedeutung gewonnen. Nicht nur Bäume haben Wurzeln, auch der Mensch hat ein Woher, und die Frage danach kann ihm auch viel über sich selbst, sein Werden und das Entstehen der ihn umgebenden engeren Umwelt verraten.

So wird das (schon gar nicht mehr so neue) Interesse an Geschichte in breiten Bevölkerungskreisen, der Boom historischer Filme und Literatur, die Hinwendung zum Alten,

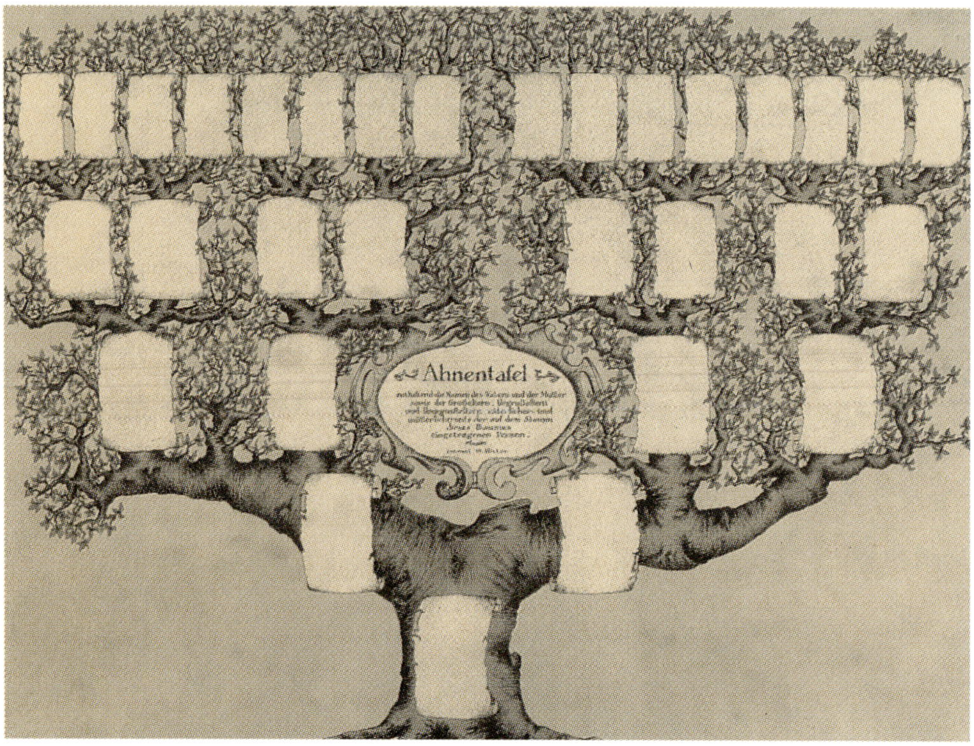

Ahnentafel in Baumform, künstlerisch dekoriert. Sie mit Inhalt zu füllen ist das Ziel jedes Familienforschers

Seite 6: Titelseite eines anonymen Geschichtswerkes (Ritter in schwerer Turnierrüstung, um 1500);

Seite 7: Goldene Bulle mit kaiserlichem Siegel, Reichsgrundgesetz Karls IV. von 1356

verständlich: die Frage nach dem Wohin des Menschen läßt sich letztlich nur im Zusammenhang mit der Frage nach dem Woher beantworten, die Beschäftigung mit der Geschichte kann Aufschlüsse geben über Entwicklungslinien, die auch heute noch längst nicht abgeschlossen sind. Der französische Schriftsteller André Malraux prägte dazu den treffenden Satz: »Wer in der Zukunft lesen will, muß in der Vergangenheit buchstabieren.« In seiner Geschichte entdeckt der Mensch sich selbst.

Ein deutliches Zeichen für das rege geschichtliche Interesse ist auch die seit einigen Jahren wieder zunehmende Beschäftigung historischer Laien mit ihrer Familiengeschichte.

Entsprechende Vereinigungen verzeichnen kontinuierliche Mitgliedergewinne, Pfarr- und Standesämter sowie öffentliche Bibliotheken und Archive wissen sich vor den Anfragen von Familienforschern manchmal kaum noch zu retten. Eine Reihe von Volkshochschulen und Volksbildungswerken bietet mittlerweile Kurse zur Einführung in die Familienforschung an, in Heimatzeitschriften, -kalendern und -jahrbüchern, aber auch im Lokalteil vieler Tageszeitungen häufen sich Artikel mit familiengeschichtlichen Bezügen. Und in jedem besseren Andenkenladen oder Geschenkartikelgeschäft findet man seit einiger Zeit kunstvoll gestaltete Vordrucke für Stammtafeln und Ahnenpässe in allen Formen und Größen – originelle und sehr persönliche Präsente, die darauf warten, mit Namen und Daten aus der Familiengeschichte versehen zu werden.

Somit hat eine Freizeitbeschäftigung wieder Zuspruch gefunden, die lange Zeit als Spielwiese für versponnene Eitelkeiten oder gar als Ausdruck rassistischen Ungeistes galt und in der Öffentlichkeit bestenfalls belächelt wurde. Zu diesem schlechten Image der Familienforschung (die auch heute noch teilweise mit dem antiquierten Ausdruck Ahnenforschung belegt wird) hat die NS-Zeit beigetragen. Der Mißbrauch familiengeschichtlicher Daten durch den nationalsozialistischen Staat und seine Rassengesetzgebung (die einen Ariernachweis und dergleichen erforderlich machte) und die Strapazierung einst durchaus positiv bewerteter Begriffe wie Sippe, Erbe und Ahnen in der NS-Propaganda ließen es nach 1945 vielen geraten erscheinen, nicht mehr an dieses Thema zu rühren. Die Konzentration weiter Schichten der Bevölkerung auf raschen Wiederaufbau und wirtschaftlichen Erfolg tat ein übriges, das Interesse an Vorfahren zunächst einmal schwinden zu lassen.

Die Sippenbücher der NS-Zeit waren auf fragwürdige Weise bestrebt, die kulturellen Traditionen bis ins germanische Altertum zu verfolgen

Erst die nachgeborenen, vom NS-Ungeist nicht unmittelbar belasteten Generationen begannen, Geschichte neu zu entdecken und dabei auch der Familienforschung neue Impulse zu geben. So sind denn auch die meisten genealogischen Vereinigungen, Arbeitskreise und Gesprächsrunden heute keineswegs Altherrenzirkel, sondern werden zunehmend von Angehörigen der mittleren und der jüngeren Generation geprägt. Sie haben mit der NS-Rassenideologie und den von ihr vereinnahmten Formen der Familienforschung nichts im Sinn.

Kaum ein Familienforscher schließlich ist heute noch darauf erpicht, bei seinen Arbeiten auf adelige Ahnen oder berühmte Männer zu stoßen, wie es vor einigen Jahrzehnten oft noch der Fall war. Vielmehr stehen mittlerweile das Leben und der Alltag der früheren Generationen im Zentrum des Interesses – Bereiche, die bei genauer Betrachtung oft spannender sind als ein Krimi und Stoff für manchen historischen Roman böten. Es muß nicht gleich Karl der Große sein, auf den man bei der Erforschung seiner Vorfahren stößt – das Leben des Dorfschmieds Karl vor einigen Jahrhunderten, sein Kampf ums Überleben inmitten von Kriegen, Pest und Hungersnöten und das Schicksal seiner Familie sind fesselnd genug. Folgt man seinen Spuren in alten Urkunden, kann man Geschichten entdecken, die unter Umständen ebenso spannend sind wie die eingangs erwähnten Fernsehserien und die dazu oft noch den Vorteil haben, daß man ihre Schauplätze in der eigenen Gemeinde oder der näheren Umgebung aufsuchen kann.

Ein spannendes Hobby

Familienforschung ist also keinesfalls eine Freizeitbeschäftigung für Langweiler und Stubenhocker. Sie bringt vielmehr – geht man sie richtig an – einen gehörigen Schuß Spannung und Abwechslung ins Leben. Dabei beginnt, wie bei so vielen Hobbys, alles mit dem Sammeln. Der Familienforscher ist ein Sammler, nur daß er eben keine Briefmarken, Jagdtrophäen, Porzellanpuppen oder Ansichtskarten sammelt, sondern seine Vorfahren. Das heißt, daß er bestrebt ist, so viele von ihnen wie möglich namentlich ausfindig zu machen. Je weiter er damit in die vergangenen Jahrhunderte zurückgehen kann, desto größer ist der Erfolg.
Doch wäre die bloße Auflistung von Namen auf die Dauer nicht sehr interessant, denn der Name eines Vorfahren sagt nicht allzuviel über seine Lebensgeschichte und die Umstände, unter denen sie sich abspielte, aus. Daher wird der Familienforscher außer dem Namen noch etwas anderes sammeln: alle möglichen Daten, die er zu jedem einzelnen seiner Vorfahren in Erfahrung bringen kann. Dies beginnt mit dem Geburts-, dem Heirats- und dem Sterbedatum und den Orten, an denen der Vorfahre sein Leben verbrachte, und geht über die Zahl seiner Kinder und den beruflichen Werdegang bis zu innegehabten Ämtern und ähnlichem mehr. Stück für Stück, wie bei einem Mosaik, fügt sich so durch beharrliches Sammeln eine Geschichte zusammen, nach und nach enthüllen sich Lebensschicksale. Zugleich offenbart die Sammeltätigkeit dem Familienforscher auch viel über die allgemeinen politischen, wirtschaftlichen, sozialen und kulturellen Verhältnisse der Zeit, in der seine Vorfahren nach eigenen Ermittlungen lebten.
So funktioniert die familiengeschichtliche Forschung geradezu als Zeitmaschine, mit der man in die Vergangenheit reist. Was im Schulgeschichtsbuch oft als Aneinanderreihung trockener, lebloser Fakten erschien, beginnt sich nun in quirlender Lebendigkeit zu zeigen: das Leben in früheren Zeiten, die Auswirkungen von Kriegen, Bürgerkriegen und Seuchen auf das Leben einzelner Menschen, Familien und Gemeinden. Historie wird auf diese Weise konkret und greifbar, und das Leben früherer Generationen eröffnet sich plastisch wie in einem Bilderbuch.
Selbstverständlich ist auch der eigentliche Vorgang des Suchens, Stöberns und Sammelns voller Reiz und Spannung und bringt immer wieder Überraschungen, freudige Erwartungen und vielfältige Erfolgserlebnisse, so daß man im Falle der Familienforschung von einem sehr vielseitigen und abwechslungsreichen Hobby sprechen kann. Manchmal sucht man monate-, wenn nicht gar jahrelang nach einem bestimmten Vorfahren (etwa dem Ururgroßvater mütterlicherseits) und stößt urplötzlich durch Zufall, zum Beispiel beim Stöbern in älteren familienkundlichen Zeitschriften, auf seinen Namen und seine Lebensdaten. In einer solchen Situation empfindet der Familienforscher nicht anders als etwa der Münzensammler oder Briefmarkenfreund, der seit

Der »Öffentliche Anzeiger« – eine Fundgrube für den geduldigen Familienforscher

Oeffentlicher Anzeiger,

als Beilage zu Nro. 4

des Amtsblatts der Königlichen Regierung zu Coblenz.

— Nro. 3. —

Oeffentliche Ladung.

Nach dem im Jahre 1785 den 6ten Jänner erfolgten Ableben des Schöffen Jodok Klouth in Rheinbreitbach haben dessen hinterlassene Wittwe und Kinder, und nach jener Tod (am 4ten Juny 1811) die hinterbliebenen Kinder allein die gemeinschaftliche Haushaltung bis dahin, daß die Kinder bis auf eins in vorigem Jahre (im Jänner und August) gestorben sind, fortgeführt.

Indessen kann von Vormundschafts wegen die gemeinschaftliche Haushaltung nur bis zum 1ten August 1812, als dem Sterbetage von Jodok Klouth, Vater von 5 minderjährigen Kindern, nachgegeben, und eben für diese ihre großelterliche Erbschaft nur cum beneficio legis et inventarii angetreten werden.

Es werden daher alle diejenigen, welche an den verlebten Eheleuten, Schöffen Jodok Klouth und Sibilla gebornen Schmitz, oder deren bis zum 1ten August 1812 in gemeinschaftlicher Haushaltung, geht an denen Kindern, aus was immer für einem Grunde, eine Forderung zu machen haben, zu deren Angabe und Liquidation auf Dienstag den 18ten März dieses Jahres, Vormittags 9 Uhr, bei Vermeidung des Ausschlusses von der Masse, vor hiesiges Amt vorgeladen.

Linz am 11ten Januar 1817.

Königl. Preußisches Amt.
Thewalt.

Edictalladung.

Johann Peter Herschbach von Sayn hat sich vor ungefähr 40 Jahren aus seiner Heimath entfernt, und seit langer Zeit keine Nachricht von sich ertheilt.

Da nun seine Verwandte um Aushändigung des für denselben bisher gerichtlich verwalteten Vermögens, bestehend in 250 fl., gebethen haben, so wird der benannte Johann Peter Herschbach, oder wer sonst aus irgend einem Rechtsgrunde Ansprüche auf jenes Vermögen erweisen kann, hiermit vorgeladen, sich binnen drei Monaten zu dessen Besitznahme, oder zur vordersamen Liquidation der Ansprüche, vor dem hiesigen Justiz-Amte zu melden, und soll im Säumungsfalle ohne weiters dem Gesuche der hiesigen Verwandten nach Maßgabe des Statutar-Rechtes Statt gegeben werden.

Vallendar den 14ten Jänner 1817.

Königlich Preußisches Amt.
Liek.

Edictalladung.

Der Herr Canonicus Schorb in Coblenz, vormals Conventual in Rommersdorf, hat auf den Grund einer gerichtlichen Verschreibung de dato Vallendar den 11ten Jänner 1782 einen Capital-Betrag von 225 fl. nebst rückständigen Zinsen gegen die Gant-Masse des Jacob Friedhofen von Weitersburg bei hiesigem Amte eingeklagt. —

Da die Verschreibung ursprünglich von den Eltern des Cridars zu Gunsten des Johann Nicolaus Haubrich und seiner Hausfrau in Weitersburg ausgestellt worden ist, eine gerichtliche Cession nie Statt gehabt hat, die Erben der Letztern auch erklärt haben, daß sie

langem einem seltenen Stück hinterherjagt und es ganz unerwartet in einem Trödelladen oder auf einem Flohmarkt findet.
Während der Münzen- oder Briefmarkensammler sich jedoch auf ein bestimmtes, klar abgegrenztes und vielleicht sogar schon abgeschlossenes Teilgebiet spezialisieren kann und somit gute Chancen hat, seine Sammlung eines schönen Tages komplett zu haben, kann der Familienforscher mit dem Sammeln im Grunde nie aufhören. Vielleicht macht auch dies die Familienforschung zu einem so spannenden Hobby, von dem man nur schlecht lassen kann und das bei vielen zur Leidenschaft wird. Die mögliche Sammelmenge ist bei der Familienforschung letztlich unbegrenzt, da ja selbst der älteste aller einmal erfaßten Vorfahren wiederum Eltern, Großeltern, Urgroßeltern usw. hatte. Man kann noch so weit in die Vergangenheit zurückgehen – immer wieder stellt sich die Frage: Und wer war davor? Geht man zehn Generationen zurück, so sind schon insgesamt 2 046 Vorfahren zu erfassen, was kaum jemals ein Familienforscher lückenlos geschafft haben dürfte. Man ist dann mit seinen Nachforschungen aber erst im 17. Jahrhundert angelangt und kann zumindest mit einzelnen Linien noch weiter zurückgehen, so daß sich immer wieder neue Aufgaben stellen.
Aber nicht nur das »Sammeln« der Vorfahren durch ihre namentliche Erfassung nimmt praktisch nie ein Ende. Auch der Lebenslauf jeder einzelnen Person ist ja voller Fakten und Details, so daß schon allein die annähernd genaue Rekonstruktion auch nur eines einzigen dieser Lebensläufe viel Zeit und Arbeit erfordert. So kann man Familienforschung immer weiter betreiben, ohne jemals Langeweile zu empfinden. Es gibt stets noch Unbekanntes, vielleicht sogar Geheimnisvolles, das nach Entdeckung ruft und näher erforscht werden will.
Ein solches Hobby, das spannend ist und zugleich entspannt, das Wissen vermittelt und geistig anregt, bereitet viel Freude, die sich auch auf Verwandte und Bekannte übertragen kann. Der kunstvoll gezeichnete Stammbaum oder die selbstverfaßte Familienchronik sind zum Beispiel phantasievolle Geschenke mit persönlicher Note, die beim Cousin oder beim Schwager sicher gut ankommen werden. Und der heute längst ausgestorbene Beruf, der vielleicht viele Generationen hindurch in der Familie ausgeübt wurde, der Weg des Ururgroßvaters mit der napoleonischen Armee oder die 17 Kinder, die sein Sohn zeugte – ist das nicht spannender Stoff für stundenlange Gespräche bei Familientreffen? Wer hierüber Genaueres zu berichten weiß, wird gewiß aufmerksame Zuhörer finden und vielleicht noch manch anderen dazu anregen, ebenfalls der Familiengeschichte nachzuspüren.

Geschichte »von unten«: Alltags-, Regional-, Orts- und Personengeschichte

Man kann Geschichte aus mehreren Blickwinkeln betrachten. Die eine, bekanntere, und den meisten aus dem schulischen Geschichtsunterricht noch recht unliebsam vertraute Möglichkeit ist die Betrachtung der »großen« Geschichte, der »Haupt- und Staatsaktionen«. Jahreszahlen und Schlachtenorte, Staatsverträge und Herrschernamen, einzelne Dynastien und die von ihnen geführten Kriege stehen dabei im Mittelpunkt des Interesses.
An der Notwendigkeit einer solchen Staatengeschichte beziehungsweise politischen Geschichte kann nicht gezweifelt werden. Sie hat durchaus ihren Sinn, ermöglicht sie es doch, größere Zusammenhänge und allgemein bedeutsame Entwicklungslinien zu erkennen und zu überblicken. Aber dennoch: In der Vergangenheit geschah weit mehr, als mit diesem auf das Große und Ganze gerichteten Blick zu sehen ist. Die Frage, wie denn die Menschen früherer Generationen lebten, liebten und arbeiteten, kann von der »großen« Geschichtsschrei-

Großbürgerliche Familie am Frühstückstisch (Gouache von Hans Gabriel Jentzsch, 1902)

bung oft nur unzulänglich beantwortet werden. Gewiß wirkten Kriege und Revolutionen, Wechsel der Herrschergeschlechter und der Staatsformen, Eroberungen und Verfassungsänderungen mehr oder weniger unmittelbar auf die einzelnen Menschen und ihr tägliches Leben ein. Doch gab es auch den umgekehrten Prozeß: die Lebensverhältnisse des Volkes beeinflußten das große politische Geschehen, waren zum Beispiel auslösend für gesellschaftliche Umwälzungen, für Siege oder Niederlagen in Kriegen und für die Entstehung neuer, historisch relevanter und wirkungsvoller Ideen. Von diesem Wechselprozeß zwischen Staatengeschichte und Alltagsgeschichte haben die traditionelle Geschichtswissenschaft wie auch der schulische Geschichtsunterricht lange Zeit ein einseitiges Bild vermittelt. Erst seit einigen Jahren beginnt sich allmählich eine andere Betrachtungsweise durchzusetzen, in der die Alltags- und Personengeschichte eine immer größere Rolle spielt.

Die neue Einsicht in die Bedeutung der Alltagsgeschichte hat, oft mit dem neuen Interesse an Heimat und regionaler Identität verbunden, zu einer Vielzahl von örtlichen Initiativen geführt, für die die Familienforschung eine wichtige Bereicherung darstellen kann. In zahlreichen kleineren Städten und selbst in vielen Dörfern sind in den letzten Jahren lokale Museen oder Heimatstuben entstanden, die Geschichte aus der Sicht der Bürger des jeweiligen Ortes darstellen und dabei vor allem einen Eindruck vom alltäglichen Leben in vergangenen Zeiten vermitteln wollen. Nicht Schlachten- und Herrschergemälde, Staatskarossen und Paradeuniformen werden hier ausgestellt, sondern zunächst unscheinbar wirkende Dinge: Sensen, Sicheln und Winzermesser, Pflüge und Eggen, Schmiedehämmer und alte Hobelbänke, Notgeldscheine und alte Pässe, roh gezimmerte Tische aus Tagelöhner- oder Leineweberhaushalten, vergilbte Fotos von Schulklassen oder Fabrikbelegschaften aus

der Zeit der Jahrhundertwende und Plakate mit Notverordnungen oder anderen amtlichen Bekanntmachungen. All diese Dinge sagen etwas aus über Arbeitswelt, Wohnkultur, Lebensbedingungen und örtlich bedeutsame Ereignisse in früheren Jahrzehnten und Jahrhunderten.
Oft fängt es damit an, daß ein paar Leute meinen, ehe alles Alte weggeworfen oder für ein paar Mark auf Flohmärkten verscherbelt würde, müsse man es sammeln und bewahren. Ist dieser Impuls des Sammelns und Aufbewahrens erst einmal in die Tat umgesetzt und irgendwo in einem alten Schuppen, Dachboden oder Kellerraum ein entsprechendes Lager angelegt worden, so stellt sich schon sehr bald die Frage, was denn mit dem gesammelten Material geschehen soll, ob und wie man es der lokalen Öffentlichkeit zugänglich macht. So entsteht dann meist der Plan des Orts- oder Heimatmuseums. Wenn es dann noch gelingt, die zuständige Gemeindeverwaltung für ein solches Projekt zu begeistern und vielleicht gar mittels Werkvertrag oder Arbeitsbeschaffungsmaßnahme einen Fachmann oder eine Fachfrau (zum Beispiel Historiker oder Volkskundler) für die Konzeptions- und Aufbauphase zu gewinnen, ist schon viel erreicht.
Die Einbeziehung aufbereiteter Ergebnisse familienkundlicher Forschungen aus dem Ort kann dabei eine wesentliche Bereicherung für ein solches Heimatmuseum darstellen. Sie kann Aufschluß geben über Zuzüge bestimmter Bevölkerungsgruppen (Glaubensflüchtlinge wie zum Beispiel Hugenotten oder Salzburger Emigranten, frühe »Gastarbeiter« wie Holländer, Polen und Italiener), über die sozialen Verhältnisse und die Verwandtschaftsbeziehungen in der Gemeinde, über die Geschichte einzelner Höfe und Häuser und über die Lebensgeschichte von Personen, die auf dem einen oder anderen im Museum ausgestellten Bild zu sehen sind. Selbstverständlich sollte ein solches Ortsmuseum nicht den Charakter einer Rumpelkammer haben, in der nur irgendwelche alten Sachen zu sehen sind, sondern sich bemühen, die tatsächliche Geschichte des jeweiligen Ortes zu zeigen. Dies setzt neben dem Sammeln von brauchbaren Museumsobjekten auch gründliche und meist um-

Basler Familienkonzert (Gemälde von Sebastian Gutzwiller, 1849)

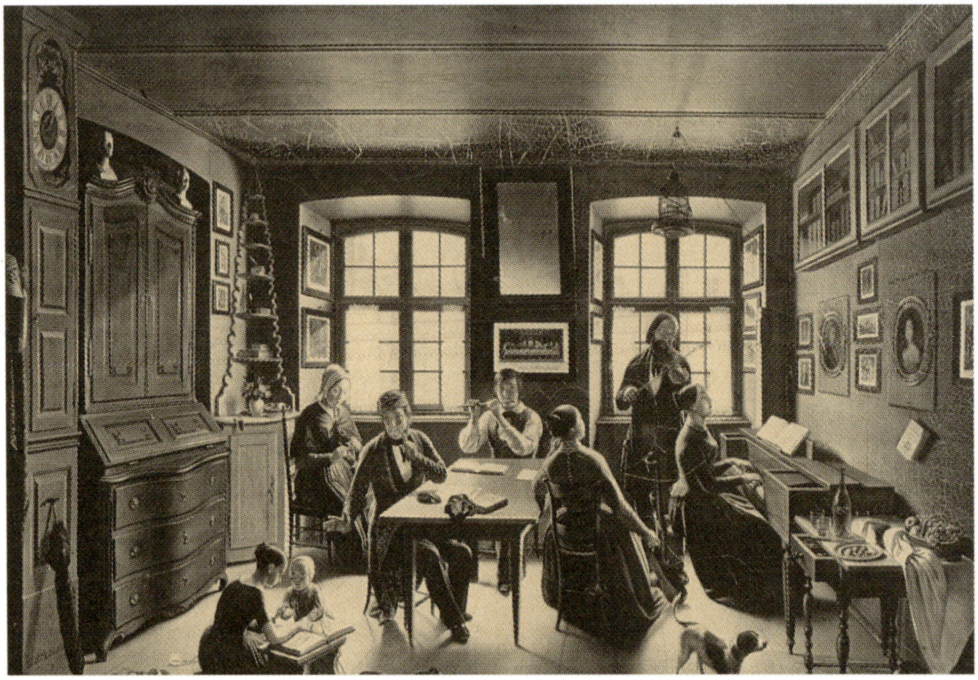

Seite aus einer ausführlichen und reichhaltig illustrierten Gemeindechronik – eine wahre Fundgrube für den Hobbyforscher

II. Das Gemeindewappen erzählt

Auf Antrag des Gemeinderates vom 14. April 1965 erhielt die Gemeinde Unterschleißheim am 10. August 1965 mit Zustimmung des Bayerischen Staatsministeriums des Innern ein neues Gemeindewappen.

Der Schild des Wappens ist geteilt. Das obere Feld zeigt einen goldenen Zickzackbalken auf blauem Grund. Im unteren Teil befinden sich auf goldenem Grund schräg gekreuzt ein grüner Fichtenzweig und ein grünes Eichenblatt.

Das Wappen symbolisiert Vergangenheit und Gegenwart der Gemeinde Unterschleißheim.

In der Genehmigungsentschließung finden wir: »Das obere Feld bezieht sich auf das Kloster Scheyern, das seit dem 12. Jahrhundert im Gemeindegebiet bedeutenden Grundbesitz hatte.« Der Zickzackbalken ist jedoch das eigentliche Wappen der Schyren-Wittelsbacher. Damit führt uns das Gemeindewappen noch weiter in die Anfänge unseres Gemeinwesens zurück. Um 1180 übereignete Graf Ekkehard von Scheyern dem Kloster Scheyern einen Hof und zwei Huben in Schleißheim. Der goldene Zickzackbalken erinnert daher an die Besitzungen, die das Haus Wittelsbach-Scheyern in unserem heutigen Gemeindegebiet im 12. Jahrhundert hatte.

»Das untere Feld soll den Namen des größten der drei Gemeindeteile, Lohhof, symbolisieren; dieser Name bedeutet ›Hof an der Lohe‹, einem lichten Mischwald.«

Firmen, die ihre Familiengeschichte für die Werbung einsetzen wollen, müssen auch Geschichtsforschung betreiben

fangreiche Quellen- und Archivstudien voraus und macht die Anlage eines eigenen Gemeinde- oder Museumsarchivs unerläßlich, in dem dann auch die Familiengeschichte ihren Platz haben sollte.

In vielen Fällen sind »Heimat- und Geschichtsvereine«, »Gesellschaften der Heimatfreunde« und ähnliche Vereinigungen die Träger entsprechender Arbeiten. Gruppierungen dieser Art erleben derzeit ebenfalls einen Aufschwung – ein weiteres Zeichen für das neue Geschichtsbewußtsein, das sich herausgebildet hat. Viele dieser Vereine geben auch Zeitschriften und Informationsblätter heraus, die dem familienkundlich Interessierten nicht nur wichtige Hinweise bieten, sondern ihm in der Regel auch als Forum zur Veröffentlichung eigener Forschungsergebnisse offenstehen. Auch hier zeigt sich wieder die enge und recht fruchtbare Beziehung zwischen der Familienforschung und der alltagsgeschichtlich orientierten Arbeit der Lokalhistoriker.

Ein wichtiges Ergebnis ortsgeschichtlicher Forschungen sind zahlreiche mittlerweile gedruckte Ortschroniken, die oft schon für kleine Dörfer vorliegen und in vielen Fällen keineswegs das Werk von studierten Historikern, sondern von Hobbyforschern sind. Wer sich für Familiengeschichte interessiert, sollte sich auch auf diesem Arbeitsgebiet aktiv betätigen, denn er kann den Autoren solcher Ortschroniken wichtige Informationen liefern und vielleicht sogar ein eigenes Kapitel über die Bevölkerungsgeschichte und das Schicksal der wichtigsten alteingesessenen Familien verfassen. Andererseits wird der Familienforscher in bereits vorhandenen Ortschroniken manches bedeutsame Material für seine eigene Arbeit finden können.

Ein weiterer für jeden familiengeschichtlich Interessierten wichtiger Trend ist auch das zunehmende Interesse an biographischer Literatur, das heißt an Personengeschichte. Historische Vorgänge werden eingängiger, plausibler und plastischer, wenn sie anhand konkreter Lebensläufe von Handelnden und Betroffenen dargestellt werden. Und so haben Biographien zur Zeit im Buchhandel geradezu Hochkonjunktur. Das gilt nicht nur für Bücher über Bismarck, Kaiser Wilhelm oder Konrad Adenauer und Kurt Schumacher, sondern auch für Lebensbeschreibungen »kleiner Leute«: Jugenderinnerungen einer Hunsrückbäuerin, der auf Grund von Archivakten rekonstruierte Lebenslauf eines oberhessischen Müllers aus dem 18. Jahrhundert, Schicksale von Bergarbeitern aus dem Ruhrgebiet – das sind Themen, die Alltagsgeschichte sichtbar machen und mittlerweile in Buchform behandelt worden sind. Die Zusammenhänge mit der Familiengeschichte sind offensichtlich: was hier präsentiert wird, sind Beispiele für das Leben von Menschen früherer Generationen – wer Familienforschung betreibt, wird bei nicht wenigen seiner eigenen Vorfahren auf ähnliches und vergleichbares stoßen.

Familienforschung und Recht

»Was dem einen sein' Uhl, ist dem andern sein' Nachtigall«, lautet ein altes Sprichwort, das man in gewisser Hinsicht auch auf Sinn und Nutzen der Familienforschung anwenden kann. Denn was für den einen ein spannendes und lehrreiches Hobby darstellt, kann für manchen anderen unter bestimmten Umständen zur notwendigen Pflicht werden. Und das ist nicht erst seit gestern so. Schon zur Zeit des Feudalsystems dienten Abstammungsnachweise einzelnen Dynastien dazu, Ansprüche auf Rechte und Territorien zu erheben. So leitete Ludwig XIV. von Frankreich aufgrund der Ehe seines Bruders mit Elisabeth Charlotte von der Pfalz aus deren Ahnentafel Rechtstitel auf Gebiete im Westen Deutschlands ab, das Ergebnis war der Pfälzer Erbfolgekrieg. Erbfolgekriege dieser Art gab es vor allem im 17. und 18. Jahrhundert immer wieder, und bis in unsere Zeit streiten sich verschiedene Linien des Hauses Bourbon darum, wer denn im Falle der Wiedererrichtung einer Monarchie in Frankreich Anspruch auf den Königsthron habe. Wem das französische Beispiel zu skurril erscheint, sei auf das regierende englische Königshaus (Haus Windsor) verwiesen: dort ist die Reihenfolge der Thronanwärter nach genealogischen Prinzipien genauestens geregelt. Ähnlich verhält es sich bei den anderen regierenden Häusern des europäischen Hochadels. In all diesen Fällen berühren die Familienforschung und genealogische Fakten den staatsrechtlichen und politischen Bereich.

Doch auch der normale Bürger kann immer wieder in Situationen kommen, in denen rechtliche Fragen nur unter Bezug auf familiengeschichtliche Forschungsergebnisse geklärt werden können. Am augenfälligsten ist dies natürlich beim Erbrecht. In zahlreichen Ausgaben des »Bundesanzeigers«, in der Vertriebenenpresse, zuweilen aber auch in den gängigen Tageszeitungen finden sich immer wieder Erbenaufrufe, in denen entfernte Verwandte eines ohne Nachkommen verstorbenen Erblassers gesucht werden. Hat ein Erblasser keine Eltern, Kinder, Geschwister, Ehepartner, Neffen oder Nichten mehr, so sind Cousins und Cousinen beziehungsweise deren Nachkommen erbberechtigt, die der Erblasser selbst unter Umstän-

Erben gesucht

Als Erben gesucht werden

Abkömmlinge des Ehepaares **Traugott Eduard Lacher** (von Beruf Salzobermeister) und **Anna geb. Schneider,** welche 1860 in Schillermühle, Krs. Breslau, lebten und beide Ende des vorigen Jahrhunderts in Breslau verstarben.

Meldungen erbeten an **Dipl.-Kfm. Wolfgang Baum, Rechtsbeistand für Nachlaßangelegenheiten, Anschrift: ..., Telefon: ...**

ERBEN GESUCHT!

Verwandte, auch weitläufige Verwandte, der Eheleute

Christian Gottfried Müller

und Johanna Christiana geb. Kindler aus Untergünzbach.

Es waren zumindest die drei Kinder:

1. Maria Luise Müller, geb. 1857
2. August Reinhold Müller, geb. 1859, und
3. Carl Wilhelm Müller, geb. 1862

vorhanden.

Wer kann Auskunft erteilen?

Meldungen erbeten an

Dipl.-Kfm. Wolfgang Schmidt, Rechtsbeistand für Nachlaßangelegenheiten, Zeppelinstraße 36, 6000 Frankfurt/M. 1, Tel. 069/001122.

den nie kennengelernt hat und von deren Existenz er vielleicht nicht einmal wußte. Diese Verwandten gilt es im Erbfall zunächst einmal ausfindig zu machen, was familiengeschichtliche Nachforschungen unerläßlich macht. Umgekehrt wird derjenige, der aufgrund entsprechender Zeitungsanzeigen vermutet, selbst erbberechtigt zu sein, sein Verwandtschaftsverhältnis zum Erblasser (das eventuell ein sehr entferntes ist) anhand von Urkunden nachzuweisen haben.

Forschungen in dergleichen Fällen gestalten sich oft sehr schwierig. So kann es sein, daß ein in hohem Alter verstorbener Erblasser um 1900 geboren ist und die Erbberechtigung bei den Nachkommen seiner Großeltern, also seinen Cousins und Cousinen, deren Kindern, Enkeln und Urenkeln liegt. In einem solchen Fall ist zunächst einmal die Ermittlung der Großeltern notwendig, deren Geburtsdaten vielleicht noch in der ersten Hälfte des 19. Jahrhunderts liegen. Eventuell stammen die Großeltern sogar aus Regionen, die vom letzten Wohnort des Erblassers weit entfernt sind und heute (wie etwa die ehemaligen deutschen Ostgebiete) zu einem anderen Staat gehören. Sind die Großeltern ermittelt, ist nachzuforschen, welche Kinder sie außer den Eltern des Erblassers noch hatten, und schließlich sind wiederum deren Kinder, Enkel und vielleicht sogar Urenkel zu ermitteln, eine aus rechtlichen Gründen notwendige Forschungsarbeit, die sich über fünf Generationen, 150 Jahre und zahlreiche Ortschaften und Länder erstrecken kann – und demgemäß sehr aufwendig ist. Selbst Forschungen über sechs Generationen, bei denen Nachkommen der Urgroßeltern eines Erblassers gesucht werden müssen, sind in Einzelfällen nötig. Die Suche nach ihnen wird dann vielleicht sogar Dokumente des späten 18. Jahrhunderts, also aus der Zeit vor der Einführung der ersten Standesamtsregister, berücksichtigen müssen, und hat zuweilen die Ermittlung von 100 oder mehr Personen zur Folge, die dem Erblasser und vielleicht bereits dessen Eltern nicht bekannt waren.

Familiengeschichte und Werbung – Firmengeschichtsforschung

Noch in einem anderen Zusammenhang berühren sich rechtliche Fragen und Familienforschung. So werben heute zahlreiche Betriebe, vom Weltunternehmen bis zum selbständigen Handwerker oder Ladenbesitzer, mit ihrer Firmen- und Familientradition. Da gibt etwa das Weingut XY an, daß der Weinbau in der Familie schon seit 300 Jahren betrieben wird, und die Apotheke YZ wirbt damit, daß sie schon seit 200 Jahren in ihrer Stadt bestehe und überdies dort die erste Apotheke überhaupt gewesen sei. Gerade in einem gesellschaftlichen Umfeld, in dem Geschichte und Tradition wieder hochgeschätzt werden, liegt eine Werbung, die auf diese Art argumentiert, durchaus im Trend. Darüber hinaus eignen sich solche historischen Angaben zur Firma auch gut für Public-Relations-Artikel im redaktionellen Teil der Zeitungen.

Doch ist äußerste Vorsicht geboten, denn die Konkurrenz beobachtet Werbeaktivitäten normalerweise sehr scharf und wird, wenn auch nur der geringste Anlaß zu Zweifeln an den aufgestellten Behauptungen besteht, für teure Abmahnungen sorgen oder eine gerichtliche Unterlassungsklage einreichen. Hat sie damit Erfolg, kommt zum unmittelbaren finanziellen Schaden durch Anwalts- und Gerichtskosten, Bußgelder usw. noch die indirekte Schädigung durch den ramponierten Ruf bei der umworbenen Kundschaft.

Daher wird eine Firma, die Tradition und Familiengeschichte für ihre Werbung nutzen will, nicht darauf verzichten können, ihre Aussagen hieb- und stichfest abzusichern. Große Unternehmen beschäftigen nicht selten einen eigenen Archivar oder Chronisten in Dauerstellung, der die vorhandenen firmen- und familiengeschichtlichen Unterlagen betreut, entsprechende Akten in öffentlichen Archiven sichtet, die Werbeabteilung

Weine mit einem Wappen auf dem Etikett weisen in der Regel auf eine alte Familientradition hin

Die Familie Siemens – Aufnahme aus dem Jahre 1869

berät und darüber hinaus auch zu eigentumsrechtlichen Fragen Dokumentationen aus dem Firmenarchiv zusammenstellt. Aber auch kleine und mittlere Unternehmen beauftragen nicht selten Historiker oder Genealogen mit frei- beziehungsweise nebenberuflichen Recherchen zur Firmentradition, um Werbekampagnen mit geschichtlichem Schwerpunkt anhand der Fakten und Urkunden absichern zu können.
Nachforschungen dieser Art, die zunächst nur zur juristischen Absicherung von bereits weitgehend bekannten Tatsachen eingeleitet werden, bringen oft zusätzlich bisher noch nicht bekannte Sachverhalte zur Geschichte des jeweiligen Unternehmens, seines Gründers und der Eigentümerfamilie zutage. Manche neuen Gesichtspunkte lassen sich dann hervorragend in eine geplante Werbestrategie einbauen oder legen sogar die Setzung völlig neuer, noch gewichtigerer Schwerpunkte nahe. So mag es sein, daß das Weingut XY durch die Arbeit eines Genealogen nicht nur bestätigt findet, daß die Eigentümerfamilie tatsächlich schon seit 300 Jahren Weinbau betreibt, sondern auch herausfindet, daß ein Sohn oder Enkel des Gründers nach Amerika auswanderte, wo man gerade große Anstrengungen unternimmt, mit dem eigenen Wein geschäftlich Fuß zu fassen. Was liegt in einem solchen Fall näher, als auch hier die Tradition, etwa unter dem Slogan »Familie XY schon seit 250 Jahren in Amerika«, mit ins Spiel zu bringen? Gerade in den Vereinigten Staaten fällt historisch orientierte Werbung auf äußerst fruchtbaren Boden, und deutsche Unternehmen, die irgendeinen Bezug zur Geschichte der USA

herstellen können, haben ihren Konkurrenten (vor allem in verbrauchernahen Branchen wie dem Handel) stets etwas Wesentliches voraus.

Der Zug zu origineller und durchdachter Werbung wird, in Verbindung mit der allgemeinen Nostalgiewelle, den Einsatz von familien- und firmengeschichtlichen Aussagen in der Öffentlichkeitsarbeit von Unternehmen in Zukunft sicherlich noch steigern. Gleichzeitig zeigt sich im Museumswesen ein verstärkter Trend hin zu Industriemuseen und »Museen der Arbeit«, in denen auf die Wirtschafts- und damit die Unternehmensgeschichte der jeweiligen Region Bezug genommen wird, die wiederum nicht von der Geschichte der Gründerfamilien (zum Teil ja noch heute die Eigentümer) zu trennen ist. Unter diesem Aspekt eröffnet sich ein weites Feld für die Kooperation von Unternehmen, öffentlicher Kulturarbeit und Familienforschern, die Werbung und Public Relations durchaus zugute kommen kann. Auch gibt es Unternehmen, die selbst kleine Firmenmuseen eingerichtet haben und als Anknüpfungspunkt für historisch orientierte Werbung nutzen. Auf die Einbeziehung von familiengeschichtlichen Zusammenhängen werden auch sie in der Regel nicht verzichten.

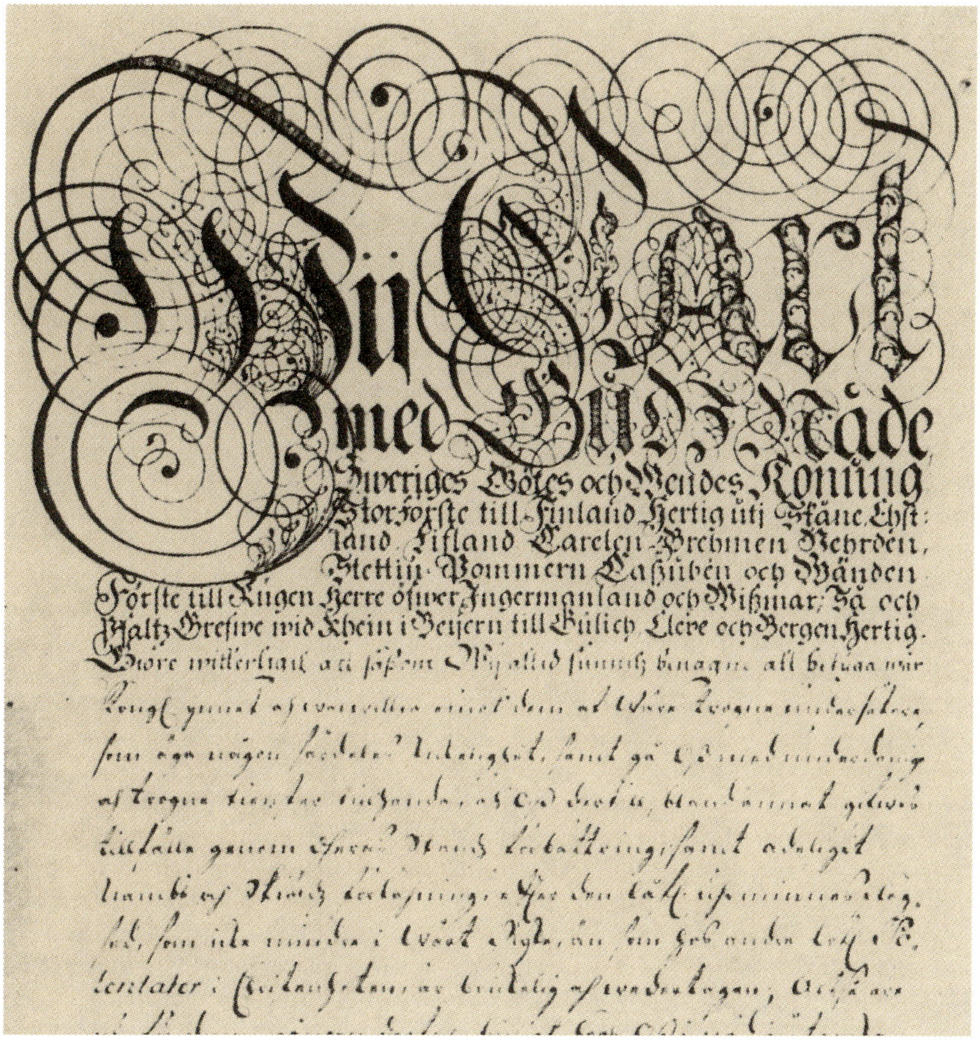

Eine Herausforderung für den Familienforscher: Ausschnitt aus einem Adelsdiplom von 1706, verliehen von Karl XII., König von Schweden

Geld verdienen mit Familienforschung?

Wir sprachen in den vorigen Abschnitten über Familienforschung als Hobby und über Familienforschung als rechtliches Erfordernis, doch gibt es noch einen weiteren Grund, der manchen dazu bringt, sich mit alten Dokumenten, Standesamtsakten und Kirchenbüchern zu beschäftigen: die Möglichkeit, auf diese Weise Geld zu verdienen.

Veränderungen des Arbeitsmarktes, aber auch der Wunsch, die eigene Arbeit möglichst frei von der Einmischung anderer einteilen und gestalten zu können, lassen zunehmend mehr Menschen den Sprung in die berufliche Selbständigkeit wagen. Betriebsaufgaben im Bereich traditioneller selbständiger Berufe, etwa bei Landwirten und Handwerkern, stehen jedes Jahr zahlreiche Neugründungen, vor allem auf dem Dienstleistungssektor, gegenüber. Auch Familienforschung und verwandte Tätigkeiten (wie etwa die Anfertigung von Wappenentwürfen) sind Dienstleistungen, mit denen sich schon eine Reihe von Leuten eine berufliche Existenz aufbauen konnte.

Wie bei jedem selbständigen Gewerbe liegen jedoch auch in diesem Bereich zahlreiche Risiken, die nicht verschwiegen werden sollen. Die größte Einschränkung der Arbeits- und damit der Verdienstmöglichkeiten liegt in der Natur der Sache selbst. Familienforschung ist eben vor allem ein Hobby, und ein solches betreibt man normalerweise für sich. So käme wohl nie ein Hobbywanderer auf die Idee, andere für sich wandern zu lassen, und kaum ein Briefmarkensammler würde die interessante und entspannende Tätigkeit des Sammelns und Ordnens seiner kleinen Kostbarkeiten jemand anderem übertragen und diesen dafür auch noch bezahlen. So ist es auch mit unserem Gebiet: rechte Freude an der Familienforschung wird nur der haben, der sie selbst aktiv betreibt und damit in den Genuß der vielen kleinen Entdeckungs- und Erfolgserlebnisse kommt.

Trotzdem: auch der Hobbyforscher wird in einer Reihe von Fällen (über die an anderer Stelle noch zu sprechen sein wird) einen Berufsgenealogen heranziehen, mit bestimmten Aufgaben betrauen und dafür bezahlen. Hier liegt eine der Marktlücken, in die der Profi hineinstoßen kann. Eine weitere, besonders interessante und lukrative Marktlücke ist das bereits aufgezeigte Gebiet der Firmengeschichtsforschung und der historisch orientierten Werbung. Schließlich können Berufsgenealogen auch in schwierigen, umfangreiche familiengeschichtliche Nachforschungen erfordernden Erbschaftsangelegenheiten aktiv werden.

Doch wie wird man Berufsgenealoge, was sind die ersten Schritte zur Aufnahme dieser Tätigkeit, und wie sehen die tatsächlichen Möglichkeiten aus, auf diesem Gebiet den Lebensunterhalt ganz oder zumindest teilweise zu verdienen?

Es gibt keinerlei Berufsausbildung für Genealogen, keine Gesellen- oder Meisterprüfung, keine Fachschulen und auch keine Studiengänge. Genealoge kann im Grunde jeder werden, ganz gleich, ob er einen akademischen Grad erworben oder »nur« die Hauptschule absolviert hat. Dieser außerordentlich freie Berufszugang, der dem des Künstlers oder Schriftstellers vergleichbar ist, hat allerdings auch gewisse Nachteile. Denn unter dem Etikett »Genealoge« tummeln sich nicht selten Schwindler und Pfuscher mit völlig unzulänglichen Kenntnissen und mangelnder Erfahrung, die dem Kunden dann für teures Geld wertlose oder falsche Informationen liefern. Selbstverständlich wird dadurch die genealogische Forschung insgesamt in Verruf gebracht, so daß die Schaffung eines entsprechenden Ausbildungsganges und einer gesetzlich geschützten Berufsbezeichnung für die Zukunft sicherlich wünschenswert wäre.

Wer ernsthaft eine haupt- oder nebenberufliche genealogische Tätigkeit anstrebt, wird jedoch auch jetzt schon um die Erfüllung gewisser Grundvoraussetzungen nicht herumkommen: die wichtigste ist die Vertrautheit

Anzeigen in einer Fachzeitschrift

SALZBURGER EMIGRANTEN
Familienforschung · Traditionspflege
Kontakte zum Land Salzburg
Informationen vom
Salzburger Verein e. V.
Vereinigung der Nachkommen salzburgischer Emigranten
Memeler Str. 35 · 4800 Bielefeld 1

Entwurf neuer Familienwappen klassisch schlicht und signalhaft klar, der Heraldik des Mittelalters entsprechend und somit von zeitloser Schönheit. Eintragung in die Deutsche Wappenrolle, Berlin.
Lothar MüllerWestphal
Heraldiker und Grafik-Designer grad.
(langjähriger Mitarbeiter des Herold, gegr. 1869)
Binsfelder Str. 45 · 5160 Düren · Tel.: 02421-74275

Familienforschung
in Kirchenbüchern und Archiven
in der Schweiz und
in Südwestdeutschland
Christoph Naumann
Manzenweg · CH-8557 Fruthwilen
Tel. 072-642522

Sonderdrucke
Eine sechzehnseitige Liste mit Sonderdrucken aus dem Deutschen Familienarchiv, aus unseren anderen Verlagsreihen und genealogischen Zeitschriften mit einer Vielzahl vorkommender Familiennamen steht ab sofort zur Verfügung.
Die **Liste „Sonderdrucke"** kann gegen Einsendung von DM 2,— in Briefmarken (Ausland: 2 Internationale Postcoupons) angefordert werden.
VERLAG DEGENER & CO., POSTFACH 1340, D-8530 NEUSTADT/AISCH

Genealogische Forschungen in der Bundesrepublik, in Österreich und in der Schweiz
können ab sofort von erfahrenem Genealogen übernommen werden.
KURT EWALD
Rathochstraße 94, 8000 München 60, Tel. 089/8115043

Helene Georger-Vogt
Mitglied des Genealogischen Vereins Strasbourg
F-67000 Strasbourg/Frankreich, 2, Rue Joffre
Ich übernehme jegliche Familienforschung und historische Nachsuchungen an Bibliotheken. Spezialisiert in Geschichte der Medizin.
Gute Arbeitsausführung.

Genealoge und Heraldiker
Johannes Schwefel
Familien-Wappen und Namensforschung
P7, 20—21, 6800 Mannheim I
Tel.: (0621) 104807.

Familienforschung
Stammbaumforschung, Wappenforschung, heraldische Gutachten, Wappenkunstgemälde:
FFD Familiengeschichtlicher Forschungsdienst Dr. Andreas Kalckhoff
Werastraße 105, 7000 Stuttgart 1
Telefon 0711/260509

mit der Materie und den genealogischen Methoden. Diese kann durchaus in einer mehrjährigen und intensiven Hobbytätigkeit als Familienforscher erworben werden, von der aus dann unter Umständen ein allmähliches Hineinwachsen in eine zunächst neben- und schließlich hauptberufliche genealogische Arbeit möglich ist.
Einen anderen Zugang stellt die berufliche oder akademische Ausbildung auf einem Gebiet dar, das von der Genealogie nicht allzuweit entfernt ist. Hierzu zählt die Berufsausbildung zum Archivar beziehungsweise Archivangestellten, aber auch das Studium der Geschichte und verwandter geisteswissenschaftlicher Fächer. Unerläßlich sind in jedem Fall geschichtliche Grundkenntnisse, Kenntnisse der lateinischen und womöglich auch der französischen Sprache sowie die Fähigkeit, Schriften früherer Jahrhunderte, vor allem die alte deutsche Schreibschrift, zu lesen und natürlich möglichst fehlerfrei zu verstehen.
Für die meisten, die an einer Tätigkeit in der genealogischen Auftragsforschung interessiert sind, werden nur nebenberufliche Aktivitäten in Frage kommen. Allzu dicht sind die potentiellen Auftraggeber nicht gesät, und die Konkurrenz ist groß. Relativ hoch sind auch die Kosten, die für Reisen, Archivgebühren, Telefon, Porto, Büromaterial, Fotokopien, Fachliteratur, den Bezug der wichtigsten genealogischen Zeitschriften usw. entstehen. Da man andererseits dem Auftraggeber auch nicht jeden Preis abverlangen kann, bleibt die Gewinnspanne beschränkt, und eine Ausweitung der Aktivitäten macht den Einsatz von Hilfskräften notwendig, die weitere Kosten verursachen.
Um rechtlichen Schwierigkeiten aus dem Weg zu gehen, sollte man sich vor Aufnahme einer hauptberuflichen, aber auch einer regelmäßig betriebenen nebenberuflichen genealogischen Tätigkeit beim zuständigen Gewerbeamt anmelden. Das gilt selbstverständlich nicht bei gelegentlichen Honorararbeiten, wohl aber dann, wenn die Auftragsforschung dauerhaft betrieben wird und nach Art und Ausmaß einen geschäftsmäßigen Charakter angenommen hat. Die erzielten Einnahmen müssen bei der Einkommensteuererklärung mit angegeben werden, wobei es nicht von Bedeutung ist, ob sie haupt- oder nebenberuflich erzielt wurden.
Auftraggeber kann man auf verschiedene Art und Weise finden. Ein erster Einstieg ist vielleicht schon im Bekanntenkreis oder über ortsansässige Firmen, denen man seine Dienste direkt anbietet, möglich. Ein erweiterter Kundenkreis kann über Zeitungen und Zeitschriften erschlossen werden. Dabei kommen natürlich in erster Linie die verschiedenen familienkundlichen Fachblätter in Betracht, von denen die meisten regelmäßig Anzeigen von Berufsgenealogen veröffentlichen. Vor der Schaltung einer eigenen Annonce sollte man sich aber zunächst einmal die Anzeigenpreislisten und die Media-Daten (Angaben zu Auflage, Erscheinungsweise, Leserkreis usw.) der jeweiligen Publikation schicken lassen. Erst danach läßt sich entscheiden, in welcher Größe, zu welchem Zeitpunkt und mit welchem (auf die jeweilige Leserschaft abgestimmten) Text man die Anzeige plaziert beziehungsweise, ob es sich bei diesem oder jenem Blatt überhaupt lohnt zu annoncieren.
Im übrigen ist es wie bei jedem freien Beruf: wer gute Arbeit leistet, wird sich in der Regel schnell einen Namen machen und von den zufriedenen Kunden weiterempfohlen werden. Ratsam ist, zumindest am Anfang, die Spezialisierung auf eine bestimmte Region oder auf eine bestimmte Bevölkerungsgruppe (etwa Hugenotten oder Ruhrpolen oder Mennoniten). Diese freiwillige Selbstbeschränkung ermöglicht es, allmählich zum anerkannten Fachmann für ein bestimmtes Gebiet zu werden, dessen Rat und Hilfe mit der Zeit immer stärker gefragt sein werden. Eine geographische Beschränkung erleichtert zugleich die Arbeit und hält die Kosten niedrig: es ist erheblich einfacher und billiger, sich bei Archivreisen im wesentlichen auf ein überschaubares Gebiet konzentrie-

ren zu können, als heute am Bodensee, morgen an der Nordseeküste und übermorgen in der Eifel forschen zu müssen.
Wichtig für jeden Berufsgenealogen ist es auch, Kontakte in der Fachwelt zu knüpfen und hier zum anerkannten Gesprächspartner zu werden. Man sollte es auch nicht versäumen, hin und wieder mit eigenen Beiträgen in familienkundlichen und landesgeschichtlichen Fachzeitschriften vertreten zu sein. Daß das eigene Wissen und die eigene Forschungsmethodik ständig erweitert und verbessert werden müssen und daß ein Ausruhen auf einmal errungenen Lorbeeren nur schädlich sein kann, versteht sich von selbst.
Ärzte, Zahnärzte und Rechtsanwälte haben ihre Gebührenordnungen und Tarife, der Berufsgenealoge dagegen ist bei seinen Honorarvereinbarungen auf Gespür und Verhandlungsgeschick angewiesen. Die Bezahlung hängt davon ab, welchen Umfang und welchen Schwierigkeitsgrad der einzelne Auftrag hat und wieviel Zeit er in Anspruch nimmt. All dies ist bei der Auftragserteilung nicht immer genau abzuschätzen und zum Teil nur aufgrund von Erfahrungswerten im voraus zu bestimmen. Selbstverständlich hängt die Bezahlung darüber hinaus auch davon ab, wieviel der Kunde zu investieren bereit ist; bei Privatpersonen wird das meist weniger sein als bei Firmen oder Institutionen. Vor überzogenen Erwartungen muß in jedem Fall gewarnt werden!
Erstellt der Berufsgenealoge eine Familien- oder Firmenchronik in Buchform oder ein vergleichbares Werk, so wird er einen Festpreis vereinbaren können, dessen Höhe allerdings auch wieder davon abhängt, ob das zugrundeliegende Material vom Auftraggeber gestellt wird oder ob die Daten größtenteils noch recherchiert werden müssen. Bei Aufträgen, die die Klärung noch offener Einzelfragen (etwa bestimmter Punkte in einer Ahnenliste) zum Inhalt haben, empfiehlt es sich, sie in einzelne Arbeitsschritte zu gliedern und dafür jeweils gesondert ein Honorar zu vereinbaren. Die Aufträge sollten schriftlich in Vertragsform fixiert werden. Rechtlich handelt es sich um Werkverträge, es sei denn, es wird ein befristeter Arbeitsvertrag abgeschlossen. In letzterem Fall muß der Auftraggeber natürlich auch Sozialversicherungsbeiträge abführen.
Wie bei fast allen freiberuflichen Tätigkeiten hängt der Erfolg sehr stark von der eigenen Motivation, Kreativität und Einsatzbereitschaft ab, nicht zuletzt auch vom persönlichen Eindruck, den man potentiellen Auftraggebern beim ersten Gespräch vermittelt. Gerade für arbeitslose Akademiker aus dem geisteswissenschaftlichen Bereich kann die Berufsgenealogie eine Chance sein, wobei die Ausführung verwandter Arbeiten, wie die Erstellung von Firmen-, Orts-, Verbands- und Vereinschroniken, zusätzliche Möglichkeiten eröffnet.

Einführung in die Genealogie

Genealogie und Familienforschung – Klärung der Begriffe

Bereits in den vorangegangenen Abschnitten war zum Teil von Genealogie statt von Familienforschung und von Genealogen statt von Familienforschern die Rede. Dies weist darauf hin, daß Genealogie und Familienforschung trotz der Gemeinsamkeit bei der untersuchten Materie und den angewandten Methoden doch gewisse Unterschiede aufweisen, die eine genauere Klärung der Begriffe erfordern.

Das Wort Genealogie mit seinen verschiedenen Ableitungen (genealogisch, Genealoge usw.) ist eine Zusammensetzung aus dem lateinischen Wort »genus« (= Stamm, Familie oder Geschlecht, auch Herkunft) und dem griechischen »logos« (= Lehre oder Kunde). Genealogie ist folglich die Lehre von den Geschlechtern beziehungsweise Familien, sie untersucht deren Herkunft, Entwicklung und Zusammensetzung und bemüht sich um die Zusammenfassung der einzelnen Untersuchungsergebnisse zu verallgemeinernden Thesen. Genealogie ist also ihrem Charakter nach eine Wissenschaft. Zugleich ist sie ihrer Funktion nach eine Hilfswissenschaft der Geschichte (daneben auch mehr und mehr der Soziologie), worauf noch eingegangen werden soll.

Neben den Begriff Genealogie traten im Laufe der Zeit Bezeichnungen wie Familienkunde, Familienforschung, Familiengeschichtsforschung und auch Ahnenforschung, die unzweifelhaft weiter verbreitet und populärer sind als der Name der ihnen zugrundeliegenden Wissenschaft. Doch ist nicht jeder, der etwa Blumen züchtet, damit auch gleich Botaniker, nicht jeder, der einen medizinischen Beruf, etwa als Krankenpfleger, ausübt, ist Mediziner, und nicht jeder Ortschronist wird von sich behaupten können, daß er Historiker sei. Das heißt, daß die praktische Beschäftigung mit einer bestimmten Sache, so intensiv und ausdauernd sie im einzelnen auch sein mag, nicht gleichbedeutend mit Wissenschaft ist. Vielmehr fehlt es bei solch praktischem Tun an einem übergreifenden theoretischen Konzept und an systematischer Methodik, die unabdingbare Voraussetzungen wissenschaftlicher Arbeit sind.

So ist es auch beim Verhältnis von Genealogie und Familienforschung. Nicht jeder, der eine lange Ahnenliste aufgestellt hat, und auch nicht jeder, der für andere forscht, betreibt damit auch wissenschaftlich fundierte Genealogie. Die Laientätigkeit von vielen tausend privaten Familienforschern und ihr publizistischer Niederschlag in Fachzeitschriften und entsprechenden Buchreihen liefern wissenschaftlich arbeitenden Genealogen jedoch wichtiges Datenmaterial und sollten daher auf keinen Fall geringgeschätzt werden. Solange die wissenschaftliche Genealogie in Deutschland auf eigene Lehrstühle, Studiengänge und anerkannte Ausbildungsstätten verzichten muß, kommt der Laienforschung sogar eine besondere Bedeutung zu. Und mancher Familienforscher, ganz gleich, ob er eine akademische Vorbildung (etwa durch ein historisch orientiertes Studium) mitbringt oder nicht, wird sich bei gewissenhaftem Bemühen im Laufe der Jahre nach und nach ein methodisches Rüstzeug und ein fachliches Niveau erarbeiten können, das auch wissenschaftlichen Ansprüchen genügt.

Im Gefüge der Wissenschaften liegt die Genealogie in der Nähe zur Geschichte und zu den anderen historischen Hilfswissenschaften, wie der Heraldik (Wappenkunde), der Sphragistik (Siegelkunde), der Diplomatik (Urkundenlehre) usw., da sie in der Regel vor allem die geschichtliche Dimension des Da-

Kaiser Maximilian I. und Familie (Gemälde von Bernhard Strigel, 15. Jahrhundert)

seins von Familien und ihnen zugehörigen Personen erforscht. Sie hat aber auch starke Bezüge zu den Sozialwissenschaften, insbesondere zur Soziologie, und befaßt sich unter diesem Aspekt mit den Strukturen der Familie, ihren Veränderungen und deren Ursachen. Weitere Bezüge weisen schließlich zur Humanbiologie: Familie ist immer auch ein biologisches Phänomen, und die Frage der Vererbung von Eigenschaften innerhalb von Familien und über viele Generationen war stets von Interesse für den Genealogen sowie für den Laienforscher.

In diesem Spannungsfeld zwischen Geschichte, Sozialwissenschaften und Humanbiologie muß die Genealogie immer wieder ihren Standort bestimmen und ihre Schwerpunkte setzen – eine Aufgabe, die in der Vergangenheit oft zu Kontroversen und zur Herausbildung unterschiedlicher Schulen führte. Die Genealogie wird sich vor allem davor hüten müssen, sich allzu einseitig an einen der drei Nachbarbereiche anzulehnen, und vielmehr die Gesamtheit ihrer Aufgabenstellung zu bewahren haben, um so als eigenständige Disziplin bestehen und sich festigen zu können.

Was für die Genealogie als Wissenschaft eine Frage ihrer Standortbestimmung ist, kann für den Hobby- und Laienforscher eine Chance und inhaltliche Bereicherung seiner Arbeit sein: er kann seine eigenen Forschungen teils unter historischen, teils unter soziologischen oder unter erbbiologischen Gesichtspunkten betreiben, aus allen drei Wissensgebieten Anregungen erfahren und immer wieder feststellen, wie aufschlußreich die gewonnenen familiengeschichtlichen Daten sind, wenn man sie unter verschiedenen Aspekten betrachtet, auswertet und interpretiert.

Wissenschaftliche Genealogie und (laienhafte) Familienforschung stehen somit in einem fruchtbaren Wechselverhältnis: die Genealogie liefert dem Familienforscher ein Arsenal von Arbeitsmethoden sowie unentbehrliche Anleitungen, Grundlagenliteratur, Register, Bibliographien usw., mit dem dieser sein Hobby betreiben und sich immer weiter fachkundig machen kann. Die zahllosen Details, die der Hobbyforscher ermittelt, festhält und zum Teil auch publiziert, sind wiederum wichtiges Datenmaterial für den wissenschaftlichen Genealogen: der Laienforscher wird so zum Gewährsmann des Wissenschaftlers, eine Aufgabe, der er um so mehr gerecht werden kann, je mehr er sich seinerseits um eine systematische und an den Tatsachen (nicht an Sagen und Legenden) orientierte Vorgehensweise bemüht. Die Erträge der Forschung kommen jeweils beiden Seiten zugute.

Genealogie als historische Hilfswissenschaft

Als historische Hilfswissenschaft arbeitet die Genealogie der wissenschaftlichen Geschichtsforschung zu. Das heißt, sie liefert aus ihrem Bereich Ergebnisse, die der Historiker in das umfassendere Bild der allgemeinen Geschichtsschreibung einordnen kann. Ein Blick auf die europäische Geschichte zeigt, wie notwendig und nützlich diese Zuarbeit ist. So wurde das politische Geschehen in Europa mehr als 1000 Jahre lang vor allem von den verschiedenen Fürsten- und Königshäusern bestimmt, die mit meist nur geringen Einschränkungen die Herrschaft über ihre jeweiligen Territorien ausübten. Sie waren von Hofleuten, Beamten, Ministern und Feldherren umgeben, die in den meisten Fällen ebenfalls adeligen Familien entstammten. Der Adel war die führende Schicht Europas, und Politik war zu einem guten Teil Heirats- und Erbpolitik adeliger Familien. Ganze Territorien wechselten allein aufgrund von Heiraten ihren Landesherrn, ihren rechtlichen Status und, vor allem seit dem 16. Jahrhundert, nicht selten auch ihre Konfession. Zahlreiche durch Erbstreitigkeiten bedingte Kriege überzogen den Kontinent, und bis ins 19. Jahrhundert hinein wurden eroberte Länder zuweilen unter den Familienangehörigen des Eroberers verteilt. So setzte beispielsweise Napoleon seine Brüder als Throninhaber der von ihm neugeschaffenen Königreiche Neapel und Westfalen ein.

Der Einfluß von Verwandtschaftsbeziehungen auf die Geschichte ist also unbestreitbar, und für die Geschichtsforschung folgt daraus, daß sie sich mit den Verwandtschaftsverhältnissen, den Heiratsstrategien und der Familiendiplomatie der verschiedenen Herrscherhäuser befassen muß. Bei der Untersuchung der entsprechenden Zusammenhänge kann die Genealogie wichtige Hinweise geben und die oft unübersichtlichen Fakten in aufbereiteter Form der Ge-

Stammbaum der Wittelsbacher (zusammengesetzt aus mehreren kolorierten Holzschnitten, 16. Jahrhundert)

schichtsschreibung zur Verfügung stellen: sie verfügt über eine eigene Methodik für das Aufspüren, Sammeln, Ordnen, Darstellen und Interpretieren der Namen, Vorgänge und Zahlen, die in diesem Zusammenhang eine Rolle spielen.

Dabei wird sich die Genealogie nicht auf Material über Adelsfamilien beschränken, sondern der allgemeinen Geschichtsforschung auch aus anderen sozialen Bereichen wertvolle und aussagekräftige Daten übermitteln können. So spielen seit der frühen Neuzeit auch bürgerliche Familien eine immer wichtigere politische und vor allem wirtschaftliche Rolle, so etwa die Fugger, die Welser, die Rothschild und die Krupp. Hier stellen sich Fragen nach der Kinderzahl, den internen Erbregelungen und den Heiratsverbindungen dieser Familien und der Bedeutung solcher Fakten für die historische Rolle des jeweiligen Clans. Eine solche genealogische Eliten-Forschung führt zu wichtigen Aufschlüssen über die Hintergründe geschichtlicher Vorgänge und erleichtert damit das Verständnis der historischen Entwicklung.

Auch die Sozialgeschichte wird auf genealogische Daten und die systematische Auswertung von Personenstandsunterlagen nicht verzichten können, wenn sie sich beispielsweise Problemen wie dem Zusammenhang von Armut und Bevölkerungsentwicklung in bestimmten Zeiten widmet. So war in manchen ländlichen Gegenden die sogenannte Realteilung, das heißt die Aufteilung des bäuerlichen Besitzes unter mehreren Kindern, oft die Ursache für wirtschaftlichen Niedergang und Auswanderungswellen, da der immer mehr zersplitterte Grundbesitz eine ökonomisch sinnvolle Bearbeitung immer weniger zuließ. Die Geburtenzahlen dieser Gebiete und die Auswirkung solcher Veränderungen auf die Besitzverhältnisse wird der Sozialhistoriker erfassen müssen, um die Ursachen und Zusammenhänge der geschilderten Entwicklungen belegen zu können. Hier kann die Genealogie durch die Sichtung und Auswertung der familiengeschichtlichen Quellen, insbesondere der Kirchenbücher und früher standesamtlicher Akten, gewissermaßen Rohmaterial liefern, das sich mit Erkenntnissen aus anderen Forschungsbereichen zu komplexen Aussagen verbinden läßt. Genealogische Detailstudien zu einzelnen Orten, zu Familien aus bestimmten Berufsgruppen (Bergleute, Beamte, Soldaten, Pfarrer, Lehrer, Scharfrichter usw.) und zu Minderheiten (Juden, Hugenotten, italienische und polnische Einwanderer, Mennoniten) enthalten schließlich weiteres aufschlußreiches Material, das der Geschichtswissenschaft nützliche Anhaltspunkte bietet.

Die Geschichtsforschung kommt also um die Erhellung von Verwandtschafts- und Familienverhältnissen nicht umhin. Bei der Untersuchung dieser Zusammenhänge kann die Genealogie wichtige Dienste leisten, zumal sie über ein entsprechendes Instrumeatarium für das Aufspüren, das Sammeln, das Ordnen, die Darstellung und die Interpretation entsprechender Zahlen und Fakten verfügt.

Natürlich läßt sich historische Forschung (trotz aller Bedeutung, die einzelne Familien in der Geschichte immer wieder hatten) nicht auf Genealogie reduzieren. Der Historiker wird vielmehr auf eine Vielzahl von Daten aus anderen Hilfs- und Nachbarwissenschaften zurückgreifen und eine Analyse und Interpretation vornehmen müssen, die alle Bereiche zusammenfassend berücksichtigt. Allerdings wird eine ernsthaft betriebene historische Forschung nicht darauf verzichten können, die Arbeitsergebnisse, die ihr von der Genealogie geboten werden, mit einzubeziehen.

Eine »Großfamilie« entdeckt ihre Geschichte als Freizeitbeschäftigung und Anlaß zur Geselligkeit

Die Pies – Chronik

1. Jahrgang   Nr. 1, 1986

Einladung zum 5. Familientag Pies nach Dommershausen/Hunsrück

Im Juni 1985 veranstalteten wir unseren Familientag in Ellenz-Poltersdorf an der Mosel – erstmals in größerem Rahmen. Der Erfolg hat uns bestätigt, daß diese Entscheidung richtig war. Nicht nur die Nachkommen des Knochenflickers Peter Pies aus Hatzenport sind neu zu uns gestoßen – von Mosel und Hunsrück kamen weitere Namensträger, die durch einen Vorbericht der „Rhein-Zeitung" auf unsere Veranstaltung aufmerksam gemacht worden waren.
Unser diesjähriges Piese-Treffen findet wieder am Wochenende vom 7. bis 8. Juni 1986 auf dem Hunsrück statt. Diesmal sind wir bei der Gemeinde Dommershausen zu Gast. Und wieder einmal verspricht das Programm interessant zu werden. Eingeladen sind alle Namensträger Pies und alle mit Pies verwandten Familien.

Samstag, 7. Juni 1986

- 14.00 Uhr im Gemeindezentrum Dommershausen:
  Begrüßung und Vorstellung,
  Bericht über neue Forschungsergebnisse,
  Vorstellung der neuen Veröffentlichungen der Familienstiftung Pies-Archiv (siehe auch Seite 2),
  Verleihung der Goldenen Gedenkmedaille an neun verdiente Heimat- und Familienforscher (Bericht siehe unten auf dieser Seite),
  Wahl des „Familienrates".

  Für unser leibliches Wohl sorgen die Bürger von Dommershausen.
- gegen 17.00 Uhr vor dem Gemeindezentrum Dommershausen: Ständchen des örtlichen Musikvereins „Harmonie".
- 18.00 Uhr in der Kirche Dommershausen: Familienmesse, zelebriert von Pfarrer Heiner Pies (Bruchköbel), festlich umrahmt vom Kirchenchor Dommershausen.
- gegen 19.00 Uhr Abfahrt nach Ehr bei Emmelshausen, Hotel „Zur Katz", um dort gemeinsam zu Abend zu essen und um anschließend bei jungem Wein aus dem Keller unseres Herbert Pies (Ellenz-Poltersdorf) und gemütlichem Plausch beisammen zu sitzen.

Sonntag, 8. Juni 1986
Geplant ist ein Frühschoppen, ein gemeinsames Mittagessen und eventuell noch eine Wanderung (– das endgültige Programm wird am 7. Juni bekanntgegeben).

Voranmeldungen zum Abendessen am 7. Juni und Übernachtungswünsche (Zimmerpreise pro Person DM 35,00 bis DM 40,00) müssen spätestens bis zum 1. Mai 1986 schriftlich bei der Familienstiftung Pies-Archiv, Mettberg 18, 4322 Sprockhövel, vorliegen.

Diejenigen Familienmitglieder, die eine Pies-Fahne besitzen, mögen diese zum Familientag mitbringen.

Auszeichnung mit der Goldenen Gedenkmedaille

Mit einer Goldenen Gedenkmedaille der Familienstiftung Pies-Archiv sollen in Zukunft diejenigen Personen ausgezeichnet werden, die sich in besonderer Weise um die Heimat- und Familienforschung verdient gemacht haben. Auf dem Familientag am 7. Juni 1986 werden in Dommershausen erstmals mit dieser Goldenen Gedenkmedaille am Bande und einer Verleihungsurkunde ausgezeichnet:
Rita Abels (Düsseldorf), Pfarrer Peter Bollig (Beltheim), Hans Peter Pies (Mönchengladbach), Pfarrer Heiner Pies (Bruchköbel), Norbert Pies (Köln), Pfarrer Hermann Vloet (Dommershausen), Friedrich Wagner (Dommershausen), Hubert Wagner (Dorweiler), Ortsvorsteher Klaus Zimmer (Mannebach).
Die Silberne Gedenkmedaille am Bande zur 700-Jahrfeier der Familie Pies (Durchmesser 60mm) ist käuflich zu erwerben (siehe beil. Sonderprospekt) und soll von ihren Besitzern auf allen zukünftig stattfindenden Familientagen um den Hals getragen werden.

Genealogie und Sozialwissenschaften

Sowenig sich Geschichte in Genealogie erschöpft, sowenig erschöpft sich die Genealogie in ihrer Rolle als historische Hilfswissenschaft. Vielmehr kommen ihr wichtige Funktionen auch auf sozialwissenschaftlichem Gebiet zu, wo sie enge Berührungen zur Familiensoziologie aufweist. Sie gibt nicht nur Antwort auf die Frage nach der Bedeutung einzelner Familien und bestimmter Familienstrukturen für die historische Entwicklung, sondern liefert auch Aufschlüsse über den Wandel der sozialen Gruppe »Familie« selbst.

So war die Familie teilweise bis weit in unser Jahrhundert patriarchalisch geprägt, der Mann (Vater) ein nur geringen Einschränkungen unterliegender Herr über Ehefrau und Kinder. Die Anzahl der Kinder pro Familie war hoch, oft betrug sie zehn oder mehr. Doch zugleich gab es auch eine hohe Säuglings- und Kindersterblichkeit, oft überlebten nur zwei von zehn oder zwanzig Kindern. Die unverheirateten Töchter blieben im Haus und waren auch als Erwachsene weiter der väterlichen Gewalt unterworfen, die Frau hatte in der Regel keinen eigenen Beruf, sondern half in der Landwirtschaft, im Handwerksbetrieb oder im Heimarbeiter- oder Tagelöhnerhaushalt mit. Starb die Frau, so mußte der Witwer sehen, daß er so schnell wie möglich wieder heiratete, da auf die weibliche Mithilfe bei der Arbeit nicht verzichtet werden konnte.

Die in Deutschland im 19. Jahrhundert einsetzende Industrialisierung begann diese Strukturen zu erschüttern: eine neue gesellschaftliche Schicht, die Industriearbeiterschaft, entstand, und mit ihr neue Strukturen und Verhaltensweisen auch im Bereich der Familie. So wurden jetzt zunehmend auch Mädchen und Frauen zumindest zeitweilig berufstätig und erlangten dadurch ein eigenes, vom Mann unabhängiges Einkommen. Eine Trennung oder Scheidung vom Ehemann, die vorher unüblich war, wurde dadurch wesentlich erleichtert, begünstigt auch durch das Schwinden des kirchlichen Einflusses, der in der dörflich-vorindustriellen Gesellschaft noch übermächtig gewesen war. Das Wohnen zur Miete nahm zu, die

Das Ehepaar Barbara und Adam Stratzmann mit seinen 38 Söhnen und 15 Töchtern (Kupferstich, 2. Hälfte des 15. Jahrhunderts)

geographische und soziale Mobilität wuchs. Im 20. Jahrhundert und noch einmal verstärkt nach dem Zweiten Weltkrieg traten diese Erscheinungen immer mehr in den Vordergrund. All dies hatte schwerwiegende Auswirkungen in den einzelnen Familien, deren Struktur in der Industriegesellschaft radikal verändert wurde.
Die Genealogie kann durch die Darstellung von Familien- und Personenschicksalen sehr konkret aufzeigen, wie sich die Lebensweise, das Heirats- und Zeugungsverhalten und berufliche Festlegungen in der Folge mehrerer Generationen veränderten und neuen gesellschaftlichen Bedingungen – oft zwangsläufig – anpaßten. Gerade für den Hobbyfamilienforscher kann dieser Aspekt besonders spannend werden, läßt sich doch hier der Wandel des Alltagslebens besonders gut verfolgen und die Vielzahl sozialer und beruflicher Veränderungen in der eigenen Familie deutlich nachvollziehen. Der Soziologie aber können entsprechende genealogische Forschungen wichtige Fakten zur geschichtlichen Entwicklung und zum gegenseitigen Einfluß von Familienstruktur und Berufswelt liefern, die zum Verständnis der heutigen Gesellschaft und ihres Werdens unerläßlich sind.

Genealogie und Humanbiologie

Eine Ahnenliste ist eine historisch sowie sozialwissenschaftlich meist hochinteressante Zusammenstellung, sie ist darüber hinaus aber auch noch etwas anderes: die Dokumentation einer über Generationen reichenden biologischen Verbindung. Diese Tatsache verweist uns auf die Bedeutung, welche genetische und humanbiologische Gesichtspunkte in Genealogie und Familienforschung haben.
In fast jeder Familie ist irgendwann schon darüber gesprochen worden, daß die roten Haare des Großvaters, die lange Nase seiner Frau oder andere markante äußerliche

Beispiel für die familiäre Einheit der Gegensätze: die Geschwister Heinrich, Thomas, Carla und Julia Mann (um 1885)

Kennzeichen sich in der nächsten oder übernächsten Generation wiederholten. Was für körperliche Besonderheiten gilt, läßt sich in ähnlicher Weise auch bezüglich des Temperaments, gewisser Begabungen und anderer nicht unmittelbar sichtbarer menschlicher Eigenschaften feststellen.
Der Mensch ist nicht ausschließlich Produkt seiner Umwelt, sondern er wird auch in starkem Maße durch das Erbgut geprägt, das er von seinen Vorfahren übernimmt. Insofern ist es durchaus natürlich und verständlich, wenn Eltern bei ihren Kindern immer wieder nach Ähnlichkeiten und Gemeinsamkeiten suchen.
Zu unterscheiden sind dominante und rezessive Erbgänge. Dominante Erbgänge führen zur häufigen Wiederkehr einzelner Merkmale und Eigenschaften, etwa zum wiederholten Auftreten von Krankheitsanfälligkeiten innerhalb einer Familie über viele Generationen. Rezessive Erbgänge dagegen kennzeichnen sich durch das Überdecktwerden und allmähliche Verschwinden von Merkmalen und Eigenschaften, die jedoch durch Verbindungen mit Partnern, die eben diese genetischen Anlagen ihrerseits mitbringen, wieder verstärkt auftreten können. Völlig unhaltbar sind Vermutungen, wonach die väterliche Linie der Vorfahren einen besonders dominanten Erbgang habe. Sie ent-

behren ebenso jeder Grundlage wie die entgegengesetzte Vermutung, nach der der Vererbung über die mütterliche Linie (Mutter / Großmutter mütterlicherseits / deren Mutter usw.) eine besondere Intensität zugeschrieben wird. Nach den Gesetzen der Wahrscheinlichkeit kann prinzipiell jede denkbare Vorfahrenlinie (also zum Beispiel Mutter / Großvater mütterlicherseits / dessen Vater / dessen Mutter usw.) Träger stark ausgeprägter Gene und eines dominanten Erbganges sein.

Die Genealogie kann die Grundsätze der Vererbungslehre für sich nutzbar machen, indem sie Ahnen- oder Nachkommenlisten auch unter diesem Gesichtspunkt analysiert und damit Vorgänge in Familienbiographien erhellt, die nicht allein historisch und sozialwissenschaftlich erklärt werden können. Allerdings sind solche erbbiologischen Erklärungsmuster allein untauglich, um eine Familiengeschichte in all ihrer Vielschichtigkeit zu erklären. Daher wird die genealogische Forschung stets die Gesamtheit historischer, soziologischer und humanbiologischer Fakten berücksichtigen müssen, wenn sie ein wirklichkeitsgetreues Bild ihres Untersuchungsgegenstandes – eben der Familien – zeichnen will.

Für den Hobbyforscher ist die Beobachtung der in seiner eigenen Familie feststellbaren genetischen Erbgänge natürlich eine spannende und interessante Sache. Doch sei gleich darauf hingewiesen, daß entsprechende Studien schon nach wenigen Vorfahrengenerationen äußerst schwierig werden. Fotografien, auf denen man äußerliche Merkmale erkennen kann, gibt es erst seit dem 19. Jahrhundert, und Gemälde oder Stiche waren nur in den begüterten Familien der Oberschicht üblich. Informationen über bestimmte Krankheitsanfälligkeiten lassen sich zum Teil aus den Kirchenbüchern entnehmen, etwa dann, wenn bei Mitgliedern einer Familie häufig die gleiche Krankheit als Todesursache genannt wird. Doch auch dabei gibt es Schwierigkeiten: Erstens ist dieser Anhaltspunkt, beispielsweise beim Tod durch Seuchen, Unfälle oder Kriegseinwirkung, nicht mehr schlüssig und gibt keine Hinweise auf tatsächlich vorhandene, aber nicht zum Tode führende Leiden einzelner Vorfahren, zweitens war die Medizin früherer Jahrhunderte oft nicht zur klaren Differenzierung der einzelnen Krankheiten in der Lage. Angaben zu Todesursachen wie Auszehrung oder Altersschwäche können für vielerlei stehen. Über Temperament, Begabung und ähnliche Eigenschaften schließlich läßt sich meist nur dann Näheres ermitteln, wenn von dem betreffenden Vorfahren nicht nur die genealogischen Grunddaten (Geburts-, Heirats- und Sterbetag, der jeweilige Ort und der Beruf) vorliegen, sondern darüber hinaus noch einigermaßen detaillierte Angaben über seinen Lebenslauf und sein Verhalten. Meist geben die Quellen hierzu nicht viel her, es sei denn, es existieren noch alte Tagebücher, Briefe oder ähnliche Unterlagen. Ausnahmen stellen einerseits Oberschichtfamilien dar, über deren vielfach im öffentlichen Leben stehenden Angehörigen zu ihrer Zeit, aber auch später, schriftliche Aussagen aufgezeichnet wurden, aber auch straffällig gewordene Personen, über die zum Teil in Gerichtsakten noch nähere persönliche Informationen zu finden sind und deren Äußeres in zuweilen noch erhaltenen Steckbriefen beschrieben wurde. Im Normalfall jedoch lassen sich erbbiologische Forschungen in der eigenen Familie nur bis zur Mitte des vorigen Jahrhunderts betreiben, und auch dann braucht man viel Glück, um fündig zu werden.

Romulus und Remus, von der Wölfin gesäugt (etruskische Skulptur, die Kinderfiguren sind im 15. Jahrhundert hinzugefügt worden)

Geschichte der Genealogie

Die Genealogie hat eine eigene Geschichte, die Jahrtausende zurückreicht und in der Frühzeit ihren Niederschlag in zahlreichen Mythen, Legenden und Überlieferungen fand. Menschen aller Zeiten und Völker interessieren sich für die Aufeinanderfolge der Geschlechter.

Schon die Pharaonen im alten Ägypten begründeten ihren Herrschaftsanspruch mit der direkten Abkunft vom Sonnengott Ré, und manche Papyrusrolle berichtet von der Geschlechterfolge der einzelnen Pharaonendynastien. Eine ähnliche Mythologie besteht bis heute in Japan: Die Familie des Tenno, des japanischen Kaisers, stammt der Überlieferung zufolge direkt von der mächtigen Sonnengöttin Amaterasu ab. Der erste Tenno soll ein Enkel des göttlichen Ningi gewesen sein, der wiederum ein Enkel Amaterasus war. Im Shintoismus, der alten japanischen Volksreligion, wird der Verehrung der Ahnen, für die eigene Schreine errichtet werden, nach wie vor große Bedeutung beigemessen.

Auch Königsgeschlechter des antiken Griechenland, so das von Theben und das von Argos, führten ihre Stammreihe auf die Götter und dabei meist auf Zeus selbst zurück. Die Dichter und Sänger der altgriechischen Kultur priesen in ihrenWerken die Taten berühmter Geschlechter und stellten die Abkunft der Lebenden von sagenumwobenen Ahnen heraus. Diese Tradition setzte sich bei den Römern fort. Es gehörte für eine angesehene römische Patrizierfamilie geradezu zum guten Ton, einen lückenlosen Stammbaum bis zu den legendären Gründern der Stadt, Romulus und Remus, aufweisen zu können. Daß dabei so mancher Name und so manches Datum gefälscht oder »frisiert« wurden, liegt auf der Hand. Andererseits ist aber auch zu beachten, daß bei den Römern Abstammung nicht allein biologisch definiert wurde. Vielmehr konnte durch Adoption die Ahnenreihe der Adoptiveltern »übertragen« werden.

Die Bibel schließlich bringt uns das frühe genealogische Bewußtsein der alten Hebräer nahe. Schon in ihren frühesten Schriften, den fünf Büchern Mose, finden sich Darstellungen umfangreicher Abstammungslinien. Aus dem 1. Buch Mose (Kapitel 10, Vers 1 und Vers 21–30, Kapitel 11, Vers 10–27) im Alten Testament und dem Matthäus-Evangelium (Vers 1–16) im Neuen Testament läßt sich die lückenlose Stammfolge von Adam über Noah, Abraham und die Könige David und Salomon bis hin zu Jesus zusammenstellen. Auch in anderen Teilen der Bibel, so etwa in den Büchern der Chronik und in den Büchern Esra und Nehemia, werden dem Leser umfangreiche genealogische Übersichten gegeben.

Frühe Quellen zur germanischen Genealogie sind neben den Berichten römischer Schriftsteller (zum Beispiel des Tacitus) die altnordischen Heldenepen und Skaldenlieder. Aus dem 5. Jahrhundert, das heißt aus den Wirren der Völkerwanderungszeit, sind einige Aufzeichnungen christlicher Chronisten über die Genealogie germanischer Stämme überliefert. All diese Quellen sind jedoch unsicher, mythenumrankt und wenig zuverlässig. Erst mit der um 550 aufgezeichneten »Gotengeschichte« des Jordanes entstand auch für den germanischen Kulturkreis ein Werk, dessen genealogische Informationen als einigermaßen gesichert und damit für die historische Forschung brauchbar angesehen werden können.

Im frühen Mittelalter begegnen uns noch keine selbständigen genealogischen Werke, vielmehr sind zu jener Zeit genealogische Daten in allgemeinen Chroniken sowie in Lebensbeschreibungen einzelner bedeutender Herrscherpersönlichkeiten enthalten. Erst allmählich begann sich das genealogische Interesse auszuweiten, auf Abhandlungen über das Schicksal von Völkern, von Herrschergeschlechtern und von Königen folgten mit der Zeit auch solche über nachgeordnete Adelsfamilien, die für diese natürlich dann von besonderem Nutzen waren, wenn darin die Abstammung vom Königs- oder Kaiserhaus nachgewiesen werden konnte. Zugleich begann der Adel, sich mittels der Genealogie immer deutlicher und schärfer von den nichtadeligen Familien abzugrenzen, um damit seine Privilegien zu sichern. Bestimmte Ämter und Würden sowohl geistlicher als auch weltlicher Art waren schließlich nur noch dann zugänglich, wenn der Bewerber mindestens freier, besser aber noch adeliger Geburt war. Dabei wurde oft die sogenannte Ahnenprobe verlangt, bei der der Nachweis freier oder adeliger Abstammung bis zurück zur sechsten Vorfahrengeneration erbracht werden mußte. Eine Reihe solcher Ahnenproben ist in Urkundenform noch in den Archiven erhalten und gibt einen guten Einblick in die Verwandtschaftsbeziehungen der mittelalterlichen Adelsgeschlechter. Selbst die Teilnehmer an Turnieren hatten ihre freie oder adelige Geburt nachzuweisen, und an bestimmten Wettkämpfen durften überhaupt nur Ritter, also Adelsbürtige, teilnehmen.

Eine juristische Bedeutung gewann die Frage der Abstammung bereits in den ältesten Zeugnissen der deutschen Rechtsliteratur, so etwa im »Sachsenspiegel«, der genau festlegte, wer sich als Freier bezeichnen durfte. Unabdingbar war dabei, daß schon alle vier Großeltern von freier Geburt waren. Auch unter den Handwerkern in den Städten war die Herkunft von Bedeutung, neben den beruflichen Fertigkeiten und Kenntnissen mußte bei der Aufnahme in die mächtigen Handwerkerzünfte auch die »echte und rechte« Abstammung nachgewiesen werden. Dazu waren der Zunft sogenannte Geburtsbriefe vorzulegen, die, soweit sie heute noch erhalten sind, ähnlich wie die Ahnenproben wichtige Zeugnisse der mittelalterlichen Familiengeschichte darstellen.

Doch bei all dem kann man für die Zeit des Mittelalters noch nicht von einer systematischen genealogischen Forschung oder gar von wissenschaftlicher Genealogie sprechen. Die Abstammungsnachweise jener Jahrhunderte waren zweckgebunden und hatten nur für die unmittelbar Beteiligten Bedeutung. Erst gegen Ende des 15. Jahrhunderts begannen einzelne Herrscherhäuser, Gelehrte mit der Anfertigung detaillierter Familiengeschichten und Ahnentafeln zu

Das Evangelium des Matthäus

DIE VORGESCHICHTE

Der Stammbaum Jesu

Abraham war der Vater von Isaak,
Isaak von Jakob,
Jakob von Juda und seinen Brüdern.
Juda war der Vater von Perez und Serach; ihre Mutter war Tamar.
Perez war der Vater von Hezron,
Hezron von Aram,
Aram von Amminadab,
Amminadab von Nachschon,
Nachschon von Salmon,
Salmon war der Vater von Boas; dessen Mutter war Rahab.
Boas war der Vater von Obed; dessen Mutter war Rut.
Obed war der Vater von Isai,
Isai der Vater des Königs David.
David war der Vater von Salomo, dessen Mutter die Frau des Urija war.
Salomo war der Vater von Rehabeam,
Rehabeam von Abija,
Abija von Asa,
Asa von Joschafat,
Joschafat von Joram,
Joram von Usija,
Usija war der Vater von Jotam,
Jotam von Ahas,
Ahas von Hiskija,
Hiskija von Manasse,
Manasse von Amos,
Amos von Joschija.
Joschija war der Vater von Jojachin und seinen Brüdern;
das war zur Zeit der Babylonischen Gefangenschaft.
Nach der Babylonischen Gefangenschaft
war Jojachin der Vater von Schealtiël,
Schealtiël von Serubbabel,
Serubbabel von Abihud,
Abihud von Eljakim,
Eljakim von Azor.
Azor war der Vater von Zadok,
Zadok von Achim,
Achim von Eliud,
Eliud von Eleasar,
Eleasar von Mattan,
Mattan von Jakob.
Jakob war der Vater von Josef, dem Mann Marias;
von ihr wurde Jesus geboren,
der der Chrustius (der Messias) genannt wird.

Im ganzen sind es also von Abraham bis David vierzehn Generationen, von David bis zur Babylonischen Gefangenschaft vierzehn Generationen und von der Babylonischen Gefangenschaft bis zu Christus vierzehn Generationen.

Biblischer Stammbaum als Nachweis, daß Jesus der Erbe jener Verheißungen ist, die an Abraham und David ergingen. Der Stammbaum umfaßt eine gewaltige Zeitspanne von rund 1200 Jahren

Kaiserlich deutscher Herold (16. Jahrhundert), das Wahrzeichen der Gesellschaft Herold

beauftragen. Sie sollten zum höheren Ruhm der jeweiligen Dynastie beitragen, darüber hinaus aber auch die komplizierten Erbschaftsansprüche innerhalb der oft weitverzweigten und in zahlreiche Linien zersplitterten Adelsfamilien festhalten und sichern helfen. Das Erbfolgerecht fußte dabei meist auf dem Grundsatz der Agnation, das heißt der Abkunft im Mannesstamm.

Einer der ersten Genealogen mit wissenschaftlichem Anspruch war Ladislaus Suntheim (ca. 1440–1513), der auf Weisung des Kaisers Maximilian eine Chronik der Häuser Habsburg und Babenberg erstellte. Mit ihm nahm im Grunde auch die Berufsgenealogie, die professionelle Familienforschung im Auftrag anderer, ihren Anfang. Suntheims Arbeiten stützten sich nicht auf Hörensagen, Mythen und Legenden, sondern auf die gründliche Auswertung der Habsburger Hausarchive, das heißt er betrieb bereits zu jener Zeit in vorbildlicher Weise eine intensive und gewissenhafte Quellenuntersuchung.

Andere Adelsgeschlechter zogen ihrerseits mit der Beauftragung von Genealogen nach, und schließlich gelang es den genealogisch Interessierten, diese wissenschaftliche Disziplin zum Lehrgegenstand an den Universitäten zu machen. Bezeichnenderweise wurde sie dort keinesfalls nur von den Historikern betrieben (die zunächst auch nur Hilfswissenschaftler, nämlich solche der Theologen, waren), sondern vor allem von den Juristen. Der Grund dafür ist einleuchtend: durch die genealogische Forschung wurden Fragen des Erb- und Standesrechts, des feudalen (dynastisch ausgerichteten) Staatsrechts und des Lehensrechts unmittelbar berührt. Allmählich erschien auch gedruckte genealogische Literatur, und um die Wende vom 17. zum 18. Jahrhundert gab es bereits erste Bibliographien, die eine Übersicht über die bis dahin herausgegebenen genealogischen Werke zu vermitteln versuchten. Wesentliche Beiträge zu einer genealogischen Systematik lieferte 1788 der Genealoge und Heraldiker Johann Christoph Gatterer (1727–1799) mit seinem Buch »Abriß der Genealogie«. In diesem grundlegenden Werk wurde erstmals versucht, Fragen der praktischen Forschung und Darstellung mit solchen der genealogischen Theorie zu verbinden. Allerdings wurde die Bedeutung von Gatterers Ansatz erst Jahrzehnte nach seinem Tod nach und nach erkannt und gewürdigt, während ihn seine Zeitgenossen noch weitgehend unbeachtet gelassen hatten.

Ein Jahr nach dem Erscheinen von Gatterers Buch begann in Europa eine Zeit schwerer gesellschaftlicher und politischer Umbrüche. Die Französische Revolution und die Zeit Napoleons erschütterten das Gefüge der jahrhundertelangen Adelsherrschaft. Ein neuer Geist kam auf, der für die Genealogie nichts übrig hatte, galt sie doch als eine Angelegenheit des »Ancien régime« und seiner Dynastien. Von den Universitäten wurde die genealogische Forschung wieder verdrängt, im bald darauf entstehenden Vereinsleben des selbstbewußter gewordenen Bürgertums konnte sie bis in die zweite Hälf-

Mittelalterliches Stammbaumschema (Holzschnitt, um 1485)

te des 19. Jahrhunderts nicht Fuß fassen. Allerdings brachte die napoleonische Zeit die Einführung der staatlich-standesamtlichen Registrierung von Personenstandsangelegenheiten, womit die Basis für gesicherte Quellen zur Familienforschung ab dem 19. Jahrhundert geschaffen wurde.

Einen neuen Anstoß für die genealogische Forschung gab es erst in den siebziger Jahren des vorigen Jahrhunderts, nachdem die bereits zum Ende der Biedermeierzeit entstandenen Geschichts- und Altertumsvereine die Familiengeschichte zunächst noch unbeachtet gelassen hatten. Der Impuls ging von

Deutscher Reichsadler in der Epoche Wilhelms II.

einer eng verwandten Nachbarwissenschaft, der Heraldik, aus. Heraldische Gesellschaften (»Herold« in Berlin 1869, »Adler« in Wien 1870) wurden gegründet, die rasch überregionale Bedeutung erlangten. In diesen Vereinigungen entstand mit der Zeit zwangsläufig auch ein stärkeres Interesse an der Genealogie, lieferte diese doch der heraldischen Forschung immer wieder wichtige Hinweise.

Daneben waren schon seit 1825 genealogische Buchreihen erschienen, in denen Stammtafeln, Ahnenlisten und familiengeschichtliche Aufsätze veröffentlicht wurden. Allerdings waren diese Reihen zunächst nur den adeligen Familien gewidmet. Am bekanntesten wurde der »Gotha«, das heißt die Sammlung der »Gothaischen Genealogischen Taschenbücher«, die sich nach und nach in gesonderte Reihen für die gräflichen, die freiherrlichen, die uradeligen und die briefadeligen Häuser aufgliederte. Sie knüpfte an die »Gothaischen Hofkalender« an, die noch in der vorrevolutionären Zeit des 18. Jahrhunderts entstanden waren, und standen damit noch ganz in der Tradition der alten, dynastisch orientierten Genealogie. Doch 1889 erschien auf Initiative des Berliner »Herold« erstmals das »Genealogische Handbuch Deutscher Geschlechter« (auch »Deutsches Geschlechterbuch / DGB« genannt), von dem bisher über 200 Bände, zum Teil nach einzelnen Regionen gegliedert, mit vielen Millionen genealogischer Daten vorliegen. Das »DGB« wird nach wie vor laufend ergänzt und stellt eine der ältesten, umfangreichsten und wichtigsten genealogischen Buchreihen der Welt dar.

Gegen Ende des 19. Jahrhunderts bildeten sich unter den Genealogen zwei unterschiedliche theoretische Richtungen heraus. Die eine wurde von Charles Darwin und seiner Evolutionstheorie, ihrer Weiterentwicklung durch den deutschen Gelehrten Ernst Haeckel und die biologische Vererbungslehre Gregor Johann Mendels bestimmt und war folglich eher naturwissenschaftlich ausgerichtet. In ihr kam auch die zunehmende Bedeutung der Naturwissenschaften im geistigen Leben jener Zeit zum Ausdruck, die auf viele Gebiete ausstrahlte. Daneben entstand eine andere, vorrangig historischem und soziologischem Denken verpflichtete Tendenz.

Der Hauptvertreter der ersten, sich stark an die Humangenetik anlehnenden Richtung war interessanterweise ein Historiker, der erst in Wien und später in Jena lehrende Ottokar Lorenz. Sein Werk »Lehrbuch der gesamten wissenschaftlichen Genealogie« legte die Grundsätze der sich um ihn scharenden genealogischen Schule dar. Ihm standen als bedeutendste Repräsentanten der zweiten Richtung der Berliner Privatdozent Stephan Kekulé von Stradonitz und der Forscher Eduard Heydenreich gegenüber. Heydenreichs »Lehrbuch der praktischen Genealogie« formulierte die Gegenposition zu Lorenz. An den Titeln der beiden Hauptwerke läßt sich bereits erkennen, daß die von Lorenz begründete naturwissenschaftliche Richtung sich im besonderen Maße theoretischen Fragestellungen widmete, während die historisch-sozialwissenschaftlich orientierte Schule um Kekulé von Stradonitz und Heydenreich mehr auf die praktischen Fragen einging, die sich beim Sammeln, Aufbereiten und Darstellen genealogischen Datenmaterials ergaben.

Nachdem bereits 1904 in Leipzig die »Zentralstelle für deutsche Personen- und Familiengeschichte« in der Rechtsform einer gemeinnützigen Stiftung gegründet worden war, erhielt die Forschung wesentlichen Auftrieb durch die bald darauf entstehenden genealogischen Vereine auf regionaler und lokaler Ebene. Die meisten von ihnen begannen rasch, eigene Zeitschriften, Mitteilungsblätter und Rundbriefe herauszugeben, die familiengeschichtliches Datenmaterial der jeweiligen Regionen und Orte nach und nach erschlossen. Berufsgenealogen wie Laienforscher konnten hier die Ergebnisse ihrer Arbeit veröffentlichen und damit einem breiteren Kreis von familiengeschichtlich Interessierten zugänglich machen. Um einen besseren Informationsaustausch zu gewährleisten und die Sache der Genealogie auch nach außen besser vertreten zu können, schlossen sich die meisten genealogischen Vereinigungen 1922 zu einer Dachorganisation, der »Arbeitsgemeinschaft der familien- und wappenkundlichen Vereine«, zusammen.

Der nach wie vor schwelende Konflikt zwischen der naturwissenschaftlich-genetisch orientierten Forschung und der historisch-sozialwissenschaftlichen Richtung unter den Genealogen konnte jedoch auch durch die Schaffung eines solchen Dachverbandes nicht beigelegt werden. Er hielt, vor allem natürlich in der Universitätsgenealogie, an. Mit unterschiedlichen Schwerpunktsetzungen beschäftigten sich Wissenschaftler verschiedener Fachrichtungen mit der Genealogie und nahmen genealogische Themen in das Lehrprogramm ihrer Fächer auf.

Nach der Machtergreifung durch die Nationalsozialisten im Jahre 1933 nahmen diese die genealogische Forschung (wie vieles andere auch) für ihre eigenen Ziele in Beschlag. Im Mittelpunkt ihres Interesses stand dabei die Instrumentalisierung dieser Wissenschaft für die Rassenideologie und den Antisemitismus des Dritten Reiches. Besonders die naturwissenschaftlich orientierte Forschungsrichtung war es, die Anknüpfungspunkte bot und folglich während der NS-Zeit innerhalb der Genealogie auch bestimmend war. Über Deutschland ergoß sich nun eine regelrechte Flut von Büchern, Broschüren und Traktaten zur Rassen- und Vererbungslehre. In den öffentlichen Schulen sowie in den weltanschaulichen Kursen der Partei-, HJ- und SS-Gliederungen wurden entsprechende Themen fester Bestandteil des Lehrstoffs. Auch die Massenmedien wurden zur Verbreitung der rassenpolitischen Vorstellungen der NSDAP eingesetzt und griffen dabei in einer Reihe von Beiträgen auf die Genealogie und ihre Erkenntnisse zurück.

Familienforschung bekam für die Deutschen nun eine unmittelbar praktische Bedeutung: Parteimitglieder und Beamte hatten ihre sogenannte arische Abstammung über mehrere Generationen zu beweisen, und wer nicht belegen konnte, daß er weder jüdische Eltern noch Großeltern hatte, fiel unter die diskriminierenden Nürnberger Rassegesetze. Das führte während der NS-Zeit zu einer millionenfachen, aber meist erzwungenen und damit unliebsamen Beschäftigung mit der Familiengeschichte – der Ahnen- beziehungsweise Sippenforschung, wie man damals sagte. Diese Vereinnahmung einer sehr alten Wissenschaft durch das nationalsozialistische Regime war sicherlich einer der wichtigsten Gründe für die Abneigung und Verachtung, mit der man der Genealogie nach 1945 zunächst gegenüberstand.

Die Machthaber des Dritten Reiches schufen für ihre Zwecke eine »Reichsstelle für Sippenforschung«, die mit dem »Volksbund der deutschen sippenkundlichen Vereine« (einer Dachorganisation, der alle genealogischen Vereine zwangsweise angehörten) verbunden war. Dadurch stand die familienkundliche Forschungsarbeit unter der Aufsicht und Anleitung des NS-Apparats und konnte von diesem zweckgerichtet eingesetzt werden. Auch sicherten sich die Nationalsozialisten auf diese Weise den Zugriff auf die umfangreichen Archive und Sammlungen, die die verschiedenen Vereine in jahrzehntelanger Arbeit angelegt hatten. Geplant war schließlich die Verschmelzung der »Reichsstelle« mit dem staatlichen Standesamtswesen: sie sollten zu einem »Reichssippenamt« erweitert werden, dem, als zentraler Behörde, alle Standesämter unterstellt gewesen wären. Der Beginn des Zweiten Weltkrieges, der die Aufmerksamkeit der NS-Machthaber auf andere Dinge lenkte und im Verwaltungsbereich neue Prioritäten setzte, verhinderte jedoch die Durchführung der entsprechenden Pläne.

Der Mißbrauch durch die Nationalsozialisten führte dazu, daß die Genealogie nach Kriegsende nur langsam wieder Tritt fassen konnte. Erst allmählich begannen die einzelnen Vereine wieder zu arbeiten. An den Universitäten waren genealogische Themenstellungen verpönt und konnten bis heute nicht mehr die Bedeutung erlangen, die sie in der ersten Hälfte dieses Jahrhunderts hatten. Natürlich hatte der Krieg auch viele wertvolle Archive und familienkundliche Privatsammlungen zerstört, zahlreiche Forschungsarbeiten mußten von vorn begonnen werden.

Nach und nach jedoch begann sich wieder neues Leben zu regen, und es entstanden sogar neue genealogische Vereinigungen. Zu nennen sind in diesem Zusammenhang zum Beispiel die »Gruppe Familien- und Wappenkunde im Bundesbahn-Sozialwerk«, die natürlich besonders auf die Genealogie von Eisenbahnerfamilien spezialisiert ist, der »Bund Deutscher Familienverbände e. V.«, das angesehene „Institut zur Erforschung historischer Führungsschichten e. V.« und eine Reihe neuer lokaler Arbeitsgemeinschaften in verschiedenen Städten. In den ehemaligen ostdeutschen Gebieten war eine genealogische Arbeit im herkömmlichen Stil nun nicht mehr möglich, doch lebten die früheren Regionalvereine aus Ostpreußen, Schlesien, Pommern usw. schon bald in verschiedenen Organisationen wieder auf, die sich der Vertriebenengenealogie widmeten.

Banner des Flaggschiffes von Sir Franleis Drake (um 1580)

Nach den Erfahrungen der Zeit von 1933–1945 lehnte die Nachkriegsgenealogie folgerichtig die zu rassistischen und ideologischen Zwecken mißbrauchte naturwissenschaftlich-erbbiologische Ausrichtung der Forschung weitgehend ab. Sie konzentrierte sich stärker auf sozial-, wirtschafts- und regionalgeschichtliche Aspekte. Gerade damit kommt sie in den letzten Jahren dem zunehmenden Trend zu einer »Geschichte von unten«, zur Heimat- und Alltagshistorie, durchaus entgegen und kann auf diesem Gebiet wertvolle Beiträge liefern, die bestehende Ressentiments gegen die falsch verstandene und politisch mißbrauchte Ahnenforschung abbauen könnten. Somit eröffnet sich der Genealogie wieder eine Zukunftsperspektive, wobei der Einsatz verbesserter technischer Hilfsmittel, insbesondere der elektronischen Datenverarbeitung, zusätzliche Anstöße liefert.

Die Beschäftigung mit genealogischen Fragen reicht, wie wir gesehen haben, Jahrtausende zurück und war nie auf den europäischen Kulturkreis beschränkt. Doch trotz dieser weit in die menschliche Kultur zurückreichenden Tradition ist die Genealogie als systematisch betriebene Wissenschaft noch relativ jung. Erst vor etwa 100 Jahren vollzog sich der Wandel von der ursprünglichen Adels- zur breiter angelegten Volksgenealogie, von der Erforschung der reichen und mächtigen Familien zur Untersuchung breiterer Bevölkerungskreise und ihrer familiären Herkunftsgeschichte.

Heute kommt es für die Genealogie darauf an, ihre Stellung im Gefüge der Wissenschaftsdisziplinen auszubauen und bei den verschiedenen Nachbarfächern noch stärker als bisher Anerkennung und Kooperationsbereitschaft zu finden. Zugleich stellt sich die Aufgabe, der wachsenden Schar von Hobby- und Laienforschern, aber auch den frei arbeitenden Berufsgenealogen methodische Hilfe und theoretische Anleitung zu geben. Beides wird sich auf Dauer nur dann erfolgreich realisieren lassen, wenn der Genealogie auch im Hochschulbereich wieder ein angemessener Platz eingeräumt wird, was die Einrichtung genealogischer Lehrstühle an einzelnen Universitäten und ihre entsprechende Ausstattung mit Personal und finanziellen Mitteln für Lehre und Forschung voraussetzt. Auf ein derartiges organisatorisches Fundament kann letztlich keine Wissenschaft verzichten, wenn sie qualifizierte Forschungsarbeit leisten soll.

Organisationsformen der Genealogie heute

An den Universitäten der Bundesrepublik Deutschland, Österreichs und der Schweiz gibt es derzeit zwar verschiedene Lehrstühle, deren Inhaber sich mit den historischen Hilfswissenschaften beschäftigen, doch keine ausschließlich genealogische Professur. Genealogisches Arbeiten und Forschen ist vielmehr hauptsächlich außerhalb des Hochschulbetriebes angesiedelt: in zahlreichen Vereinen und Verbänden, in privaten Institutionen sowie in einigen wenigen, zum Teil an öffentlich-rechtliche Körperschaften angeschlossenen Arbeitskreisen und Forschungsstellen. Ein Beispiel für letztere ist die »Arbeitsgruppe Familienkunde« in der »Ostfriesischen Landschaft«, einer Körperschaft, die sich der kulturellen und landschaftspflegerischen Belange im Gebiet des ehemaligen Regierungsbezirks Aurich (das historische Ostfriesland) annimmt.

Von überragender Bedeutung in diesem vielfältigen Geflecht von Gruppen und Initiativen sind die genealogischen Vereine. Man kann unter ihnen vor allem zwei Arten unterscheiden: Vereine, die mit überregionalem Wirkungskreis, dabei aber oft mit Bezug auf bestimmte Sondergruppen, arbeiten, sowie landschafts- oder sogar nur ortsbezogene Vereinigungen.

Unter den Vereinen des erstgenannten Typs ist vor allem der bereits im letzten Abschnitt erwähnte »Herold« in Berlin zu nennen, dessen Schwerpunktinteresse allerdings auf dem Gebiet der Heraldik liegt. Mit bestimmten Sondergruppen beschäftigen sich unter anderen der »Deutsche Hugenottenverein e. V.«, der »Salzburger Verein e. V.« (dessen Interessengebiete die protestantischen Salzburger Emigranten des 18. Jahrhunderts, ihre Vorfahren und Nachkommen umfaßt), das »Deutsche Adelsarchiv e. V.« und der »Mennonitische Geschichtsverein e. V.«.

Eine Zwischenstellung nehmen die Vereinigungen der Vertriebenen- und Flüchtlingsgenealogie ein. Ihre Mitglieder sind zwar über das gesamte Bundesgebiet und verschiedene Nachbarstaaten verstreut, was nur selten die Bildung regionaler oder gar örtlicher Arbeits- und Gesprächskreise zuläßt, vom Forschungsinteresse her konzentrieren sie sich aber jeweils auf bestimmte, klar umrissene Regionen. Zu nennen sind hier zum Beispiel die »Arbeitsgemeinschaft Ostdeutscher Familienforscher e. V.«, die »Arbeitsgemeinschaft für mitteldeutsche Familienforschung e. V.« sowie besondere Vereinigungen für die familiengeschichtliche Forschung der Sudetendeutschen, der Ost- und Westpreußen und der Donauschwaben.

Unter den mehr als 40 regionalen und örtlichen Vereinen befinden sich große und bedeutende, wie die »Westdeutsche Gesellschaft für Familienkunde e. V.« (zuständig für das Gebiet der ehemaligen preußischen Rheinprovinz) und der »Bayerische Landesverein für Familienkunde«, daneben aber auch kleinere Gruppen wie zum Beispiel der »Familienkundliche Abend im Hagener Heimatbund e. V.«. Das gesamte Gebiet der Bundesrepublik Deutschland wird von jeweils zuständigen genealogischen Regionalvereinen erfaßt, wobei sich deren Arbeitsgebiete allerdings manchmal etwas überschneiden. Was zunächst als heillose Zersplitterung erscheint, erweist sich bei näherer Betrachtung als durchaus sinnvoll: aufgrund der recht geringen Mobilität der Bevölkerung in früheren Zeiten haben genealogische Forschungen meist einige wenige geographische Schwerpunkte, im Falle mancher Familien sogar nur einen einzigen. So umfassen die meisten Ahnenlisten nur Personen aus wenigen, oft sogar benachbarten, Herkunftsgebieten, was sich allerdings aufgrund der gesellschaftlichen Entwicklung seit dem Ende des Zweiten Weltkrieges jetzt nach und nach zu ändern beginnt. Regional orientierte Vereine aber sind viel eher in der Lage, Interessierte mit der Bereitstellung von Archivmaterial und der Durchführung von Veranstaltungen zu betreuen, als es eine zentrale Organisation wäre.

Mittelalterliches Adelswappen: Thüringen

»Verein der Schuhmachermeister« (Zunftzeichen, Anfang 19. Jahrhundert)

Nicht zuletzt unter diesem Gesichtspunkt gliedern sich die größeren genealogischen Vereinigungen oft noch in Bezirks- oder Ortsgruppen, die jeweils für Teilgebiete der Region zuständig sind und dem Familienforscher daher noch detaillierter und gezielter mit Hinweisen und Ratschlägen helfen können. Auch ermöglichen diese Untergliederungen besonders den persönlichen Kontakt der Familienforscher untereinander, etwa durch monatliche Gesprächskreise, gemeinsame Fahrten, Wanderungen zu historischen Stätten usw. Die »Westdeutsche Gesellschaft für Familienkunde e. V.«, deren weiträumiger Arbeitsbereich von der Nahe bis an den Niederrhein und von der Saar bis zur Ruhr reicht, hat zum Beispiel derzeit ein Netz von 13 Bezirksgruppen (elf in Nordrhein-Westfalen und zwei in Rheinland-Pfalz), die rege Eigenaktivitäten entfalten.

Die Vereinigungen geben, ganz gleich, ob sie überregional oder nur regional bezogen arbeiten, Rundschreiben, Mitteilungsblätter und zum Teil sogar recht aufwendig gestaltete Zeitschriften heraus. Neben Artikeln über familiengeschichtliche Forschungsergebnisse und methodische Fragen der Genealogie werden auch praktische Tips, Veranstaltungstermine, umfangreiche Literaturhinweise, Suchfragen und ähnliches veröffentlicht. Neben diesen periodischen Publikationen erscheinen in vielen Fällen noch zusätzliche Schriftenreihen der einzelnen Vereinigungen mit Büchern und Broschüren zu genealogisch oder landeskundlich interessanten Themen. Auch die Neuveröffentlichung alter Quellen ist ein wichtiges Anliegen bei der Herausgabe dieser Schriftenreihen, die zum Teil Bürgerbücher, Zunftverzeichnisse, Ratsherrenlisten, Kirchenbücher und ähnliche familiengeschichtlich interessante Dokumente früherer Zeiten in gedruckter Form für den Familienforscher zugänglich machen.

Vielen Zeitschriften und Mitteilungsblättern der genealogischen Vereine liegt kostenlos das überregionale Anzeigenblatt »Familienkundliche Nachrichten« (FaNa) bei. In jeder der jährlich sechs Ausgaben dieser für jeden Familienforscher unverzichtbaren Publikation findet man Hunderte von Suchanzeigen aus dem In- und Ausland, Werbeannoncen von Berufsgenealogen und -heraldikern, Angebote familien- und regionalgeschichtlicher Literatur usw.

Alle genealogischen Vereinigungen unterhalten eigene Archive und Handbüchereien, in denen oft schon jahrzehntelang Material zusammengetragen und teilweise auch noch durch die Anlage von Karteikarten für die einzelnen Namensvorkommen in besonders praktischer Weise erschlossen wird. In diesen Sammlungen ist das genealogische Wissen der jeweiligen Region konzentriert. Darüber hinaus enthalten sie Standardwerke der Fachliteratur (wie auch der verschiedenen Nachbarwissenschaften) und meist auch der Zeitschriftenjahrgänge und Veröffentlichungen anderer Regionalvereine. Die Nutzung dieser Einrichtungen ist den Mitgliedern meist zu besonders günstigen Bedingungen möglich. Allerdings sollte man die Öffnungszeiten beachten und am besten vor einem Besuch einen Termin vereinbaren: die Betreuer der Sammlungen arbeiten nicht selten nur ehren- oder nebenamtlich.

Der Beitritt ist bei fast allen Vereinen an keine besonderen Auflagen geknüpft. Wer bereits Vorkenntnisse oder gar eigene Arbeitsergebnisse auf dem Gebiet der Familien- oder Heimatgeschichtsforschung aufweisen kann, ist natürlich besonders gerngesehen, Bedingung zum Beitritt ist dergleichen aber grundsätzlich nicht. Vielmehr freut man sich auch über jeden Neuzugang, der die ersten Schritte auf dem Gebiet der Familienforschung im Rahmen des Vereins unternehmen will. Zu den Pflichten der Mitglieder gehört in erster Linie die Zahlung des jährlichen Beitrages, der sich in seiner Höhe kaum von den Beiträgen in Sport- oder Gesangvereinen unterscheidet, in manchen Fällen eher darunter liegt. Für den Beitrag wird allerdings auch etwas geboten: Einladungen zu Treffen des Vereins, der Bezug der Zeitschrift beziehungsweise des Mittei-

Der Schlüssel

Gesamtinhaltsverzeichnisse mit Ortsquellennachweisen für genealogische, heraldische und historische Zeitschriftenreihen

Band 5

Auswertung aller in der Bundesrepublik erschienenen genealogisch-heraldischen Zeitschriften von 1945 bis 31. Dezember 1960

Bearbeitet von
Wolfgang Ollrog

HEINZ REISE VERLAG · GÖTTINGEN
1961/1965

»Der Schlüssel« ist für den Familienforscher ein unentbehrliches Registerwerk. Allein der hier abgebildete Band 5 bringt insgesamt 12.326 Titelnachweise aus allen in der Bundesrepublik Deutschland erschienenen genealogisch-heraldischen Zeitschriften von 1945 bis 1960

lungsblattes (meist im Beitrag enthalten) und oft auch deutlich ermäßigte Preise beim Bezug von Büchern oder Broschüren aus den einschlägigen Schriftenreihen. In einigen Vereinen haben die Mitglieder auch die Möglichkeit, einmal pro Jahr kostenlos eine Suchfrage (zu unklaren Punkten der eigenen Familiengeschichte) zu veröffentlichen.

Wer sich ernsthaft mit Familienforschung beschäftigen will, sollte auf jeden Fall dem auf seine Region oder sein Sonderforschungsgebiet (Vertriebene, Hugenotten usw.) spezialisierten Verein beitreten und die vielfältigen Vorteile, die eine solche Mitgliedschaft bietet, nutzen.

Neben den bereits skizzierten Arten genealogischer Vereine gibt es noch eine Sonderform mit recht persönlicher Note: die Familien- oder Sippenverbände. Während die Mitglieder der anderen Vereinigungen zunächst einmal nicht mehr miteinander gemein haben als das allgemeine Interesse an familiengeschichtlicher Forschungstätigkeit, eint die Familienverbände ein gemeinsamer Name oder gar ein gemeinsamer Ahnherr. Im Falle der reinen Namensgleichheit spricht man von Namensträgerverbänden, wobei von deren Mitgliedern oft ein gemeinsamer Vorfahre vermutet wird. Ist ein solcher Vorfahre tatsächlich (das heißt urkundlich nachweisbar) vorhanden und leiten sich alle Mitglieder des Familienverbandes von ihm ab, so spricht man von einem Nachkommenverband. Ihm können auch Personen angehören, die der weiblichen Nachkommenschaft des gemeinsamen Ahnen entstammen und daher gar nicht mehr dessen Namen tragen.

Auch die Familienverbände geben oft eigene Mitteilungsblätter heraus, und sie richten Sammlungen und Archive ein, die der Forschungsarbeit zur Familiengeschichte sowie zur Namensdeutung dienen sollen. Zusätzlich hat aber bei ihnen das gesellige Moment eine viel stärkere Bedeutung als bei den anderen Vereinen. Und schließlich nehmen diejenigen Familienverbände, bei denen die Verwandtschaft der Mitglieder untereinander feststeht, nicht selten auch Aufgaben praktischer Familienpflege wahr, so zum Beispiel bei der Unterstützung in sozialen Notlagen.

Beim »Bund der Familienverbände e. V.« kann ein Verzeichnis der einzelnen Verbände angefordert werden, der Bund berät auch gerne bei geplanten Neugründungen von Familienverbänden. Während die anderen genealogischen Vereine in aller Regel die Rechtsform eines eingetragenen Vereins (e. V.) haben, gibt es bei den Familienverbänden sehr unterschiedliche organisatorische Strukturen: neben auch in diesem Bereich bestehenden eingetragenen Vereinen finden sich auch nichteingetragene (damit allerdings auch nicht rechtsfähige) Vereine sowie Stiftungen, wobei letztere ein gewisses Stiftungskapital voraussetzen, aber auch besondere steuerliche Vergünstigungen erfahren.

1949 wurde als neue Dachorganisation der genealogischen Vereine die »Deutsche Arbeitsgemeinschaft genealogischer Verbände« (DAGV) gegründet, der zur Zeit über 40 Vereinigungen (darunter alle größeren Regionalverbände) angehören. Die DAGV betreibt allerdings keine eigene Forschungstätigkeit, sondern sieht ihre Aufgabe in der Förderung der Kooperation ihrer Mitgliedsvereine, in der Durchführung von Genealogen-Kongressen sowie in der Vertretung genealogischer Anliegen nach außen.

Außerhalb der Bundesrepublik Deutschland wird ebenfalls genealogische Forschung betrieben, gibt es entsprechende Organisationsformen. So waren die Freunde der Familienforschung in der DDR als Arbeitsgemeinschaft dem dortigen »Kulturbund« angeschlossen, der auch andere Hobbyaktivitäten (vom Briefmarken- bis zum Zinnfigurensammeln) betreute. In Österreich arbeitet nach wie vor die traditionsreiche »Heraldisch-Genealogische Gesellschaft Adler« mit Sitz in Wien. Die genealogische Arbeit in der Schweiz wird von der »Schweizerischen Gesellschaft für Familienforschung« koordiniert. Sie unterhält mehrere örtliche Arbeitsgemeinschaften und Sektionen.

Genealogische Vereinigungen und Publikationen gibt es auch in den skandinavischen Staaten, in Frankreich (dort zum Teil auch auf Departements-Ebene), in Luxemburg, in Belgien, in den Niederlanden, in Großbritannien, in den USA, in Australien, in Kanada, in Neuseeland, in der Republik Südafrika und in einer Reihe von anderen Staaten. In den genannten überseeischen Ländern handelt es sich dabei zum Teil um Organisationen der »Einwanderer-Genealogie«, die meist enge Kontakte zu Familienforschern in den jeweiligen Herkunftsländern und deren Organisationen unterhalten.

Einen starken Aufschwung hat die Familienforschung in den letzten Jahren in den USA genommen. Dort war unter anderem die Zweihundertjahrfeier der amerikanischen Unabhängigkeitserklärung im Jahre 1976 ein Anstoß für weite Kreise der Bevölkerung, sich mit Fragen der eigenen Herkunft zu befassen. So kommt es, daß europäische Pfarreien, Standesämter, Kommunalverwaltungen, Archive, Bibliotheken und Berufsgenealogen sich mittlerweile einer wahren Flut von familiengeschichtlichen Anfragen und Nachforschungsersuchen aus den Vereinigten Staaten ausgesetzt sehen. Eine Reihe von US-Amerikanern sind auch Mitglied in europäischen genealogischen Vereinigungen geworden, um bei der Suche nach den Vorfahren vom alten Kontinent auf das entsprechende Fachwissen der hiesigen Genealogen und ihre Einrichtungen zurückgreifen zu können.

So wird deutlich, daß genealogisches und familiengeschichtliches Arbeiten durchaus eine internationale Dimension hat. Deshalb wäre es völlig falsch und unangebracht, die Familienforschung mit chauvinistischem Dünkel, Deutschtümelei oder überhaupt politisch-ideologischen Begriffen und Kategorien in Verbindung zu bringen. Denn der Mißbrauch und die Überspitzung, die eine bestimmte Richtung der Genealogie im Dritten Reich erfahren hat, waren und sind keinesfalls kennzeichnend für das gesamte Fach.

Krönender Abschluß wissenschaftlicher Forschungsarbeit: Familienchronik in Buchform

Statt dessen kann man sogar durchaus von einer völkerverbindenden Wirkung der Genealogie sprechen, denn in nicht wenigen Ahnenlisten tauchen früher oder später auch Vorfahren aus anderen Ländern des europäischen Kulturkreises auf: französische Glaubensflüchtlinge, polnische Bergleute, italienische Händler, Kunsthandwerker und Bauarbeiter, holländische und skandinavische Schiffer, wallonische Gießer, böhmisch-tschechische Dienstleute, ungarische Musikanten – sie alle kamen, zum Teil schon vor vielen Jahrhunderten, in den deutschen Sprachraum, sie formten die Bevölkerung von Metropolen wie Wien und Berlin und von ganzen Regionen, wie etwa dem Ruhrgebiet, entscheidend mit. Auf die Hugenotten gehen gar ganze Stadtgründungen, wie zum Beispiel Neu-Isenburg, zurück.

Genealogische Forschung kann daher nicht an Staatsgrenzen stehenbleiben. Sie läßt sich überall betreiben und ist, wie wir gesehen haben, auch schon seit altersher in den verschiedensten Kulturkreisen betrieben worden. Ihre wichtige, andere Wissenschaften befruchtende und ergänzende Funktion ist nicht an ein Land gebunden. Nicht zuletzt deshalb sind heute internationale genealogische Konferenzen und der rege Austausch von Publikationen und Informationen zwischen den Verbänden der einzelnen Länder nicht allein nützlich, sondern auch selbstverständlich.

Anekdoten und Geheimnisvolles

Familiengeschichtliche Zusammenhänge boten immer auch Anlaß zu Anekdoten, Erzählungen und Spekulationen verschiedenster Art. Besonders anregend für die Unterhaltung der Zeitgenossen und der Nachwelt war dabei natürlich die Familiengeschichte bekannter Persönlichkeiten, egal, ob es sich um Revolutionäre oder um gekrönte Häupter handelte. Und in der Tat gibt es hier eine Fülle äußerst interessanter, berichtenswerter Details.

So heiratete der Sozialist Karl Marx 1843 keinesfalls eine Arbeitertochter, sondern ein adeliges Fräulein, Jenny von Westphalen. Bereits seit 1836 war er mit ihr verlobt. Bemerkenswert ist auch, daß Marx' Schwager (Jennys Bruder) von 1850 bis 1858 preußischer Innenminister und damit führend an der Verfolgung von Demokraten und Sozialisten beteiligt war, die ihrerseits mit Marx zusammengearbeitet hatten.

Karl Marx mit seiner Frau Jenny, geb. von Westphalen

Daß engste Verwandtschaftsbeziehungen auch Kriege nicht ausschlossen, zeigt zum Beispiel der Erste Weltkrieg. Bei dessen Ausbruch waren Zar Nikolaus von Rußland und der deutsche Kaiser Wilhelm II. miteinander verschwägert, die Zarin und die Frau von Wilhelms Bruder Heinrich waren Schwestern. Beide stammten aus dem großherzoglichen Hause Hessen-Darmstadt. Zudem waren der Kaiser und der englische König Georg V. Cousins, und Ferdinand I., der König des ebenfalls gegen Deutschland verbündeten Rumänien, stammte gar aus einer Nebenlinie des Hauses Hohenzollern, dem Haus Hohenzollern-Sigmaringen.

In der ersten Hälfte des 19. Jahrhunderts sorgten vor allem in Frankreich und in Deutschland geheimnisvolle Personen für großes öffentliches Aufsehen, die sich auf eine dynastische Herkunft beriefen oder denen eine solche nachgesagt wurde. Bis heute wirkt die Geschichte des Uhrmachers Karl Wilhelm Naundorff fort, der im Mai 1833 in Paris erschien und behauptete, der Sohn des 1793 enthaupteten französischen Königs Ludwig XVI. – und damit der legitime König Ludwig XVII. – zu sein. Nach den amtlichen Dokumenten aber war dieser Sohn 1795 im Gefängnis verstorben, und 1815 (nach dem Ende Napoleons) hatte sein Onkel als Ludwig XVIII den Thron bestiegen. Naundorff, der angab, im Gefängnis mit einem anderen Kind ausgetauscht worden zu sein, wurde von einigen alten Bediensteten als der »wahre« Thronfolger anerkannt und bestätigt, das offizielle Frankreich wollte jedoch nichts von ihm wissen. Er starb 1845 im holländischen Exil, doch Tausende glaubten seine Geschichte, und das ganze 19. Jahrhundert hindurch wurden von den Anhängern und den Gegnern Naundorffs zahllose Bücher und Broschüren veröffentlicht. Die »Naundorffianer« als monarchistische Sekte gibt es noch heute in Frankreich, und Naundorffs

Nachkommen verstehen sich auch fast 150 Jahre nach seinem Tod noch als die rechtmäßigen Thronanwärter – genauso wie die beiden anderen konkurrierenden Thronfolge-Aspiranten aus den Häusern Bourbon und Orléans.

Eine fast identische Neuauflage erlebte die »Naundorffiade« in den zwanziger Jahren dieses Jahrhunderts mit Anastasia von Rußland, einer plötzlich in Berlin aufgetauchten jungen Frau, die bis zu ihrem Tode Anfang der achtziger Jahre behauptete, die einzige überlebende Tochter des letzten russischen Zaren zu sein. Von den Verwandten der Zarenfamilie wurde sie nie anerkannt, doch auch sie bewegte die Gemüter und bot unter anderem Anlaß für mehrere Verfilmungen ihrer Lebensgeschichte.

Geheimnisvoll ist auch die Geschichte um das Nürnberger Findelkind Kaspar Hauser. Hauser erschien 1828 als junger Mann, kaum der Sprache mächtig, in der alten Reichsstadt und wurde fünf Jahre später in Ansbach unter nach wie vor ungeklärten Umständen von Unbekannten ermordet. Bereits zu seinen Lebzeiten rankten sich um seine Herkunft die verschiedensten Spekulationen. Noch heute sehen manche in ihm einen verleugneten Sohn Napoleons, andere den aus der Wiege entführten Thronfolger des Hauses Baden. Die Anhänger der »Baden-Theorie« griffen dabei auf tatsächliche Rivalitäten zwischen zwei Linien des badischen Herrscherhauses zurück, aus dessen Familiengeschichte man überdies einen über Jahrhunderte wirkenden Fluch des Kindersterbens und des frühen Todes regierender Fürsten abzuleiten versuchte.

Mit Naundorffs und indirekt auch mit Hausers Schicksal in Verbindung steht die Legende der »Dunkelgrafen« von Hildburghausen in Thüringen. Dort, im Schloß Eishausen, lebte im letzten Jahrhundert lange Zeit ein geheimnisvolles Paar, dessen Herkunft nur dem Landesherren bekannt gewesen sein soll. Gerüchte behaupten, daß die Frau niemand anders als die Tochter des 1793 guillotinierten französischen Königs und damit die Schwester des umstrittenen »Ludwig XVII.« gewesen sei: die Herzogin von Angoulême. Bei der damals in Paris lebenden Herzogin, die sich geweigert hatte, Naundorff auch nur zu empfangen, habe es sich dagegen um eine untergeschobene Betrügerin gehandelt. Als Kaspar Hauser einmal kurz (und ohne Schloß Eishausen zu besuchen) in Hildburghausen weilte, gab das natürlich Anlaß zu allerlei Gerüchten, die jahrzehntelang nicht abrissen.

Auch heute noch werden immer wieder neue Spekulationen über die Herkunft bestimmter historischer Persönlichkeiten angestellt. So veröffentlichte 1988 der portugiesische Forscher Augusto Mascarenhas Barreto eine Biographie von Kolumbus, die anhand angeblich neu aufgetauchter Dokumente beweisen soll, daß der Entdecker Amerikas ein unehelicher Sohn des portugiesischen Kronprinzen Fernando gewesen sei. Literaturwissenschaftler wie Historiker bemühen sich seit Jahren, die Identität des Schriftstellers mit dem Pseudonym B. Traven zu enträtseln, der durch spannende Abenteuerromane (»Der Schatz der Sierra Madre«, »Rebellion der Gehenkten« usw.) bekannt wurde und von dem einige sogar annehmen, er sei ein Abkömmling des deutschen Kaiserhauses gewesen.

Der Revolutionär und das adelige Fräulein, der Krieg der Schwäger und Vettern, verschwundene Prinzen und falsche Prinzessinnen – Familiengeschichte ist ein Stoff, aus dem sich manche Legende und mancher Roman entwickeln läßt. Interessant ist, daß die Fälle Naundorffs, Anastasias, Hausers, der »Dunkelgrafen« und Travens bis heute nicht restlos und wirklich zufriedenstellend geklärt werden konnten – nicht zuletzt deshalb, weil wichtige Dokumente verschwanden oder auch bewußt vernichtet wurden. Doch jenseits aller Legenden hat sich die ernsthafte Familienforschung an die nachprüfbaren Tatsachen zu halten und die Quellen zu studieren: die Wirklichkeit ist oft spannender als die geheimnisvollsten Erzählungen!

Bildnis Kaspar Hausers und der Brief, den das Findelkind bei sich trug

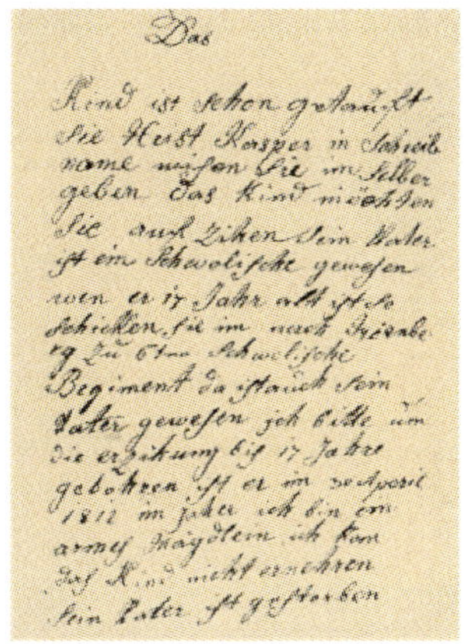

Das
Kind ist schon getauft
Sie Heist Kasper in Schreib
name misen Sie im selber
geben das Kind möchten
Sie auf ziehen Sein Vater
ist ein Schwolischer gewesen
wen er 17 Jahr alt ist so
schicken Sie im nach Nürnbe
rg zu 6ten Schwolischer
Regiment da ist auch sein
Vater gewesen ich bitte um
die erziehung bis 17 Jahre
gebohren ist er im 30 April
1812 im Jaher ich bin ein
arms Mägdlein ich kan
das Kind nicht ernehren
sein Vater ist gestorben

Praxis der Familienforschung

Wappengraphik aus dem 16. Jahrhundert

Die Ausgangslage

Interesse an familiengeschichtlichen Fragestellungen ist bei zahlreichen Menschen vorhanden. Ansatzpunkte dafür gibt es viele: der relativ seltene eigene Familienname, dessen Herkunft man gerne ergründen möchte, vage Informationen über das bewegte Leben des Großvaters oder Urgroßvaters, über das man gerne Näheres wüßte, das vielleicht schon seit vielen Generationen im Familienbesitz befindliche Haus, dessen Geschichte man nachspüren will usw. Eine weitere Motivation kann von den bereits im ersten Kapitel angesprochenen rechtlichen Aspekten der Familienforschung kommen. Vielleicht stößt man aber auch im Wohnzimmer von Freunden oder Kollegen auf eine kunstvoll gezeichnete und weit in die Vergangenheit zurückreichende Ahnentafel, die den spontanen Wunsch weckt, so etwas für die eigene Familie zusammenzutragen und dann anfertigen zu lassen.
Woher auch immer der Anstoß kommen mag, bei vielen bleibt es beim unverbindlichen »Man-müßte-mal«, ohne daß tatsächliche Nachforschungen angestellt würden. Und andere Interessierte, die einige erste Schritte unternehmen, geben schon bald resigniert wieder auf.
Die Ursache für Passivität oder Resignation liegt oft in der mangelnden Kenntnis der möglichen und notwendigen Vorgehensweise. Man möchte schon gerne – aber man weiß nicht, wie. An wen soll man sich wenden, welche Quellen sind vorhanden, wie und wo kann man sie erschließen? Und wie sieht die Systematik aus, nach der vorhandene und noch zu ermittelnde familiengeschichtliche Daten zu ordnen sind?
In den meisten Fällen wird der Hobbyfamilienforscher an einer Vorfahren- beziehungsweise Ahnenforschung interessiert sein, das heißt an den Namen seiner eigenen Vorfahren (vielleicht auch seines Ehepartners) und an Daten zu ihrem Leben. Auf eine zweite Richtung des Forschungsinteresses, die Nachkommenforschung, bei der die Nachkommenschaft einzelner Persönlichkeiten zusammengestellt wird, soll daher erst an anderer Stelle eingegangen werden.
Bei der Suche nach den Vorfahren ist gerade der Anfang zunächst recht einfach, auch wenn gleich zu Beginn eine gewisse Systematik beachtet werden muß, die die weiteren Nachforschungen sehr erleichtert. Der erste Schritt besteht darin, all das an Material und Informationen zusammenzustellen, was im eigenen Haushalt und bei den Familienangehörigen noch vorhanden ist.
Der Nullpunkt, an dem man beginnt, stellt sich in vielen Fällen so dar: Aus Familienstammbüchern, nachgelassenen Briefen, Privatdokumenten und Geschäftspapieren, Fotoalben und vielleicht noch vorhandenen Tagebüchern läßt sich bereits eine ganze Reihe familiengeschichtlicher Daten gewinnen. Dazu gehören in der Regel die Vor- und Familiennamen der Eltern und Großeltern, die Geburtsnamen der Mutter und der beiden Großmütter, die jeweiligen Geburts- und Todestage (zumindest aber die entsprechenden Jahre), eventuell auch die Heiratsdaten und -orte der Eltern- und der Großelterngeneration und die ausgeübten Berufe. Meistens lassen sich aus den zu Hause greifbaren Unterlagen auch noch die wichtigsten Daten über den einen oder anderen Urgroßelternteil ermitteln. Auf diese Weise entsteht die Ausgangsbasis, auf der alle weiterführende Forschungsarbeit aufbaut.
Oft gibt es in der Familie zu diesem oder jenem Vorfahren auch noch Geschichten, Legenden, Gerüchte und Erinnerungen; in kleinen Ortschaften, in denen die Familie schon seit längerer Zeit ansässig ist, können diese sogar fester Bestandteil des dörflichen Erzählgutes sein. So mag die Großmutter

noch etwas über ihre eigenen Großeltern (oder gar Urgroßeltern) erzählen können, das spannend und geheimnisvoll klingt, die Nachbarn wissen noch die eine oder andere Geschichte über die Vergangenheit des Hauses, der alte Dorfschullehrer behauptet felsenfest, daß der Name der Familie auf die Herkunft aus einer ganz bestimmten Gegend hindeute usw. All diese Überlieferungen sind unterhaltsam, interessant und ergiebiger Gesprächsstoff für ein gemütliches Beisammensein, doch sollte man sich bei seinen familiengeschichtlichen Nachforschungen nicht von ihnen leiten lassen! Denn nur allzuoft erweisen sie sich bei der späteren Auswertung schriftlicher Quellen als Mythen, die durch unbewußte Idealisierung, große Zeitabstände, nachlassende Erinnerung oder ganz einfach durch Mißverständnisse und Verwechslungen entstanden sind. Oft haben sie durchaus einen wahren Kern, den aufzuspüren äußerst reizvoll sein kann, oft können sie auch wichtige Anstöße für die Richtung der Forschungsarbeit geben. Für bare Münze nehmen sollte man sie aber nicht, und erst die Gegenüberstellung des Gehörten mit zeitgenössischen Dokumenten und Archivalien ermöglicht es, das Richtige vom Falschen zu unterscheiden und das herauszuarbeiten, was tatsächlich Anlaß zur Bildung dieses oder jenes Familienmythos war. So kann sich herausstellen, daß der Urgroßvater keinesfalls aus Rothenburg ob der Tauber kam, sondern aus dem viele hundert Kilometer entfernten Rotenburg an der Wümme, daß ein anderer Urgroßvater keineswegs ein Gut, sondern schlicht und einfach einen kleinen Bauernhof besaß und daß der Familienname nicht, wie bisher angenommen, altgermanischen Ursprungs ist, sondern die Eindeutschung eines französischen Namens. Erst die sicheren (und das heißt in der Regel die schriftlichen) Quellen lassen auch sichere Aussagen zu, die anderen (durch vage Erinnerungen und Familienerzählungen überlieferten) können zwar wichtige Fingerzeige geben und die Energie des Familienforschers anspornen, bedürfen aber stets einer sorgfältigen und kritischen Überprüfung.

Sofern in der Familie nicht schon früher einmal entsprechende Forschungen betrieben wurden, lassen sich für zwei, drei, bestenfalls für vier Generationen von Vorfahren Daten aus daheim noch vorhandenen Unterlagen ermitteln. Vor allem in großstädtischen Familien ist oft noch weniger an Material vorhanden, da die Bombenangriffe des Zweiten Weltkrieges bei vielen auch die Familiendokumente vernichteten.

Nun kommt es darauf an, die ermittelten Daten in einer übersichtlichen Form zu ordnen, deren Systematik auch bei einem noch so starken Zustrom von neuen Informationen beibehalten werden kann.

Adelswappen: kolorierter Holzstich aus dem 16. Jahrhundert

Die Vorbereitung der Forschungsarbeit

Für die Erfassung und Ordnung der gesammelten familiengeschichtlichen Daten sind verschiedene Systeme und Datenträger denkbar. Oft wird mit Karteikarten oder -blättern gearbeitet, wobei die einzelnen Familienforscher wiederum die unterschiedlichsten Formate und Lineaturen bevorzugen. Ein anderer möglicher Datenträger, der in den letzten Jahren erheblich an Bedeutung gewonnen hat, ist die Computer-Diskette, die die elektronische Speicherung und auch Weiterverarbeitung des Datenmaterials möglich macht.

Doch trotz aller Fortschritte beim EDV-Einsatz auch auf genealogischem Gebiet (siehe den Abschnitt »Computer-Genealogie«) empfiehlt sich eine Ersterfassung auf den herkömmlichen Datenträgern aus Papier, die so beschaffen sein sollten, daß sie in Archiven oder Bibliotheken an Ort und Stelle ausgefüllt und zu Hause ohne abermalige Übertragung problemlos einsortiert werden können. Dabei ist es angebracht, für jeden einzelnen Vorfahren ein eigenes Blatt oder eine eigene Karteikarte anzulegen, selbst wenn von ihm zunächst nicht mehr als der

Name bekannt ist. Das mag als Materialverschwendung erscheinen, ist es aber nicht: hat jeder Vorfahre in der allmählich wachsenden Ahnenkartei sein eigenes Blatt, dann trägt dies wesentlich zur Übersichtlichkeit der Sammlung bei. So lassen sich zum Beispiel flexibel je nach Bedarf bestimmte Vorfahrengruppen nach Kriterien wie Herkunftsort, Abstammungslinie, Beruf usw. zusammenstellen, was den Erkenntniswert der Kartei deutlich erhöht. Und wenn auch von manchem Vorfahren am Anfang nur der Na-

Ein Personenstammblatt, das man ohne viel Mühe selbst anlegen kann und das sich in der Praxis vielfach bewährt hat

PERSONEN-STAMMBLATT

Kennziffer: ________

Name: ________ Geburtsname: ________
Vornamen: ________
Geb. am: ________ in: ________
Getauft am: ________ in: ________
Vater: ________
Mutter: ________ aus: ________

Geschwister:
1.: ________ 2.: ________
3.: ________ 4.: ________
5.: ________ 6.: ________
7.: ________ 8.: ________
9.: ________ 10.: ________

Heirat(en):
1.) Am: ________ in: ________
mit: ________
2.) Am: ________ in: ________
mit: ________
3.) Am: ________ in: ________
mit: ________

Kinder:
1.: ________ 2.: ________
3.: ________ 4.: ________
5.: ________ 6.: ________
7.: ________ 8.: ________
9.: ________ 10.: ________

Gestorben am: ________ in: ________

Biographische Bemerkungen: ________

Entwurf: P. Bahn

me bekannt ist – die leeren Rubriken auf dem für ihn angelegten Blatt lassen sich vielleicht schon sehr bald in aller Ausführlichkeit füllen.
Einige genealogische Fachverlage bieten entsprechende Karteikarten und -blätter bereits als Vordrucke an, doch läßt sich ein zweckdienliches Formular auf einfache Weise auch selbst herstellen. Dazu trägt man auf einem DIN-A4-Blatt mit der Schreibmaschine verschiedene Rubriken ein: für Namen und Vornamen, die Eltern und deren Herkunftsort, für Geburtsort und -datum sowie Taufort und -datum, für Ort und Zeitpunkt von Heirat und Tod, für die Geschwister und für die Kinder. Gerade für die beiden letztgenannten Rubriken ist relativ viel Platz zu reservieren, da die Familien in früheren Zeiten oft sehr kinderreich waren. Im unteren Abschnitt des Blattes sind einige Zeilen Raum für biographische Bemerkungen freizulassen: hierher gehören später Angaben zum Beruf, zu Ämtern und Ehrungen, zu eventuellen Kriegseinsätzen, zu besonderen Charakterzügen usw. In einer der oberen Ecken ist Raum für die Eintragung der Ahnenkennziffer und der Nummer der Ahnenreihe freizuhalten.
Das auf diese Art selbstgefertigte Formular läßt sich in jedem Kopierladen vervielfältigen. Es kann als Hilfsmittel bei der Erfassung familiengeschichtlicher Daten eingesetzt werden (zum Beispiel bei systematischen Notizen in einem Archiv) und nach dem Archivbesuch (so wie es ist) gleich als Datenträger in der Kartei fungieren: in einem Schnellhefter oder Ordner läßt es sich sofort an der passenden Stelle einsortieren. Natürlich hat eine geheftete Kartei den Nachteil des Umschlagenmüssens, der bei festen Karteikarten, die hintereinander in einem Kasten angeordnet sind, entfällt. Auch sie lassen sich sowohl zur Ersterfassung der Daten als auch zu ihrer Speicherung verwenden, doch sind sie aufgrund des besseren Materials teurer als die oben beschriebenen selbstgefertigten Blätter. Insbesondere die Kopie des geschilderten Formularentwurfs auf starkem Karton würde schon bei kleinen Auflagen hohe Kosten verursachen, so daß die im Ordner abgeheftete Papierkartei die preisgünstigere Lösung darstellt.
Auf dem selbstgefertigten Personenstammblatt (oder eben auf einer Karteikarte) sind nun all die Daten einzutragen, die bei der Sichtung der vorhandenen familiengeschichtlichen Unterlagen ermittelt werden können. Einwandfrei belegte Daten kann man ohne weiteres sofort mit Kugelschreiber oder Schreibmaschine eintragen, da sich an ihnen in der Regel nichts mehr ändern wird – es sei denn, daß sich später ein Fehler in den zugrundeliegenden schriftlichen Quellen herausstellt, was leider nicht immer ausgeschlossen werden kann. Die unsicheren, nur auf Überlieferung oder Erzählung beruhenden Daten sollte man dagegen nur mit dem Bleistift eintragen, damit sie bei später eventuell anfallenden Korrekturen geändert werden können.
Hat man alle Daten auf die Blätter oder Karteikarten übertragen, besteht der Grundstock der Ahnenkartei aus:

1 Blatt/Karte für die eigene Person oder für die Person, auf die sich die Erforschung der Vorfahren bezieht (zum Beispiel das eigene Kind),
2 Blätter für die Angehörigen der Elterngeneration,
4 Blätter für die Angehörigen der Großelterngeneration,
8 Blätter für die Angehörigen der Urgroßelterngeneration (sofern bekannt).

Meist wird man als »blutiger Laie« anhand der noch greifbaren Familienunterlagen etwa zehn bis zwanzig Personenstammblätter beziehungsweise Karteikarten anlegen können, die auch die eine oder die andere mündliche Überlieferung mitberücksichtigen. So banal diese Arbeit, die ja im wesentlichen nur in der Zusammenfassung und Ordnung von bereits längst Bekanntem besteht, auch erscheinen mag, sie ist außerordentlich wichtig und die unabdingbare Voraussetzung für alles weitere Forschen. Denn nun hat man in übersichtlicher Form all das zu-

Bürgerliches Wappen: Siegel des Pastors M. Zillcken zu Vettelhafen (1782)

sammengefaßt, was ohne Anfragen bei den Standesämtern und ohne Einsichtnahme in Archive und Kirchenbücher an familiengeschichtlichem Wissen vorhanden ist. Zugleich zeigt diese Zusammenstellung, wo sich Lücken befinden und an welchen Punkten die weiteren Nachforschungen ansetzen müssen. Die Fragen, die als nächstes geklärt werden müssen, stellen sich damit ganz von selbst.

Die Einordnung der Personenstammblätter oder Karten in einen Ordner oder Karteika-

Die Kennziffern sind für die Einordnung der verschiedenen Vorfahren von Bedeutung

Generationen-Übersicht mit Ahnenziffern

				Generation				
I.	II.	III.	IV.	V.	VI.	VII.	VIII.	IX.
				Ahnenanzahl				
1 2	4	8	16	32	64	128	256	512

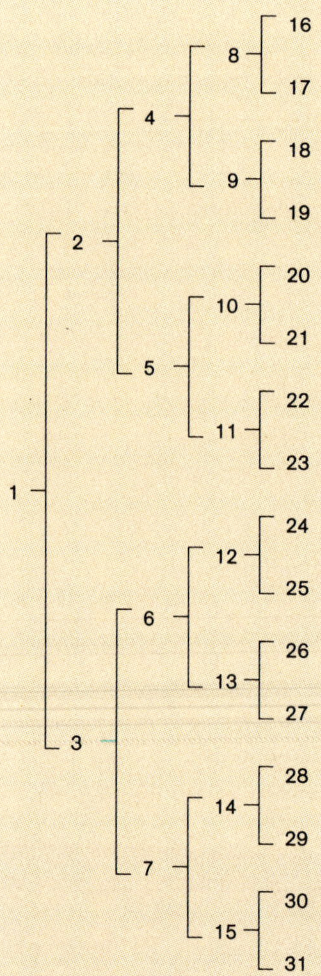

V.	VI.	VII.	VIII.	IX.
32	64/65	128-131	256-263	512-527
33	66/67	132-135	264-271	528-543
34	68/69	136-139	272-279	544-559
35	70/71	140-143	280-287	560-575
36	72/73	144-147	288-295	576-591
37	74/75	148-151	296-303	592-607
38	76/77	152-155	304-311	608-623
39	78/79	156-159	312-319	624-639
40	80/81	160-163	320-327	640-655
41	82/83	164-167	328-335	656-671
42	84/85	168-171	336-343	672-687
43	86/87	172-175	344-351	688-703
44	88/89	176-179	352-359	704-719
45	90/91	180-183	360-367	720-735
46	92/93	184-187	368-375	736-751
47	94/95	188-191	376-383	752-767
48	96/97	192-195	384-391	768-783
49	98/99	196-199	392-399	784-799
50	100/101	200-203	400-407	800-815
51	102/103	204-207	408-415	816-831
52	104/105	208-211	416-423	832-847
53	106/107	212-215	424-431	848-863
54	108/109	216-219	432-439	864-879
55	110/111	220-223	440-447	880-895
56	112/113	224-227	448-455	896-911
57	114/115	228-231	456-463	912-927
58	116/117	232-235	464-471	928-943
59	118/119	236-239	472-479	944-959
60	120/121	240-243	480-487	960-975
61	122/123	244-247	488-495	976-991
62	124/125	248-251	496-503	992-1007
63	126/127	252-255	504-511	1008-1023

sten erfolgt gemäß den Kennziffern der einzelnen Vorfahren, die in einer der oberen Ekken einzutragen sind. Für die Bezifferung hat sich ein seit langem bewährtes System durchgesetzt, das schon im Jahre 1676 von dem Spanier Hieronymus de Sosa in seinen Grundzügen entwickelt und Ende des 19. Jahrhunderts durch den Genealogen Stephan Kekulé von Stradonitz in Deutschland eingeführt wurde (»System Kekulé«). Danach hat der Abkömmling (Proband) die Kennziffer 1, seine Eltern haben die Kennziffern 2 (Vater) und 3 (Mutter), die Großeltern die Ziffern 4 bis 7, die Urgroßeltern 8 bis 15 usw. Auf die weiblichen Vorfahren entfallen stets ungerade, auf die männlichen grundsätzlich nur gerade Ziffern. So ist zum Beispiel Nr. 7 die Frau von Nr. 6, Nr. 13 die Frau von Nr. 12 usw. Zugleich ist die Ziffer eines Vaters stets doppelt so hoch wie die seines Kindes, und die Kennziffer der Mutter errechnet sich nach der Formel »Kennziffer des Kindes mal zwei plus eins«. Demnach hat der Großvater väterlicherseits zum Beispiel die Ziffer 4 (das Doppelte der Ziffer, die der Vater trägt), die Großmutter väterlicherseits die Ziffer 5 (zwei mal zwei plus eins). Umgekehrt läßt sich die Kennziffer eines Kindes durch die Halbierung der Kennziffer seines Vaters oder nach der Formel »Kennziffer der Mutter minus eins geteilt durch zwei« errechnen.

Besonders treten die Kennziffern des sogenannten Mannesstammes hervor, das heißt der Vorfahren in der direkten männlichen Linie, die in der Regel denselben Familiennamen wie der Proband selbst tragen. Ab dem Großvater väterlicherseits (mit der Kennziffer 4) sind sie alle durch vier teilbar, folgen also der Reihe 4 – 8 – 16 – 32 usw. Wenn die Bezifferung am Anfang, bei einem oder zwei Dutzend erfaßten Vorfahren, auch noch recht einfach oder gar überflüssig erscheint, so zeigt sich ihr Wert doch immer mehr mit dem allmählichen weiteren Anwachsen der Ahnenkartei. Bereits bei den Großeltern der Urgroßeltern hat man es mit einer 64 Angehörige umfassenden Vorfahrengeneration zu tun, und ohne systematische Bezifferung wäre es jetzt bereits schwierig, Übersicht und Ordnung zu bewahren.

Auch die einzelnen Generationen (Ahnenreihen) erhalten eigene Kennziffern, was die Übersichtlichkeit bei größeren Ahnenlisten oder -karteien wesentlich verbessert. Dabei bilden die Eltern des Probanden (nicht der Proband selbst!) die I. Ahnenreihe, die Großeltern die II., die Urgroßeltern die III. usw. Während die Personenkennziffern (die im weiteren Verlauf der Forschung außerordentlich hoch werden können) am besten mit arabischen Ziffern angegeben werden, empfiehlt es sich, die Kennzeichnung der Ahnenreihen mit römischen Ziffern vorzunehmen. So lassen sich auf den Personenstammblättern oder Karteikarten beide Zahlen einwandfrei auseinanderhalten und in ihrer jeweiligen Bedeutung auf einen Blick klar erfassen (zum Beispiel I / 2 für den Vater als Angehörigen der I. Ahnenreihe mit der Personenkennziffer 2, VI / 112 für einen männlichen Vorfahren der Mutter in der VI. Ahnenreihe mit der Personenkennziffer 112 usw.). Sofern es nicht zu Verwandtenehen gekommen ist (die die Zahl der Vorfahren schmälern), umfaßt jede Ahnenreihe stets doppelt so viele Personen wie die vorhergehende: 2 in der I. Ahnenreihe, 4 in der II., 8 in der III., 16 in der IV. (Ururgroßeltern) usw. Bereits der X. Ahnenreihe gehören 1024 Personen an, der XX., die bei heute lebenden Probanden etwa im ausgehenden Mittelalter angenommen werden kann, aber schon 1048 576 Personen! Natürlich lassen sich diese niemals alle erfassen, doch zeigt die hohe Zahl sehr deutlich, daß es für den Familienforscher ein »Fertigwerden« eigentlich nicht geben kann, zumal auch noch aus der XX. Ahnenreihe (und selbst aus Ahnenreihen davor) zumindest einzelne Vorfahren durchaus ermittelt werden können.

Bei der Einordnung der entsprechend numerierten Personenstammblätter oder Karteikarten fügt man am besten Personenkennziffer hinter Personenkennziffer und damit

auch Ahnenreihe hinter Ahnenreihe. Durch das Loseblattsystem ist es möglich, jedem neu entdeckten Vorfahren seinen richtigen Platz in der Kartei zuzuweisen. Jetzt zeigt sich, welchen Vorteil die Anlage je eines eigenen Blattes für jeden Vorfahren hatte.
Eine andere mögliche Anordnungsweise besteht darin, die Blätter oder Karten alphabetisch nach »Stämmen«, das heißt nach Familiennamen, zu ordnen. Dies ermöglicht den raschen Zugriff auf alle Träger eines gemeinsamen Namens. Auch in diesem Fall bleibt die oben beschriebene Bezifferung bestehen, sie hat jetzt sogar noch größere Bedeutung: nur durch sie ist in der nach Stämmen geordneten Kartei eine Zuordnung der einzelnen Vorfahren zu Ahnenreihen und zu Angehörigen anderer Stämme (also zu Trägern anderer Familiennamen) möglich. Wer die Vorteile beider Ordnungssysteme nutzen will, kann durch Kopie oder Abschrift von jedem Vorfahren auch zwei inhaltsgleiche Blätter anlegen, wobei ein Blatt in eine nach Ahnenreihen numerisch geordnete Kartei und eines in eine alphabetisch nach Stämmen aufgebaute Zweitkartei kommt. Die Anlage einer Zweitkartei hat darüber hinaus auch den Vorteil, daß bei Verlust von Blättern ein Rückgriff auf das Duplikat möglich ist – ein Mittel, die Früchte oft langwieriger Forschungen zu sichern.
Sichern und ordnen sollte man auch die schriftlichen Quellen, aus denen die auf den Personenstammblättern eingetragenen Daten gewonnen wurden. Hierzu legt man einen weiteren Ordner an, in dem dieses Material systematisch gesammelt wird. In der Anfangsphase wird es sich dabei zunächst um die Unterlagen aus Familienbesitz, also private Dokumente, alte Stammbücher usw. handeln. Im weiteren Verlauf der Forschung kommen Kopien oder Abschriften aus standesamtlichen Akten und Kirchenbüchern, Ausschnitte aus Zeitungen und Zeitschriften, Briefe von anderen Familienforschern und Berufsgenealogen mit wichtigen Hinweisen und ähnliche Schriftstücke hinzu. Auch für diese Sammlung bieten sich wieder mehrere Ordnungsverfahren an. Denkbar ist zum Beispiel, daß man jedes einzelne Dokument mit einer besonderen Nummer versieht und ein Register anlegt, in dem verzeichnet ist, unter welcher Nummer man welches Schriftstück finden kann. Um gleichzeitig auch eine Zuordnung zu den einzelnen Personenstammblättern zu ermöglichen, wird auf jedem Blatt hinter den eingetragenen Daten die Registriernummer des Schriftstückes vermerkt, aus dem sie entnommen wurden.
Eine weitere Möglichkeit besteht darin, für jeden in der Ahnenkartei vorkommenden Familiennamen eine Klarsichthülle (mit seitlichem Heftstreifen) anzulegen. In diese Klarsichthülle kommen alle schriftlichen Unterlagen, die mit den Trägern des jeweiligen Namens zu tun haben. Heiratsurkunden werden dabei unter dem Namen des Mannes abgelegt. Hat man alle Vorfahren bis zu den Urgroßeltern vollständig erfassen können, also insgesamt 15 Personenstammblätter angelegt, so hat man acht verschiedene Familiennamen (die Namen der acht Urgroßeltern). Jeder dieser Namen steht dann für eine bestimmte Linie unter den weiteren Vorfahren, und für jeden dieser Namen ist nun eine solche Klarsichthülle anzulegen. Falls das Material zu einem bestimmten Namen für eine Klarsichthülle zu umfangreich ist, kann man auch Hüllen für einzelne Personen anlegen oder aber auf Schnellhefter mit einer Einhängevorrichtung zurückgreifen, die sich ebenfalls in einen Ordner einsortieren lassen.
Sind diese organisatorischen Vorarbeiten geleistet, besteht der Grundstock für das weitere Vorgehen aus

- einer Ahnen- beziehungsweise Vorfahrenkartei, die sich aus Personenstammblättern oder Karteikarten zusammensetzt und sowohl den Bestand der vorhandenen Daten als auch die noch zu füllenden Wissenslücken dokumentiert,
- eventuell einem Duplikat dieser Kartei, das nach einem alternativen Ordnungssystem angelegt wurde (eine Kartei nu-

merisch nach Personenkennziffern, die andere alphabetisch nach den Familiennamen),
- einer Quellen- und Dokumentensammlung mit allen im Familienbesitz befindlichen Schriftstücken von Bedeutung für die Erforschung der Familiengeschichte.

Dieser Grundstock ist, erst einmal in seiner Systematik angelegt, beliebig erweiterbar.

Jetzt erst beginnt die eigentliche Forschungsarbeit, der Sprung ins Unbekannte, jetzt erst geht es darum, neue Quellen aufzutun und über das Material hinauszugehen, das in der Familie noch vorhanden war. Es beginnt die abenteuerliche Reise in familiengeschichtliches Neuland, für deren Erfolg durch die von Anfang an systematische Vorbereitung eine solide Grundlage geschaffen wurde.

Die ersten Forschungsquellen

Die standesamtlichen Unterlagen

Die Suche nach neuen Daten der Familiengeschichte beginnt man am besten nicht in den Kirchenbüchern, sondern zunächst in den Unterlagen der Standesämter. Der Grund dafür liegt auf der Hand: Bei den Standesämtern wurden alle Geburten, Heiraten und Sterbefälle ihres örtlichen Zuständigkeitsbereiches aufgezeichnet, in den Kirchenbüchern dagegen in der Regel nur diejenigen Vorgänge, an denen Angehörige der jeweiligen Konfession beteiligt waren. Im 19. Jahrhundert löste die Industrialisierung in vielen Teilen Deutschlands Wanderungsströme aus, die die konfessionelle Einheitlichkeit verschiedener Gebiete – hier evangelische, dort katholische Orte – auflösten. Im 20. Jahrhundert kam es dann auch zu immer zahlreicheren Kirchenaustritten, die entsprechenden Personen sind in den Kirchenbüchern ebenfalls nicht (beziehungsweise nur noch anläßlich ihrer Taufe) erfaßt. Die Unterlagen der staatlichen Standesämter, die alle Einwohner ihres Bezirkes unabhängig von der Konfessionszugehörigkeit erfassen, sind also vollständiger und außerdem manchmal auch zuverlässiger als die kirchlichen Personenstandsregister, weshalb man sie soweit wie möglich auch nutzen sollte.

Soweit wie möglich – das heißt bei der Suche nach Vorfahren auch zeitlich so weit zurück wie nur irgend möglich. Hier allerdings gibt es gewisse Grenzen. Die ersten Standesämter in Deutschland wurden von der Zivilverwaltung der Ersten Französischen Republik Ende des 18. Jahrhunderts im linksrheinischen Gebiet eingerichtet. In der napoleonischen Zeit übernahmen dann auch einige rechtsrheinische Territorien das französische Vorbild und behielten es wegen seiner offensichtlichen Vorteile für die Verwaltung auch nach 1815 (dem Jahr der Neugliederung Deutschlands auf dem Wiener Kongreß) bei. Mitte des 19. Jahrhunderts führten die freien Städte Hamburg, Bremen, Lübeck und Frankfurt am Main die staatlichen Personenstandsregister ein, und 1874 legte Preußen im gesamten Staatsgebiet Standesamtsregister an, wobei die aus der Zeit französischer Besatzung stammenden Einrichtungen der Rheinprovinz als Vorbild dienten.

Im Jahre 1875 wurde dann das »Reichsgesetz über die Beurkundung des Personenstandes und der Eheschließung« verabschiedet, das am 1. 1. 1876 in Kraft trat und das Prinzip der standesamtlichen Registrierung auf das gesamte Deutsche Reich ausdehnte. Alle Geburten, Heiraten und Sterbefälle mußten von nun an den zuständigen örtlichen Standesämtern gemeldet werden und wurden bei ihnen registriert. Bei Forschungen zum Personenstand vor diesem Zeitpunkt in den meisten Gebieten rechts des Rheins ist man nach wie vor auf die kirchlichen Unterlagen angewiesen. Im Verlauf des 19. Jahrhunderts hatten die einzelnen deutschen Staaten allerdings mehr und mehr Einfluß auf die Art und Weise der kirchlichen Registerführung genommen, was kirchliche Quellen aus jener Zeit bereits übersichtlicher und zuverlässiger macht als im 17. und 18. Jahrhundert.

Stubenschild der Nadler

Die Gründung der Standesämter in der Zeit der französischen Besatzung hat dazu geführt, daß die Urkunden aus jenen Jahren in französischer Sprache ausgestellt sind. Das gesamte linksrheinische Gebiet gehörte seinerzeit zur französischen Republik beziehungsweise später zum Kaiserreich Napoleon Bonapartes. Sprachschwierigkeiten lassen sich jeoch schnell beheben: in den Urkunden tauchen im wesentlichen immer wieder die gleichen Floskeln und Begriffe auf, die man sich rasch aneignen und einprägen kann. Wichtig ist die Urkundentitulierung, bei der zwischen »Acte de naissance« (Geburtsurkunde), »Acte de mariage« (Heiratsurkunde) und »Acte de décès« (Sterbe- oder Ablebensurkunde) zu unterscheiden ist. Für die Übersetzung der französischen Berufsbezeichnungen empfiehlt sich die Benutzung eines Wörterbuches.

Die Familiennamen erfuhren während der »Franzosen-Zeit« keine Wandlung. Wer bei seiner Taufe vor der französischen Besetzung des Rheinlands als Schmitz erwähnt wurde, wird bei seiner Heirat um 1800 in dem »Acte de mariage« ebenfalls als Schmitz verzeichnet und taucht bei seinem Tode nach Abzug der Franzosen wiederum als Schmitz in der Sterbeurkunde auf. Einem Wandel unterlagen allerdings die Vornamen. Hieß der Betreffende zum Beispiel Friedrich, so kann der Taufeintrag im Kirchenbuch lateinisch auf Fridericus lauten und die in der »Franzosen-Zeit« ausgestellte Heiratsurkunde auf Frédéric, während der preußische Standesbeamte, der die französischen Register seines Ortes weiterführte, später in die Sterbeurkunde schlicht Friedrich geschrieben hat.

Da die französische Republik 1792 eine neue Zeitrechnung, den Revolutionskalender, einführte, finden sich bis zu dessen Aufhebung im Jahre 1805 in den Standesamtsunterlagen Monatsnamen wie Prairial, Brumaire, Thermidor usw., während die Jahre ab 1792 als dem »Jahr 1« gezählt werden. Doch gibt es zur Umrechnung dieser Angaben in den üblichen Kalendern Tabellen und Übersichten, die auch dieses Problem lösen helfen (siehe auch Kapitel zur Chronologie/Zeitrechnungskunde).

Schließlich erfuhr auch eine Reihe von rheinischen Ortsnamen in französischer Zeit eine Änderung: Mainz wurde zu Mayence, Speyer zu Spire, Zweibrücken zu Deux-Ponts, Aachen zu Aix-la-Chapelle und Köln zu Cologne. Bei kleineren Orten (etwa Boppard, Simmern, Alzey, Bingen) fand dagegen in der Regel keine Französierung des Ortsnamens statt. Die Franzosen hatten die neuerworbenen rheinischen Gebiete (wie das französische Kernland) in Departements, Arrondissements und Mairien (Bürgermeistereien) eingeteilt, wobei die standesamtlichen Register bei den Mairien geführt wurden. In den ländlichen Gebieten gehörten zu einer Mairie meist mehrere um einen zentral gelegenen Hauptort gruppierte einzelne Dörfer und Weiler.

Die deutschen Standesbeamten, die nach 1815 im Rheinland weiterarbeiteten, unterstanden verschiedenen Landesherren. Der Wiener Kongreß teilte das linksrheinische Gebiet zwischen Preußen, Bayern, Hessen-Darmstadt, Hessen-Homburg und Sachsen-Coburg auf, und selbst Mecklenburg hatte für kurze Zeit einige Eifeldörfer unter seiner Verwaltung, ehe sie an Preußen weiterverkauft wurden. Die unterschiedlichen Verwaltungsbestimmungen der einzelnen Länder führten zu gewissen Unterschieden in der Gestaltung der standesamtlichen Urkunden. So war man zum Beispiel in den linksrheinischen Teilen Preußens nicht ganz so ausführlich wie etwa in Hessen-Darmstadt, wo die Urkunden oft Hinweise auf zwei statt nur auf eine Vorfahrengeneration enthalten und dadurch natürlich besonders hilfreich sind.

Doch wie findet man nun den Anschluß von den bereits aus privaten Familiendokumenten gesammelten Daten zu dem Material, das in den Archiven der Standesämter erschlossen werden kann? Die Personenstammblätter lassen auf den ersten Blick erkennen, wo sich Lücken befinden und wel-

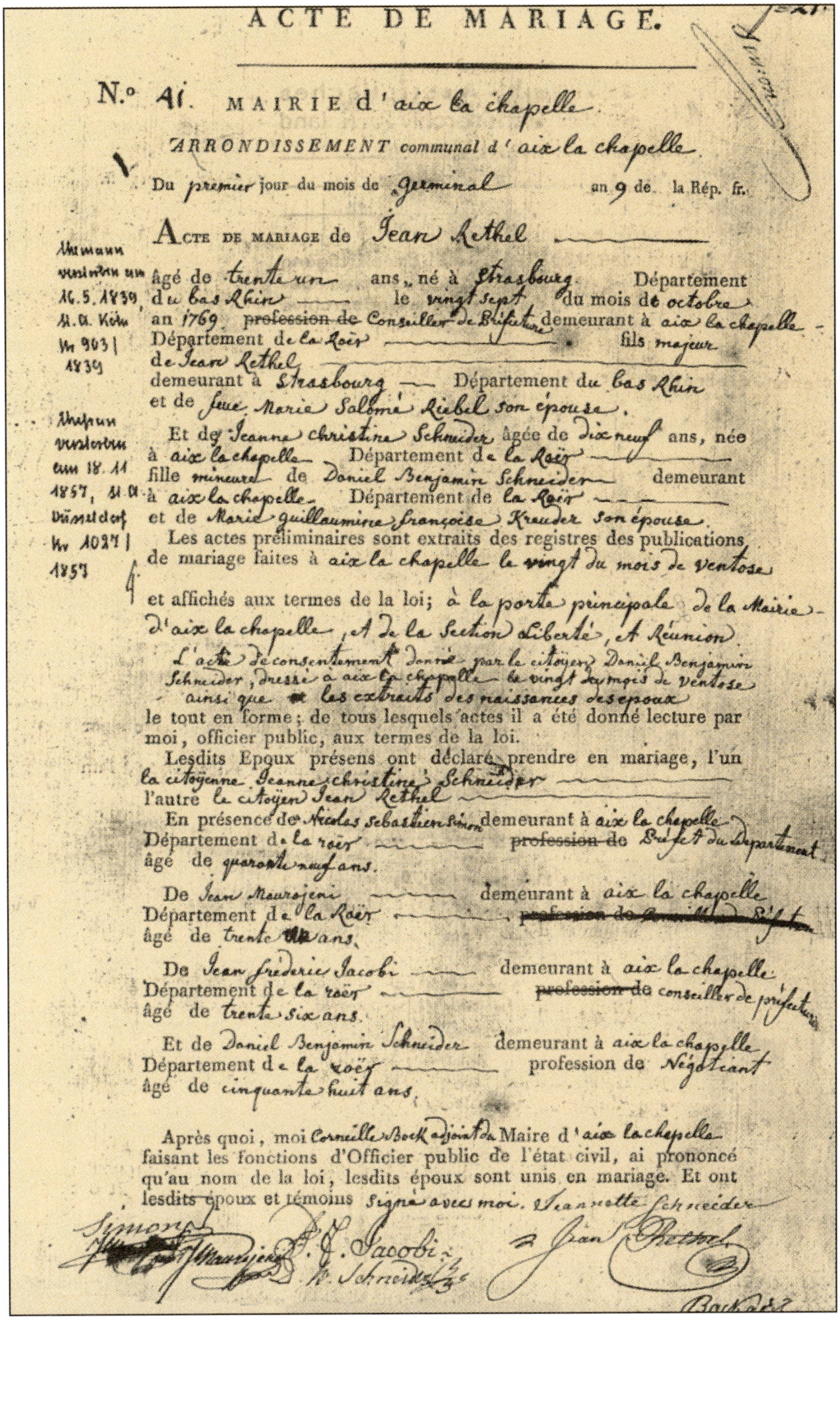
ACTE DE MARIAGE.

N.° 41. MAIRIE d'aix la chapelle.

ARRONDISSEMENT communal d'aix la chapelle.

Du premier jour du mois de germinal an 9 de la Rép. fr.

ACTE DE MARIAGE de Jean Rethel

âgé de trente un ans, né à Strasbourg Département du bas Rhin le vingt sept du mois de octobre an 1769 ~~profession de~~ Conseiller de Préfecture demeurant à aix la chapelle Département de la Roër fils majeur de Jean Rethel demeurant à Strasbourg Département du bas Rhin et de feue Marie Salomé Riebel son épouse.

Et de Jeanne christine Schneider âgée de dix neuf ans, née à aix la chapelle Département de la Roër fille mineure de Daniel Benjamin Schneider demeurant à aix la chapelle Département de la Roër et de Marie guillaumine françoise Kreuder son épouse.

Les actes préliminaires sont extraits des registres des publications de mariage faites à aix la chapelle le vingt du mois de ventose et affichés aux termes de la loi; à la porte principale de la Mairie d'aix la chapelle, à la Section Liberté, à Réunion

L'acte de consentement donné par le citoyen Daniel Benjamin Schneider, dressé à aix la chapelle le vingt du mois de ventose ainsi que les extraits des naissances des epoux

le tout en forme; de tous lesquels actes il a été donné lecture par moi, officier public, aux termes de la loi.

Lesdits Epoux présens ont déclaré prendre en mariage, l'un la citoyenne Jeanne christine Schneider l'autre le citoyen Jean Rethel

En présence de Nicolas Sebastien Simon demeurant à aix la chapelle Département de la roër ~~profession de~~ Préfet du Département âgé de quarante neuf ans.

De Jean Maurojeni demeurant à aix la chapelle Département de la Roër ~~profession de~~ [illegible] âgé de trente [illegible] ans.

De Jean frederic Jacobi demeurant à aix la chapelle Département de la roër ~~profession de~~ conseiller de préfecture âgé de trente six ans.

Et de Daniel Benjamin Schneider demeurant à aix la chapelle Département de la roër profession de Négociant âgé de cinquante huit ans.

Après quoi, moi Corneille Bock adjoint du Maire d'aix la chapelle faisant les fonctions d'Officier public de l'état civil, ai prononcé qu'au nom de la loi, lesdits époux sont unis en mariage. Et ont lesdits époux et témoins signé avec moi. Jeannette Schneider

Simon Maurojeni F. J. Jacobi D. Schneider Jean Rethel Bock

Ehemann verstorben am 16.5.1839, H.a. Köln Nr 9031 1839

Ehefrau verstorben am 18.11.1857, H.a. Düsseldorf Nr 1027 1857

Heiratsurkunde aus dem Rathaus von Aachen (Aix la Chapelle) vom 1. Tag des Monats Germinal im 9. Jahr der Französischen Republik (22. März 1801). Es handelt sich um die Eltern des Malers Alfred Rethel

che Daten recherchiert und nachgetragen werden müssen.
So kann es zum Beispiel sein, daß vom Großvater mütterlicherseits zwar noch Geburtsort und -jahr bekannt und auf dem Personenstammblatt eingetragen sind, aus den privaten Unterlagen aber nicht mehr auf den genauen Geburtstag geschlossen werden kann und sich auch in der Verwandtschaft niemand mehr daran erinnert. Der Vollständigkeit wegen soll das genaue Datum nun noch herausgefunden werden. Eine einfache Möglichkeit besteht darin, das zuständige Standesamt mit einem formlosen Brief anzuschreiben und darin um die Mitteilung des Geburtsdatums zu bitten. Wenn es sich beim Geburtsort des Großvaters um eine kleine Gemeinde handelt, die kein eigenes Standesamt hatte (oder heute, nach den Verwaltungsreformen und Gemeindezusammenlegungen der letzten Jahrzehnte, keines mehr hat), so kann man auch den Bürgermeister oder die Gemeindeverwaltung anschreiben und um Mitteilung darüber bitten, wo sich das zuständige Standesamt befindet. In einer Reihe öffentlicher Bibliotheken sowie beim Standesamt des eigenen Wohnortes sind außerdem Ortsverzeichnisse vorhanden, in denen die für die einzelnen Gemeinden (ehemals) zuständigen Behörden genannt werden. In dem Brief an das Standesamt sollte man auf den Grund der Anfrage (Familienforschung) hinweisen und auch das eigene Verwandtschaftsverhältnis zu der Person, über die Daten erfragt werden, angeben. Schließlich sollte man es nicht versäumen, in einem Schlußsatz die Erstattung aller eventuell anfallenden Kosten zuzusichern.
Wie zahlreiche Erfahrungen zeigen, kann die Reaktion der einzelnen Standesämter sehr unterschiedlich sein. So gibt es Standesbeamte, die den Belangen der Familienforschung aufgeschlossen und freundlich gegenüberstehen und deshalb unter Umständen die gewünschten Informationen ohne Kostenberechnung mitteilen. Vielleicht liefern sie sogar den einen oder anderen nützlichen Zusatzhinweis. Andere dagegen sind grundsätzlich nur bereit, eine beglaubigte Kopie oder Abschrift der Geburtsurkunde des Großvaters zu schicken, wobei Gebühren anfallen. Zur Zeit beträgt der Satz für eine standesamtliche Urkunde rund 6 DM, manchmal werden noch weitere 20 DM Such- und Bearbeitungsgebühren verlangt. Zuweilen erfolgt auch die Übersendung der

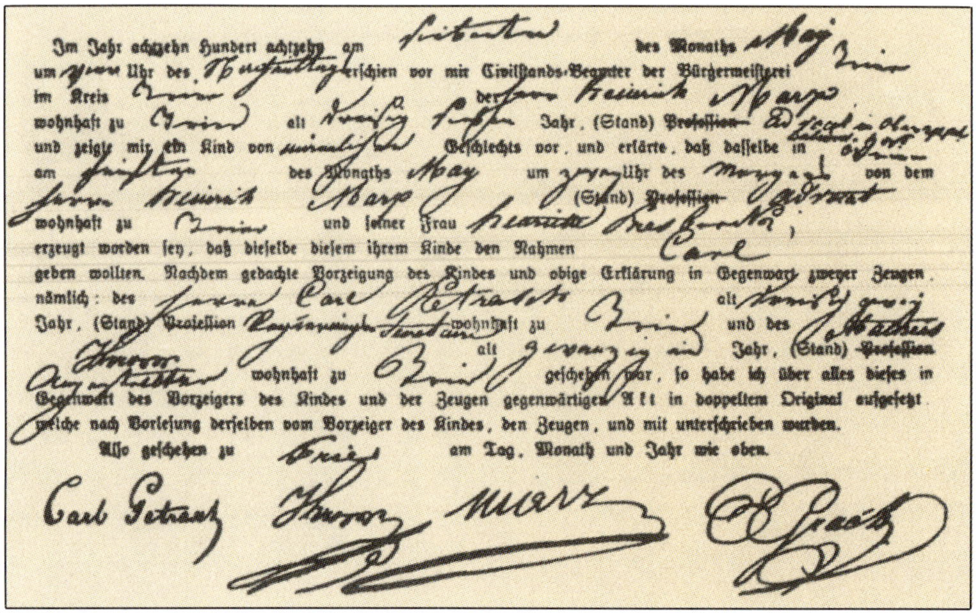
Im Jahr achtzehn Hundert achtzehn am siebenten des Monaths Mai
um ... Uhr des Nachmittags erschien vor mir Civilstands-Beamter der Bürgermeisterei Trier
im Kreis Trier der Herr Heinrich Marx
wohnhaft zu Trier alt ... Jahr, (Stand) ~~Profession~~ ...
und zeigte mir ein Kind von männlichem Geschlechts vor, und erklärte, daß dasselbe in ...
am fünften des Monaths May um zwey Uhr des Morgens von dem
Herrn Heinrich Marx (Stand) ~~Profession~~ Advokat
wohnhaft zu Trier und seiner Frau Henriette ...,
erzeugt worden sey, daß dieselbe diesem ihrem Kinde den Nahmen Carl
geben wollten. Nachdem gedachte Vorzeigung des Kindes und obige Erklärung in Gegenwart zweyer Zeugen,
nämlich: des Herrn Carl Petrasch alt ... Jahr, (Stand) ~~Profession~~ ... wohnhaft zu Trier und des ...
alt ... Jahr, (Stand) ~~Profession~~ ... wohnhaft zu Trier geschehen war, so habe ich über alles dieses in
Gegenwart des Vorzeigers des Kindes und der Zeugen gegenwärtigen Akt in doppeltem Original aufgesetzt
welche nach Vorlesung derselben vom Vorzeiger des Kindes, den Zeugen, und mit unterschrieben worden.
Also geschehen zu Trier am Tag, Monath und Jahr wie oben.
Carl Petrasch ... Marx ...

Geburtsurkunde von Karl Marx aus dem Standesamtsregister der Stadt Trier

Urkunde nur gegen Vorausrechnung oder per Nachnahme, und im ungünstigsten Fall erweist sich die Suche beim angeschriebenen Standesamt wider Erwarten als erfolglos, doch werden 20 DM Suchgebühren für den Zeitaufwand der Verwaltung berechnet. Leider nimmt die strenge Auslegung der Gebührenordnung in den letzten Jahren zu. Angesichts des oft schlechten Zustandes der kommunalen Haushalte haben viele Gemeinden die Familienforscher als potentielle Geldbringer entdeckt, die man möglichst ausgiebig zur Kasse bittet. Und schließlich gibt es Extremfälle von unwilligen Beamten, wie ein Beispiel aus dem Rheinland zeigt: Dort schickte der zuständige Standesbeamte einen eigens aus Hamburg angereisten Familienforscher unverrichteter Dinge weg, weil ihm angeblich die Zeit für den Gang ins Archiv fehlte und der Interessent es überdies versäumt hatte, sich vorher anzumelden!

Doch sollte man sich angesichts solcher Mißgeschicke nicht entmutigen lassen, und die Übersendung der vollständigen Kopie der Geburtsurkunde (ganz gleich, ob mit Beglaubigungsstempel versehen oder nicht) hat ihre Vorteile gegenüber der einfachen Mitteilung des in unserem Beispiel gewünschten genauen Geburtsdatums. Die Urkunde enthält nämlich meist auch noch Informationen über Namen, Beruf und (zuweilen) Alter der Eltern, in unserem Beispiel also von zwei Angehörigen der Urgroßelterngeneration. Dadurch gewinnt man erste Angaben über ein weiteres Vorfahrenpaar, von dem bisher noch gar nichts oder nur sehr wenig bekannt war. Auch über den Wohnsitz der Urgroßeltern (Ortsteil, Straße usw.) finden sich in der Urkunde meist nähere Angaben. Die Namen der Zeugen der Beurkundung lassen manchmal Rückschlüsse auf die fernere Verwandtschaft, zum Beispiel auf Geschwister des einen oder anderen Urgroßelternteils, zu. So liegt es nahe, beim Standesamt nicht nur wegen eines Einzeldatums anzufragen, sondern gleich um Übersendung einer Kopie oder vollständigen Abschrift der Geburtsurkunde zu bitten. Für Heirats- und Sterbeurkunden gilt sinngemäß natürlich das gleiche. Aus Kostengründen sollte man bei der Anfrage darauf hinweisen, daß eine Beglaubigung nicht notwendig ist (es sei denn, man benötigt die Urkunde auch zu Zwecken der juristischen Absicherung, etwa bei historischer Firmenwerbung). Sollte das Standesamt seinerseits auf Beglaubigung bestehen, kommt man allerdings nicht um die dann anfallenden Gebühren herum.

Es gibt noch eine weitere Möglichkeit, auf Daten aus standesamtlichen Unterlagen zurückzugreifen. Denn Zweitschriften der einzelnen Register sind oft in staatlichen Archiven vorhanden, wobei es aber zur Zeit kein festes und einheitliches System für ihre Sammlung gibt. So kann ein Teil der Zweitschriften eines bestimmten Standesamtes im zuständigen Stadtarchiv oder bei der Kreisverwaltung eingelagert sein, ein anderer Teil (etwa bestimmte Jahrgänge) dagegen im Landesarchiv. Für das Rheinland und Westfalen sind entsprechende Akten bei den Personenstandsarchiven in Brühl und Detmold erfaßt, andere dagegen liegen – dort wieder schwerer zugänglich – in Gerichtsarchiven. Auskünfte im Einzelfall kann das Ursprungsstandesamt erteilen. Die Zweitschriften können in öffentlichen Archiven eingesehen werden, wenn sie älter als 100 Jahre sind und der Benutzer ein berechtigtes Interesse geltend machen kann. Private Familienforschung gilt dabei allgemein als hinreichender Grund für eine Einsichtnahme.

Die unmittelbare persönliche Auswertung der Unterlagen durch direkte Einsichtnahme in die Zweitschriften hat gegenüber den Anfragen bei den Standesämtern beträchtliche Vorteile: mühseliger Schriftverkehr und damit verbundene zeitliche Verzögerungen entfallen ebenso wie das Angewiesensein auf Wohlwollen und Laune des Standesbeamten bei der Bearbeitung der Anfrage. Auch die Anfertigung umfangreicherer Auszüge aus den Akten (etwa aller Vorkommen eines bestimmten Namens und der jeweils dazugehörigen Daten) ist nun ohne zusätzlichen Kostenaufwand möglich. Trotzdem ist die Einsicht in die Zweitschriften nicht in jedem Fall kostensparender als die Anfrage bei den Standesämtern. Wer zum Beispiel in München oder in Freiburg wohnt und einen Vorfahrenzweig in Emden oder Bremen erforscht, wird unter Umständen weniger Ausgaben haben, wenn er statt einer Archivreise nach Norddeutschland Anfragen bei den jeweiligen Standesämtern tätigt und für Beglaubigung, Porto und Suchgebühren aufkommt. Das gilt bei solchen Entfernungen selbst dann, wenn eine relativ große Zahl von Urkunden angefordert werden soll und jedesmal gesonderte Gebühren anfallen. Was jeweils vorzuziehen ist – die Reise zu den Archiven oder die Anfrage bei den Standesämtern –, wird man letztlich von Fall zu Fall durchkalkulieren müssen.

Jedes Standesamtsregister umfaßt Zehntausende, in manchen Großstädten sogar Millionen von Vorgängen: Geburten, Hochzeiten, Sterbefälle. Bis zum Beginn dieses Jahrhunderts wurden diese riesigen Sammlungen ohne technische Hilfsmittel, das heißt handschriftlich geführt. Erst dann kam zum Teil die Schreibmaschine zum Einsatz, während der Computer erst in jüngster Zeit in die Standesämter Einzug hielt. Um das Auffinden einzelner Dokumente in dieser gewaltigen Materialmenge trotzdem möglich zu machen, legte man bereits im 19. Jahrhundert sogenannte Decennal-Tabellen an (von lat. decennium = Jahrzehnt). Das sind Indexe der Register für jeweils ein Jahrzehnt und somit Wegweiser, die die Sucharbeit erheblich erleichtern. Sucht man zum Beispiel die Geburtsurkunde eines Vorfahren, von dem man weiß, daß er 1897 mit 52 Jahren starb (also 1844 oder 1845 geboren wurde), so ist dieser Vorgang beim zuständigen Standesamt in der Decennal-Tabelle für die vierziger Jahre des 19. Jahrhunderts verzeichnet. Hier schlägt man unter dem Familiennamen des Vorfahren nach und erfährt dann, in welchem Jahrgangsband des Geburtenregisters die Geburtsurkunde unter welcher Nummer verzeichnet ist. Die Register selbst sind nicht alphabetisch, sondern chronologisch, also nach der zeitlichen Folge der registrierten Vorgänge, geordnet. Heiratsurkunden sind in den Decennal-Tabellen stets unter dem Namen des Mannes verzeichnet, die Heirat eines Wilhelm Maier mit einer Josefine Lehmann also unter Maier/Lehmann.

Selbstverständlich ist nach einiger Zeit der Nachforschungen einmal der Punkt erreicht, an dem die Standesamtsregister nichts mehr hergeben. Gerade im rechtsrheinischen Teil Deutschlands, wo die staatliche Erfassung der Personenstandsangelegenheiten oft erst in den siebziger Jahren des 18. Jahrhunderts einsetzte, kann das schon bei der Generation der Urgroßeltern der Fall sein, während man vor allem im Rheinland über die Standesämter weiter zurückgehen kann. Wer etwa 1798 im linksrheinischen Gebiet verstarb, dessen Tod ist dort bereits in einer standesamtlichen Eintragung verzeichnet worden. War der Betreffende zum Zeitpunkt seines Todes 70 Jahre alt, so liegt sein Geburtsdatum am Ende der zwanziger Jahre des 18. Jahrhunderts, also über 250 Jahre zurück. Bei einer angenommenen Generationsdauer (Zeitraum zwischen der eigenen Geburt und der Geburt der Kinder) von 25 Jahren entspricht das mehr als zehn Generationen, so daß also zum Teil selbst Informationen über die Ur-Ur-Ur-Ur-Ur-Ur-Urgroßeltern von heute Lebenden noch bei den Standesämtern abgefragt werden können. Doch für die Generationen davor geben die staatlichen Register auch im linksrheinischen Gebiet nichts mehr her. Wer mehr wissen will (und welcher passionierte Familienforscher will das nicht?), wird sich einer weiteren, erheblich älteren Quellengruppe zuwenden müssen: den kirchlichen Registern.

Die Kirchenbücher

Nach wie vor stellen die Kirchenbücher die wichtigste personen- und familiengeschichtliche Quellengruppe dar, da sie einen Zeitraum von mehreren Jahrhunderten erfassen. Sie waren bis zum Ende des 18. Jahrhunderts die einzigen Register im deutschen Sprachraum, in denen Personenstandsangelegen-

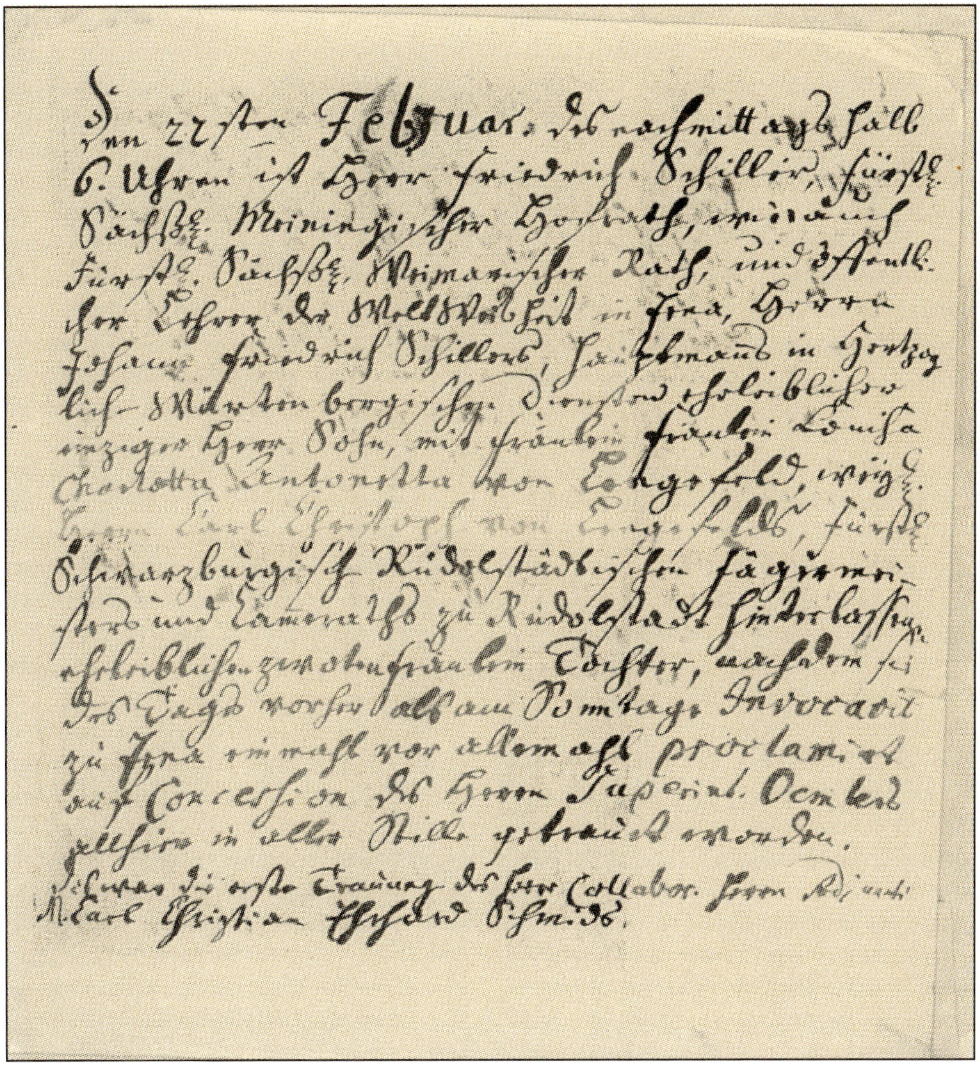
Den 22sten Februar, des Nachmittags halb 6. Uhren ist Herr Friedrich Schiller, fürstl. Sächsl. Meiningischer Hofrath, wie auch fürstl. Sächsl. Weimarischer Rath, und öffentlicher Lehrer der Weltweisheit in Jena, Herrn Johann Friedrich Schillers, Hauptmanns in Herzoglich Würtembergischen Diensten eheleiblicher einziger Herr Sohn, mit fräulein fräulein Louisa Charlotta Antonetta von Lengefeld, weyl. Herrn Carl Christoph von Lengefeld, fürstl. Schwarzburgisch Rudolstädtischen Jägermeisters und Cammeraths zu Rudolstadt hinterlassenen eheleiblichen zweyten fräulein Tochter, nachdem sie des Tages vorher als am Sonntage Invocavit zu Jena einmahl vor allemahl proclamirt auf Concession des Herrn Superint. Oemler dispensirt in aller Stille getraut worden.
Es verrichtete die Trauung der Herr Collabor. Herr Adjunct M. Carl Christian Ehrhard Schmid.

Kirchenbucheintragung der Heirat Friedrich Schillers mit Charlotte von Lengefeld am 22. Februar 1790 in Wenigenjena

heiten systematisch verzeichnet wurden, in weiten Teilen Deutschlands blieben sie es bis zum Jahre 1875.

Die ältesten erhaltenen Kirchenbücher sind die Taufmatrikeln von Cabrières/Frankreich, die auf das Jahr 1305 zurückgehen. Traumatrikeln lassen sich im italienischen Cremona bereits für 1385 nachweisen, Sterbematrikeln in Arezzo und Florenz für 1389 beziehungsweise für 1398. Vom Ende des 15. Jahrhunderts datieren die ältesten noch erhaltenen Kirchenbücher des deutschen Sprachraums: die Taufbücher von Basel (1490) und Annaberg in Sachsen (1498).

Für den katholischen Raum schuf 1563 das Konzil von Trient erste feste Regelungen, die die Anlage und die Führung der Tauf- und Trauregister betrafen. Sie wurden 1614 unter Papst Paul V. im »Rituale Romanum« mit Bestimmungen ergänzt, die die Schaffung analoger Sterberegister vorsahen. In den evangelischen Ländern wurde erstmals 1533 (mit der brandenburgisch-nürnbergischen Kirchenordnung) verfügt, daß die Pfarrer Register über die Kindtaufen und die Eheschließungen in ihren Gemeinden anzulegen hatten. Danach erließen im weiteren Verlauf des 16. Jahrhunderts auch die meisten anderen protestantischen Landesherren eigene Kirchenordnungen, die unter anderem Bestimmungen zur Anlage von Personenstandsregistern in den Gemeinden enthielten.

Die kurze Übersicht zeigt, daß im deutschen Sprachraum seit etwa 500 Jahren vereinzelt und seit gut 450 Jahren kontinuierlich Kirchenbücher geführt werden. Dagegen ist die standesamtliche Registerführung selbst im linksrheinischen Gebiet erst knapp 200 Jahre alt und rechts des Rheins in vielen Gegenden noch nicht ganz 120 Jahre. Allerdings wäre es ein Trugschluß, anzunehmen, daß alle seit dem 16. Jahrhundert einmal angelegten Kirchenbücher auch heute noch erhalten sind und für die familiengeschichtliche Forschung genutzt werden können. Der Dreißigjährige Krieg und die Eroberungsfeldzüge Ludwigs XIV. im 17. Jahrhundert, der Siebenjährige Krieg und eine Reihe kleinerer bewaffneter Auseinandersetzungen im 18. Jahrhundert, die Kriegswirren der napoleonischen Zeit und schließlich die beiden Weltkriege hatten zur Folge, daß unersetzliches Archivmaterial verbrannte oder gar mutwillig zerstört wurde. Aber auch in Friedenszeiten waren in früheren Jahrhunderten furchtbare Brandkatastrophen geradezu an der Tagesordnung, Feuersbrünste, denen auch manches Pfarrhaus mit seinen Personenstandsregistern zum Opfer fiel. Und schließlich taten Nachlässigkeit und Ignoranz das Ihre: die jahrzehnte- oder gar jahrhundertelange Lagerung von Kirchenbüchern in feuchten Kellern oder auf staubigen Dachböden, stümperhaft vorgenommene Entrümpelungen so manchen Pfarrhauses und dergleichen mehr führten zum Verlust vieler wichtiger alter Quellen. Nicht unerwähnt bleiben sollen in diesem Zusammenhang auch die »schwarzen Schafe« unter den Familienforschern, die sich bei der Einsichtnahme in alte Kirchenbücher nicht scheuten, für sie interessante Seiten einfach auszureißen.

Übrigens gibt es für die Kirchenbücher einige unterschiedliche Benennungen, die landschaftlich bedingt sind. In vielen katholischen Gegenden Süddeutschlands zum Beispiel spricht man von Matriken oder Matrikeln, in der Schweiz zum Teil von Rodeln oder Rotuli. In anderen Landstrichen kann dagegen auch vom Register, vom Catalogus, vom Index oder schlicht vom Verzeichnis die Rede sein, wenn ein Kirchenbuch gemeint ist. Kirchenbücher als der gebräuchlichste Oberbegriff bezeichnet von seiner Definition her alle kirchlichen Urkundensammlungen, in denen die Taufen, die Trauungen und die Bestattungen im Bereich einer Kirchengemeinde verzeichnet sind.

Welche Möglichkeiten gibt es nun für den Hobbyfamilienforscher, auf die noch vorhandenen Kirchenbücher zurückzugreifen und sie für sich nutzbar zu machen? Und wie – um an den vorherigen Abschnitt anzuknüpfen – schlägt man die Brücke von den Daten der Standesämter zu denen der kirchlichen Personenstandsregister?

Bereits bei der Auswertung der standesamtlichen Unterlagen kommt es darauf an, von bekannten (anfangs noch aus privaten Dokumenten entnommenen) Daten auf die neuen, bisher noch unbekannten, zu schließen. Nicht anders verhält es sich hier: die standesamtlichen Urkunden geben bereits erste Hinweise, mit welchen Fragestellungen an die Kirchenbücher heranzugehen ist. Weiß man zum Beispiel aus dem Sterberegister des Standesamtes, daß ein Vorfahre 1830 im Alter von 65 Jahren starb, so läßt sich das Geburtsjahr auf 1764 oder 1765 eingrenzen. Weiterhin kann man in der Regel davon ausgehen, daß die Menschen zu jener Zeit meist (natürlich nicht immer) im gleichen Ort oder zumindest im gleichen Pfarrbezirk starben, in dem sie geboren waren, da die Mobilität im 18. und frühen 19. Jahrhundert erheblich geringer war als heute. Auch Wohnsitzwechsel durch Heirat waren oft nur Umzüge in einen (nicht selten zum gleichen Pfarrbezirk gehörenden) Nachbarort. Kennt man also den Sterbe- und vielleicht noch den Heiratsort des betreffenden Vorfahren aus den Unterlagen des Standesamtes und weiß auch

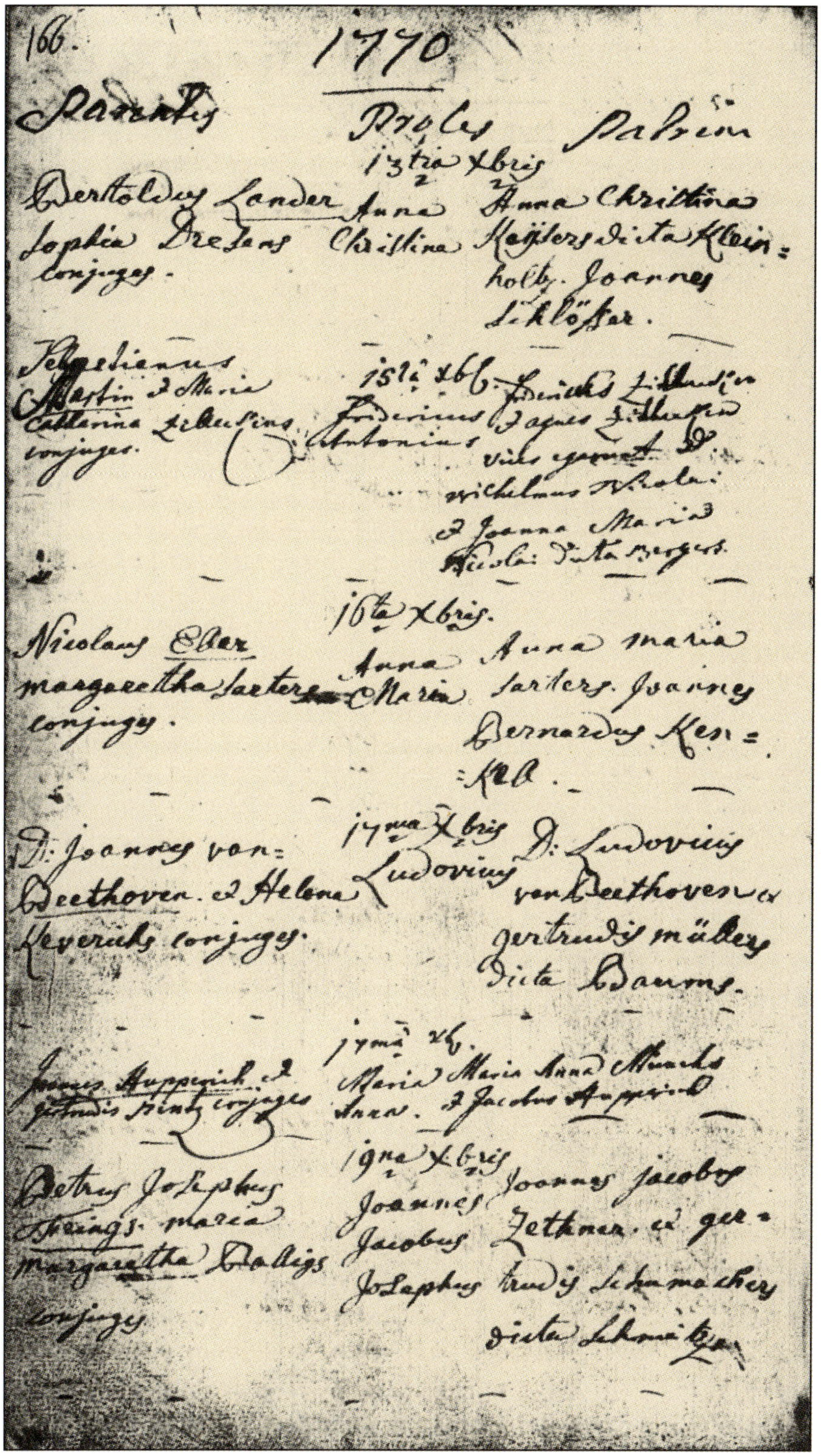
166.
1770
Parentes | Proles | Patrini
D: Joannes van Beethoven et Helena Keverichs conjuges. | 17ma Xbris Ludovicus | D: Ludovicus van Beethoven et gertrudis müllers dicta Baums.

Die Taufe Ludwig van Beethovens (1770–1827) wurde in lateinischer Sprache im Kirchenbuch von St. Remigius, Bonn, vermerkt.
Der Text lautet:

D:(ominus) Johannes
van Beethoven et Helena
Keverichs conjuges.
(Eltern)

17ma X^{bris}
Ludovicus
(Sprößling)

D:(ominus) Ludovicus
van Beethoven et gertrudis
müllers dicta Baums.
(Paten)

Wappen des Königreichs Württemberg

das ungefähre Geburtsjahr, sollte man die für den Tauf- beziehungsweise Trauort zuständige Pfarrei anschreiben und um Mitteilung der Taufdaten bitten. Auf diese Weise können der genaue Tauftermin, die Namen von Eltern und Paten des Täuflings und eventuell auch Beruf und Wohnort der Eltern ermittelt werden.

In den meisten Fällen befindet sich die zuständige Pfarrei am Ort selbst. Bei kleineren Gemeinden kann sie ihren Sitz aber auch in einem Nachbarort haben. In den letzten Jahrzehnten ist eine ganze Reihe von kleinen Pfarreien, vor allem auf dem Lande, aufgelöst worden, andere werden (bei formaler Beibehaltung ihrer Selbständigkeit) vom Pfarrer einer Nachbargemeinde mitbetreut. Ist man sich nicht ganz sicher, welche Pfarrei im konkreten Fall zuständig ist, kann das jeweilige bischöfliche Ordinariat Auskunft geben. In vielen Bibliotheken gibt es auch die Möglichkeit, in speziellen Nachschlagewerken zur Pfarrorganisation eines Gebietes herauszufinden, welche Orte durch welche Pfarrei seelsorgerisch betreut werden. Am einfachsten ist es natürlich, alle Unsicherheiten dadurch zu umgehen, daß man den Brief »An das für den Ort XY zuständige Pfarramt« adressiert.

Ein gewisses Problem kann auch die Konfessionszugehörigkeit des gesuchten Vorfahren darstellen. Zwischen 1876 und 1920 wurden in den standesamtlichen Urkunden zwar Angaben zur Religionszugehörigkeit gemacht, davor aber in der Regel nicht. Eine gewisse Orientierungshilfe geben jedoch landesgeschichtliche Kenntnisse. Im 18. und 19. Jahrhundert war die konfessionelle Durchmischung der Bevölkerung in den einzelnen deutschen Ländern bei weitem noch nicht so stark wie heute (sieht man von einigen konfessionell »buntscheckigen« Gegenden, wie etwa der Pfalz, ab). Schleswig-Holstein war so gut wie ganz protestantisch, ebenso Brandenburg, Mecklenburg, Ostfriesland und der größte Teil Pommerns; die Eifel, Nieder- und Oberbayern, fast ganz Unterfranken, Oberschwaben, das Emsland, der Fuldaer Raum und das Münsterland waren dagegen in ebenso starkem Maße katholisch. Anhand von statistischen Gemeindeverzeichnissen und landeskundlicher Literatur läßt sich selbst für die relativ wenigen schon früher konfessionell stark durchmischten Gegenden ziemlich genau feststellen, welches die evangelischen und welches die katholischen Orte waren. Natürlich schafft diese Groborientierung noch keine Gewißheit, da der gesuchte Vorfahre ja auch ein Angehöriger der jeweiligen religiösen Minderheit gewesen sein kann, doch gibt sie Rückschlüssen auf die vermutliche Konfessionszugehörigkeit eine recht hohe Wahrscheinlichkeit. Hat man trotzdem einmal das Pfarramt der falschen Konfession angeschrieben, so sollte man nicht resigniert aufgeben, sondern eine weitere Anfrage an das örtlich zuständige Pfarramt der anderen Glaubensrichtung schicken.

Wie bei den Standesämtern, so kann auch die Reaktion der Pfarrämter sehr unterschiedlich ausfallen. Mit folgenden Möglichkeiten wird der Familienforscher in den meisten Fällen konfrontiert:

- Das Pfarramt teilt nach ein paar Tagen die gewünschten Daten mit, im günstigsten Fall wird sogar eine komplette Kopie der betreffenden Urkunde übersandt. Durch die darin enthaltenen Hinweise auf die Eltern des gesuchten Vorfahren ergeben sich weitere Anhaltspunkte, an die sich beim Fortgang der familiengeschichtlichen Nachforschungen anknüpfen läßt.
- Das Pfarramt schreibt zurück, daß es leider (zum Beispiel infolge Arbeitsüberlastung) nicht möglich sei, die Urkunde herauszusuchen, bietet aber eine Einsichtnahme in die Kirchenbücher vor Ort an. Dieses Angebot sollte man auf jeden Fall nutzen! Bei Durchsicht der Kirchenbücher stößt man meist auf eine ganze Reihe weiterer Vorfahren, auf deren Geschwister (und damit auf bisher vielleicht noch unbekannte Nebenlinien der Familie) und zahlreiche andere hochinteres-

sante Informationen. Das Mosaik aus familiengeschichtlichen Zusammenhängen läßt sich auf diese Weise ein ganzes Stück weiter vervollständigen.

- Das Pfarramt stellt fest, daß sich die Kirchenbücher aus der fraglichen Zeit nicht mehr am Ort befinden, sondern an das zuständige Bistums- oder Landeskirchenarchiv, ein staatliches oder kommunales Archiv oder an eine ähnliche Stelle abgegeben wurden. In diesem Fall ist klar, wo weitergesucht werden muß. Ungünstig ist dagegen natürlich die Mitteilung, daß die Kirchenbücher mit der gesuchten Urkunde wegen Diebstahl, Bränden, Wassereinwirkungen oder Bombenangriffen überhaupt nicht mehr greifbar sind. Dann gerät man an einen sogenannten »toten Punkt« in der Familienforschung; über die dann dennoch vorhandenen Möglichkeiten der Weitersuche wird noch zu sprechen sein.
- Das Pfarramt reagiert nicht auf die Anfrage. Dann empfiehlt es sich, noch einmal (höflich!) nachzuhaken und an das erste Schreiben zu erinnern. Das Ausbleiben einer Antwort zeugt nicht in jedem Fall von einer negativen Einstellung des Pfarrers oder der Pfarramtssekretärin zur Familienforschung, vielmehr können gerade allzu ungeduldige Briefe oder Anrufe eine solche Haltung nach und nach hervorrufen. Vielleicht fehlte momentan einfach nur die Zeit zur Beantwortung, vielleicht war der Pfarrer, vielleicht seine Schreibkraft krank oder im Urlaub – üben Sie sich etwas in Geduld! Erfolgt jedoch auch auf die zweite Anfrage nach einigen weiteren Wochen Wartezeit immer noch keine Resonanz, sollte man sich an das zuständige Archiv der Landeskirche beziehungsweise des Bistums wenden. Dort befinden sich unter Umständen Zweitschriften oder Mikroverfilmungen des gesuchten Kirchenbuches, die weiterhelfen können. Ehe man allerdings umfangreiche Ausgaben für Kopien oder Auszüge von Urkunden tätigt, sollte man sich zunächst einmal die Gebührenordnungen der jeweiligen Archive mitteilen lassen, um finanziell unliebsamen Überraschungen aus dem Weg zu gehen.

Es liegt in der Natur der Familienforschung, daß jede Auskunft, so umfangreich und detailliert sie auch sein mag, neue Fragen aufwirft. Wann wurden zum Beispiel die Eltern des in einer lange gesuchten Urkunde genannten Vorfahren geboren? Wann und wo heirateten und starben sie? Hatten sie noch andere Kinder? Woher kamen sie? Wie hießen wiederum ihre Eltern? Selbst von einem Pfarramt, das familiengeschichtlichen Fragen sehr aufgeschlossen gegenübersteht, kann man auf die Dauer nicht erwarten, daß es immer wieder neue diesbezügliche Einzelfragen beantwortet. Und richtet man solche Fortsetzungsfragen laufend an ein staatliches oder kirchliches Archiv, weiten sich die Such- und Bearbeitungsgebühren allmählich ins Uferlose aus. Daher führt letztlich (ebenso wie bei der oben angegeben zweiten Möglichkeit) kein Weg an der eigenen Einsichtnahme in die Kirchenbücher vorbei. Die Forschungsarbeit erreicht damit einen neuen Schwierigkeitsgrad, da der Hobbyforscher nun erstmals mit unbekannten Originalunterlagen konfrontiert ist. Mit einiger Vorbereitung und Übung sind die dadurch entstehenden anfänglichen Probleme aber durchaus zu meistern.

Zunächst ist zu beachten, daß die Kirchenbücher in der Regel nicht die Daten von Geburt und Tod verzeichnen, sondern die der damit zusammenhängenden sakralen Handlungen: der Taufe und der Bestattung. Doch sind die Abstände zwischen Geburts- und Tauf- beziehungsweise zwischen Sterbe- und Bestattungsdatum meist nur gering. Normalerweise wurden die Kinder (wenn nicht sowieso noch am Tag der Geburt) ein oder zwei Tage nach der Geburt getauft. Die im Vergleich zu den heutigen Gewohnheiten relativ frühe Taufe hatte aus kirchlicher Sicht durchaus ihren Sinn: die Säuglingssterblichkeit war früher ungleich höher als heute, und es sollte vermieden werden, daß

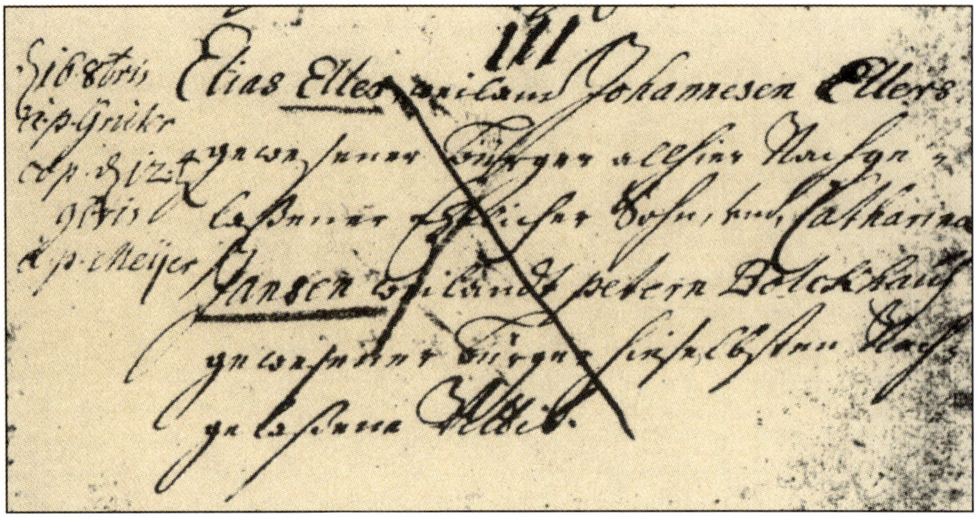

Kirchenbucheintragung in deutscher Sprache. Es handelt sich um Elias Eller (1690–1750), den Gründer der Stadt (Wuppertal-)Ronsdorf. Der Text lautet:

d.(en) 16. 8bris (Octobris)
a.p.(astore) Grüter
cop.(uliert) d.(en) 12.ten
9bris (Novembris)
a.p.(astore) Meyer

Elias Eller, weiland Johannesen Ellers gewesener bürger allhier Nachgelaßener Ehelicher Sohn, und Catharina Jansen weilandt petern Blockhaus gewesener bürger hieselbsten Nachgelaßene Wittib

ein Kind ungetauft starb. Beerdigungen erfolgten allein schon aus hygienischen Gründen spätestens drei Tage nach dem Ableben. Bei Trauungen entfallen solche zeitlichen Abweichungen natürlich. Erst für die Zeit nach Einführung der Zivilehe, die in den einzelnen deutschen Ländern allerdings zu unterschiedlichen Zeitpunkten während des 19. Jahrhunderts (im linksrheinischen Gebiet bereits Ende des 18. Jahrhunderts) begann, müssen auch bei Eheschließungen zwei unterschiedliche Daten berücksichtigt werden: die kirchliche Trauung fand nicht selten erst einige Tage nach dem behördlichen Heiratsakt auf dem Standesamt statt. Für diese Zeit müssen die Kirchenbücher aber sowieso nicht mehr unbedingt bemüht werden, da ja bereits auf standesamtliche Register zurückgegriffen werden kann.

Während die Kirchenbücher in den protestantischen Gemeinden in deutscher Sprache geführt wurden, waren sie in den katholischen Pfarreien noch bis ins ausgehende 19. Jahrhundert vom Latein beherrscht. Die Kirchengemeinden bestimmter Minderheitengruppen, so etwa die der aus Frankreich stammenden (protestantischen) Hugenotten, führten ihre Personenstandsregister oft noch über längere Zeit in der Sprache des jeweiligen Herkunftslandes. Bei protestantischen Gemeinden ist außerdem zu berücksichtigen, daß im 16. und 17. Jahrhundert eine große Vorliebe für die Latinisierung der Familiennamen herrschte. Diese Nachwirkung des europäischen Humanismus ließ aus manchem »Müller« einen »Molitor«, aus einem »Fischer« einen »Piscator« und aus einem »Seckler« einen »Sezelius« werden. Viele dieser damals latinisierten deutschen Familiennamen haben sich bis heute erhalten. Latein oder Französisch in alten Kirchenbucheintragungen sollten jedoch auch den nicht schrecken, der dieser Sprachen nicht kundig ist. Es verhält sich ähnlich wie bei den Standesamtsurkunden aus der Zeit der französischen Herrschaft im Rheinland: Struktur und Wortschatz der Eintragungen wiederholen sich, da es sich ja um immer wiederkehrende, gleichartige Vorgänge – Taufe, Trauung, Beerdigung – handelt. Einen Wechsel der Ausdrücke gibt es fast nur bei den Berufsbezeichnungen und (in den Bestattungseintragungen) bei der Benennung der jeweiligen Todesursachen.

Für die in lateinischer Sprache geführten Kirchenbücher gibt es seit langem Übersetzungshilfen, Tabellen, Glossare und Übersichten, aus denen die deutsche Bedeutung der Verwandtschafts-, Berufs- und Krankheitsbezeichnungen zu entnehmen ist. Sie werden von den genealogischen Fachverlagen, meist in Broschürenform, vertrieben.

Wichtige Begriffe aus dem Kirchenbuchlatein	
affinis	Schwager, Schwiegersohn
avia	Großmutter
avius	Großvater
copulatio	Trauung
defunctus	gestorben
maritus	Ehemann
natus filia	geborene Tochter
natus filius	geborener Sohn
nutrix	Amme
patrius	Pate
proclamati	die Aufgebotenen
renatus	getauft
sepultus	bestattet, beerdigt
spurius	unehelich
vidua	Witwe
vitricius	Stiefvater

Jeder Familienforscher, der im Zuge seiner Arbeiten mit Kirchenbuchauswertungen befaßt ist, sollte sich zumindest für den Anfang eine solche Übersicht zulegen. Auch wer in der Schule das klassische Latein gelernt hat, tut gut daran, gelegentlich auf eine solche Übersetzungshilfe für die Kirchenbücher zurückzugreifen: das Kirchenlatein unterscheidet sich deutlich vom Latein der klassischen Schriftsteller, und selbst gute Kenntnis der Werke von Livius und Cicero hilft nicht immer, wenn man über dem Kirchenbuch eines Spessart- oder Eifeldorfes aus dem späten 17. Jahrhundert sitzt.

Allgemein gilt natürlich: »Übung macht den Meister.« Wer einmal eine Zeitlang in alten Kirchenbüchern geforscht hat und nach und nach mit dem Stil und den Besonderheiten dieser Quellengruppe vertraut geworden ist, wird schließlich immer seltener auf Übersetzungshilfen und ähnliches angewiesen sein und schließlich seinerseits Neulingen mit Rat und Tat beistehen können.

Ein Problem stellt für viele Familienforscher – zumindest am Anfang – auch die altertümliche Schrift dar, in der die Kirchenbücher geschrieben wurden. Vor allem Angehörige der Nachkriegsgeneration, die die alte deutsche Schreibschrift in der Schule nur noch am Rande oder gar nicht mehr kennengelernt haben, geraten hier oft in Schwierigkeiten. Auch dabei hilft letztlich nur Übung weiter. Hat man erst einmal eine gewisse Anzahl von Eintragungen, Urkunden und Dokumenten mit diesem ungewohnten Schriftbild durchgearbeitet, gewinnt man mehr und mehr Routine, und das Lesen wird immer flüssiger. Sitzt man anfangs wegen der Schriftprobleme noch zwei oder mehrere Stunden über einer Kirchenbuchseite, so benötigt man später vielleicht nur noch zehn Minuten für das Durchlesen und Erfassen des Inhalts.

Größer werden die Schwierigkeiten allerdings wieder, wenn man mit seinen Forschungen relativ weit, in das frühe 18. Jahrhundert und die Zeit davor, vorgedrungen ist. Dann hat man es nicht mehr mit der deutschen Schreibschrift zu tun, die vielen Älteren noch recht gut bekannt ist, sondern mit noch ungewohnteren Schrifttypen. Jede Zeit hatte ihre eigene, ausgeprägte Schrift. Auch hier kommt es vor allem auf Geduld und Übung sowie die allmähliche Aneignung von Routine an.

Allerdings sollte sich jeder Familienforscher spätestens in diesem Stadium seiner Arbeit das eine oder andere paläographische (schriftkundliche) Nachschlagewerk zulegen. Darunter gibt es auch einzelne, die speziell auf die Interessen von familienkundlich Arbeitenden zugeschnitten sind (siehe Literaturverzeichnis). Für Jüngere, die erstmals im Rahmen ihrer Familienforschung mit der deutschen Schreibschrift konfrontiert werden, empfehlen sich Einführungsmaterialien und Übungshefte, die unter anderem durch den »Bund für deutsche Schrift und Sprache e. V.« vertrieben werden.

Wirklich schwierig wird es bei Kirchenbucheintragungen und anderen Archivalien in einem grundsätzlich anderen Schrifttypus (zum Beipiel der kyrillischen Schrift) und zugleich in einer anderen Sprache (etwa Russisch). In solchen Ausnahmefällen hilft auch

Geduld nicht mehr weiter, und die Einschaltung eines Fachmannes läßt sich – will man an diesem Punkt weiterforschen – nicht vermeiden. Dabei fallen natürlich nicht unerhebliche Kosten an, so daß sich manchmal durchaus die Frage stellt, ob Zeit und Geld nicht besser vorerst in die Erforschung anderer Vorfahrenzweige investiert werden sollten.

Jenseits aller Schwierigkeiten, die die Kirchenbuchtexte selbst enthalten, stellt sich vielen Familienforschern auch die Frage, wo überall Kirchenbücher vorhanden sind und wo man sie einsehen kann. Die entsprechenden Regelungen sind in der Tat recht unübersichtlich, was sich in der Praxis bemerkbar macht. Nicht in jedem Pfarramt befinden sich noch alte Kirchenbücher, von anderen Kirchenbüchern, die sich tatsächlich noch in den Pfarrämtern befinden, gibt es auch Duplikate oder Kopien in regionalen, kirchlichen oder staatlichen Archiven usw. Selbst innerhalb regionaler kirchlicher Archive gibt es zum Teil noch Untergliederungen. So liegen zum Beispiel die Münchener katholischen Kirchenbücher aus der Zeit vor 1876 im Erzbischöflichen Ordinariatsarchiv, die Unterlagen ab 1876 dagegen im Archiv des Erzbischöflichen Matrikelamtes.

Viele der in den Landesarchiven deponierten kirchlichen Personenstandsunterlagen stammen aus der Zeit zwischen 1815 und 1876. Damals mußten in den meisten Ländern, in denen die standesamtliche Registerführung noch nicht üblich war, von den Pfarrern Zweitschriften der Kirchenbücher angefertigt werden, die bei den Gerichtsbehörden oder bei den kommunalen Verwaltungen zu hinterlegen waren. Sie sind heute meist an die zuständigen staatlichen Archive übergegangen. Die Erstschriften sowie die Kirchenbücher aus noch älterer Zeit sind dagegen oft nicht zentralisiert. Sie können daher heute an den verschiedensten Orten aufbewahrt werden: Pfarreien oder Dekanate, staatliche Archive auf kommunaler oder Landesebene, Bistums- oder Landeskirchenarchive usw.

Natürlich ist diese Zersplitterung der Bestände für den Familienforscher ärgerlich. Sie führt auch immer wieder zu Unsicherheiten, Stockungen der Forschungsarbeit und Fehlanfragen. Doch gibt es auch zu diesem Problem einige Hilfen. So können in der Regel die Archivverwaltungen der Bistümer und Landeskirchen darüber Auskunft geben, wo sich die einzelnen Kirchenbücher aus ihrem territorialen Zuständigkeitsbereich befinden, auch wenn sie sie nicht selbst in Verwahrung haben. Eine weitere Hilfe bei der Suche bieten die für die meisten Regionen angelegten Kirchenbuchverzeichnisse, die teilweise auch in gedruckter Form in größeren Bibliotheken eingesehen werden können. Eine Reihe dieser Verzeichnisse ist in genealogischen oder landesgeschichtlichen Fachverlagen erschienen und kann dort auch bestellt werden, wieder andere sind noch im Antiquariatsbuchhandel erhältlich. Schließlich gibt es von den Landesarchivverwaltungen herausgegebene Archivführer und -verzeichnisse, in denen ebenfalls nachgeschlagen werden kann, welche Kirchenbücher in den einzelnen Archiven vorhanden sind. Diese Archivverzeichnisse sind wiederum auch in Bibliotheken (zum Beispiel in Universitäts-, Stadt- und Landesbibliotheken, selten dagegen in den mehr populärwissenschaftlich und auf Unterhaltung ausgerichteten öffentlichen Büchereien) einzusehen, so daß man nicht in jedem Fall gleich das jeweilige Archiv selbst aufsuchen muß.

Die Dezentralisierung der Bestände hat (bei aller Unübersichtlichkeit für den Laien) zumindest eine positive Seite: im Falle von Kriegszerstörungen, Feuerschäden, Überschwemmungen und anderen Katastrophen kann immer nur ein Teil der vorhandenen Kirchenbücher zerstört werden. Bei einer Zusammenfassung aller Bestände, etwa eines ganzen Bundeslandes an einem einzigen Ort, wäre dagegen die Gefahr eines Totalverlustes gegeben, der dann die familiengeschichtliche Forschung in diesem Bereich fast unmöglich machen würde.

Wer selbst in alten Kirchenbüchern forschen will, sollte sich auf die Belange, die Interessen und durchaus auch auf die Mentalität der Institutionen einstellen, bei denen diese alten Dokumente in Verwahrung sind. Das fängt bereits bei den Pfarrämtern an. Es empfiehlt sich zum Beispiel grundsätzlich, dort nur werktags anzufragen – das Wochenende dient eben in aller Regel dem Vorbereiten und Abhalten der Gottesdienste und anderer kirchlicher Weihehandlungen, so daß von den Pfarrern an diesen Tagen kaum verlangt werden kann, auch noch telefonisch oder gar persönlich vorsprechende Familienforscher zufriedenzustellen. Aus dem gleichen Grund sollte man auch an Tagen vor hohen kirchlichen Festen keine Besuche in Pfarrämtern einplanen. Schließlich sollte man stets im Auge behalten, daß die Unterstützung der Familienforschung nur einen kleinen (und aus seiner Sicht minder wichtigen) Teilbereich im Tätigkeitsfeld eines Pfarrers ausmacht, der infolge der Belastung in anderen Bereichen – vom Gottesdienst bis zum Religionsunterricht – oft sogar als ausgesprochen lästig angesehen wird. Deshalb sollte man bei Anfragen Verständnis, Behutsamkeit und Höflichkeit an den Tag legen. Eine bestimmte Sorte von Familienforschern, die bei ihren Besuchen glauben, das Pfarrhaus gewissermaßen für sich gepachtet zu haben, fördert dagegen nur negative Einstellungen bei den Geistlichen und schadet somit auf längere Sicht den anderen!
Was für die Pfarrämter gilt, gilt in ähnlichem Maße auch für die Archive. Auch sie wurden keinesfalls in erster Linie als Hilfsinstitute für Familienforscher eingerichtet, sondern sie erfüllen eine Vielzahl anderer Aufgaben, insbesondere für die wissenschaftliche Forschung in zahlreichen Disziplinen. Die Klagen vieler Archivare über ungeduldige oder gar anmaßende Familienforscher, die oft unangemeldet erscheinen und den Archivbetrieb durch Drängen und ständiges Nachfragen stören, sollten nicht auf die leichte Schulter genommen werden, auch hierdurch werden negative Haltungen gegenüber einer an sich sinnvollen Sache hervorgerufen und bestärkt. Daher sollte auch bei Arbeiten in Archiven ruhig, höflich und mit Verständnis für die Tätigkeit der Archivare vorgegangen werden. Wichtig ist vor allem eine gute Vorbereitung. Man sollte vor Betreten des Archivs in etwa wissen, was man will, und sich vorab schriftlich darüber kundig gemacht haben, ob das betreffende Archiv überhaupt der richtige Ansprechpartner ist. Wer dagegen auf gut Glück in ein Kirchen- oder Landesarchiv hineinstolpert und »etwas über den Großonkel von Oma Frieda« verlangt, kann weder erwarten, ernstgenommen zu werden, noch schnell Unterlagen zur Einsichtnahme zu erhalten, und der betreuende Archivar wird wenig Freude daran haben, in einem längeren Gespräch erst einmal Details zu Oma Frieda und ihrem möglicherweise existierenden Großonkel zu erfragen, ohne die er überhaupt nicht weiterhelfen kann.
Wer längere Such-, Lese- oder Übersetzungshilfen durch Archivare in Anspruch nimmt, muß in den meisten Fällen damit rechnen, dafür zur Kasse gebeten zu werden. So verlangen die meisten Archive zum Beispiel für eine Stunde Sucharbeit einen Satz von etwa 50 bis 60 DM. Angesichts knapper öffentlicher Gelder und des allgemeinen Bestrebens nach einer möglichst hohen Kostendeckung ist die Tendenz mittlerweile sogar eher steigend. Für das Heraussuchen von Akten aus dem Depot, die vom Archivbenutzer anschließend im Lesesaal selbständig bearbeitet werden, sind dagegen normalerweise keine Gebühren fällig, es sei denn, die Angaben des Benutzers über die gesuchten Akten sind so vage, daß auch für die Beschaffung aus dem Depot eine längere Suche notwendig wird. Fast alle Archive haben zu den einzelnen bei ihnen aufbewahrten Bestandsgruppen aber sogenannte »Findbücher« angelegt, die man sich als Benutzer zunächst einmal ansehen sollte. In diesen Findbüchern sind die einzelnen zu einem Bestand gehörenden Akten mit ihren jeweiligen Inventarnummern verzeichnet. Kann

Wappen eines Orgelbauers aus den Nürnberger Handwerksordnungen (um 1680)

man die Inventarnummer der zur Einsicht gewünschten Akten angeben, so ist die Beschaffung aus dem Depot für die Archivare kein Problem mehr.
Bei schriftlichen Anfragen an die Archive fallen meist Kopier- und Versandkosten an, wobei für die Einzelkopie zur Zeit Beträge zwischen 50 Pfennig und einer Mark verlangt werden. Noch teurer wird es, wenn der Materialzustand alter Urkunden eine Kopie nicht mehr zuläßt und die Dokumente daher fotografiert werden müssen. Hier können unter Umständen schon für eine einzelne Seite Beträge zwischen 10 und 20 DM fällig werden. Leistet man mit der Anfrage gleich eine Anzahlung (zum Beispiel durch einen beigelegten Verrechnungsscheck), so ist das ein Zeichen guten Willens, das sich unter Umständen sehr positiv auf die weitere Bearbeitung auswirken kann.
Bisher war nur von den Personenstandsurkunden der beiden großen Konfessionen die Rede: der katholischen und der evangelischen Kirche, wobei letztere lange Zeit in reformierte und lutherische Landeskirchen und Gemeinden getrennt war, die teilweise parallel in ein und derselben Stadt existierten und dabei getrennte Kirchenbücher hatten. Daneben aber gab es stets auch religiöse oder weltanschauliche Minderheiten, die in den Kirchenbüchern meist nicht erfaßt wurden. Hier sind vor allem die Mennoniten, die Herrnhuter Brüdergemeinen, die Juden, die Orthodoxen, die Altkatholiken und die Dissidenten zu nennen.
Über die Mennoniten (Wiedertäufer), eine im 16. Jahrhundert von dem Niederländer Simons Menno gegründete christliche Sondergemeinschaft, ist bereits relativ viel an genealogischer Literatur erschienen, unter anderem 1962 ein in zahlreichen Bibliotheken einseh- oder entleihbares Sonderheft der Zeitschrift »Archiv für Sippenforschung«, das auch viele wichtige Quellenhinweise für die mennonitische Familiengeschichtsforschung enthält. Weitere Auskünfte zu Quellen und zu Einzelfragen erteilt der »Mennonitische Geschichtsverein e. V.« (siehe Anschriftenverzeichnis), der auch auf genealogischem Gebiet sehr rührig ist.
Die 1722 durch Nikolaus Graf von Zinzendorf gestifteten »Brüdergemeinen« (sogenannte Herrnhuter Brüder, nach ihrem sächsischen Gründungsort Herrnhut) führten eigene Kirchenbücher, die im »Jahrbuch 34 der Brüdergemeine« (Herrnhut 1939/40) verzeichnet sind. Auch über diese Gemeinschaft ist bereits seit dem letzten Jahrhundert personen- und familiengeschichtliche Literatur erschienen.
Für den jüdischen Bevölkerungsteil mußten auf staatliche Anordnung in den Gebieten, die erst 1876 die standesamtliche Registrierung einführten, besondere Matrikeln angelegt werden. Dafür waren nur zum Teil die jeweiligen jüdischen Gemeinden zuständig, vielmehr war es zum Beispiel in Bayern seit 1812 Aufgabe der örtlichen Pfarrämter, in ihren Kirchenbüchern eigene Rubriken für die ansässigen Juden zu führen. In der NS-Zeit wurden viele jüdische Personenstandsregister verschleppt oder zerstört, wodurch unersetzliches genealogisches Material verlorenging. Kriegseinwirkungen taten ein übriges. Nach 1945 wurden noch vorhandene Dokumente und Akten zum Teil dem Staat Israel übergeben.
Die von den jüdischen Gemeinden bereits vor dem 19. Jahrhundert (in hebräischer Schrift) geführten Beschneidungs-, Heirats- und Beerdigungsverzeichnisse sind familiengeschichtlich nur von geringer Aussagekraft, da die jüdischen Familiennamen meist erst um 1800 ihre feste Form bekamen und vorher oft wechselten. Diese älteren Verzeichnisse befinden sich, soweit sie erhalten sind, fast alle im jüdischen Zentralarchiv in Jerusalem.
Orthodoxe Gemeinden bildeten sich im Laufe des 19. Jahrhunderts in einer Reihe von Großstädten und Badeorten, so zum Beispiel eine griechisch-orthodoxe Kirchengemeinde in München, eine russisch-orthodoxe Gemeinde in Wiesbaden usw. Auch sie führten meist eigene Kirchenbücher, die ein wechselvolles Schicksal hatten. Sollten

(zum Beispiel bei Abkömmlingen russischer Emigrantenfamilien) Forschungen in diesem Bereich notwendig sein, empfiehlt es sich, bei den in Frage kommenden und heute meist noch bestehenden Gemeinden Erkundigungen nach dem Verbleib der Kirchenbücher und Einsichtmöglichkeiten einzuziehen.

Die Altkatholiken trennten sich 1871 aus Protest gegen das Unfehlbarkeitsdogma des Papstes von der katholischen Kirche und bestehen als eigenständige Gemeinschaft noch heute. Ihre Kirchenbücher sind allerdings nur für den kurzen Zeitraum zwischen dem Gründungsjahr und der 1876 im gesamten Deutschen Reich eingeführten standesamtlichen Registerführung interessant. Die Kirchenbücher werden meist noch bei den einzelnen örtlichen Gemeinden aufbewahrt, die Adressen sind über die deutsche Zentrale der Altkatholischen Kirche in Bonn zu erfahren (siehe Anschriftenverzeichnis).

Dissidentengruppen nichtchristlichen Charakters entstanden in Deutschland seit den vierziger Jahren des 19. Jahrhunderts unter im Laufe der Zeit mehrfach wechselnden Namensgebungen. So gab es seit 1844/45 die Deutschkatholiken (die nicht mit den vorgenannten Altkatholiken verwechselt werden dürfen) und die ursprünglich vom Protestantismus herkommenden Freigemeindler. Beide Richtungen schlossen sich 1859 zum »Bund Freireligiöser Gemeinden Deutschlands (BFGD)« zusammen. Später bildeten sich auch streng atheistische Freidenkerverbände. In den Mitgliederbüchern der deutschkatholischen und freireligiösen Gemeinden sind oft auch Geburten, Lebens- und Jugendweihen (als Ersatzhandlungen für Taufe und Konfirmation) sowie Sterbefälle verzeichnet. Über den noch heute bestehenden BFGD (siehe Anschriftenverzeichnis) kann eine Liste der örtlichen Gemeinden angefordert werden, die teilweise noch die alten Mitgliederverzeichnisse aufbewahren.

Neben den religiösen und weltanschaulichen Minderheiten stellt auch das Militär im Hinblick auf die Kirchenbuchführung einen Sonderfall dar. In Preußen, aber auch in anderen deutschen Staaten wurden eigene Militärkirchenbücher geführt, in denen die Personenstandsangelegenheiten der Offiziere und Mannschaften verzeichnet sind. Man unterscheidet hierbei Regiments- und Garnisonskirchenbücher. Erstere wurden bei einzelnen Truppenteilen geführt, die im Felde standen, während letztere alle den Personenstand betreffenden Vorgänge unter den Militärangehörigen eines bestimmten festen Truppenstandortes erfaßten. In beiden Fällen gab es jedoch auch immer wieder Ausnahmen, so daß auch weitere Soldaten im Kirchenbuch Aufnahme fanden.

Viele der noch erhaltenen preußischen Militärkirchenbücher befinden sich heute im »Geheimen Staatsarchiv Preußischer Kulturbesitz« in Westberlin. Militärkirchenbücher rheinpreußischer Regimenter werden auch in Koblenz im Kirchenbucharchiv der Evangelischen Kirche des Rheinlandes aufbewahrt. Die Militärkirchenbücher anderer früher bestehender deutscher Staaten sind weitgehend in den zuständigen Landesarchiven untergebracht. Zum Thema Militärgenealogie, das aufgrund der besonderen Quellenlage zuweilen etwas unübersichtlich wirkt, gibt es mehrere spezielle Einführungen und Verzeichnisse, die für jeden nützlich sind, der Berufssoldaten unter seinen Vorfahren hat.

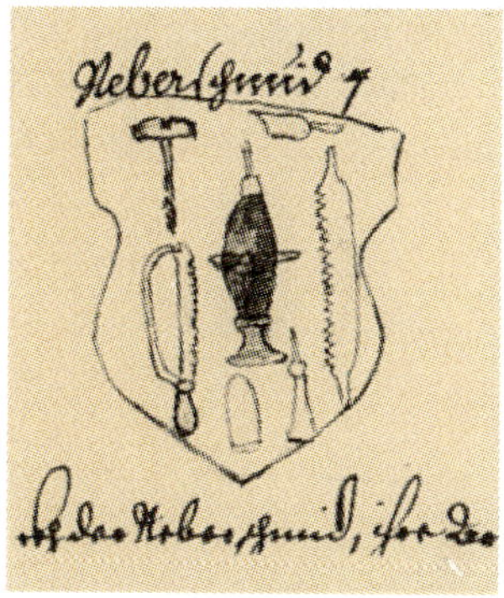

Wappen eines Bohrerschmieds (um 1680)

Adreßbücher und Melderegister

Standesamtliche Register und alte Kirchenbücher sind sicherlich die wichtigsten Quellen für den Familienforscher, ihre Auswertung ist geradezu unverzichtbar. Doch gibt es noch weitere Quellengruppen, die verhältnismäßig gut zugänglich und leicht erschließbar sind und die in vielen Fällen wichtige Zusatzinformationen über den Lebenslauf einzelner Vorfahren geben können. Zu nennen sind hier vor allem die Adreßbücher und die Einwohnermelderegister.

Bereits zu Beginn des 18. Jahrhunderts waren in verschiedenen deutschen Städten soge-

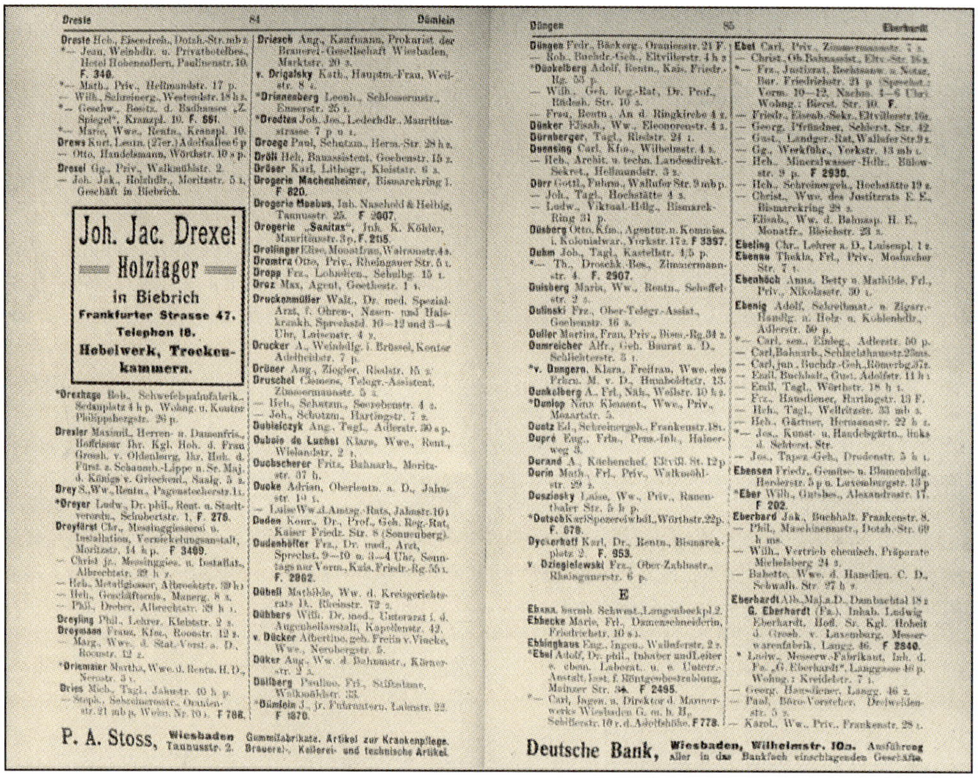

Seite aus dem Adreßbuch von 1907 der Stadt Wiesbaden. Der Geheime Regierungsrat Prof. Dr. Konrad Duden, Verfasser des »Vollständigen orthographischen Wörterbuchs der deutschen Sprache« (1880), wird als Bürger der Stadt aufgeführt

nannte Adreßkalender verbreitet, die ein Kalendarium und ein Einwohnerverzeichnis der jeweiligen Stadt enthielten. Im 19. Jahrhundert fiel der Kalenderteil meist weg, zugleich aber wurden Adreßbücher in immer zahlreicheren Städten herausgegeben und immer öfter aktualisierte Neuauflagen gedruckt. In Berlin zum Beispiel wurde das Adreßbuch ab 1820 jährlich neu aufgelegt. Die ländlichen Gebiete wurden dagegen erst im 20. Jahrhundert in nennenswertem Maße erfaßt, als Kreisadreßbücher Verbreitung fanden.

In fast allen Städten können die alten Adreßbücher in den örtlichen Stadtbüchereien, -bibliotheken und -archiven eingesehen werden, sofern sie noch erhalten sind. Leider hat auch hier der Zweite Weltkrieg einige Lükken gerissen. Ein (allerdings unvollständiges) Verzeichnis der Adreßbücher im deutschen Sprachraum, das alphabetisch nach Ortsnamen gegliedert ist, findet sich im »Taschenbuch für Familiengeschichtsforschung« von Wolfgang Ribbe und Eckart Henning (siehe Literaturverzeichnis).

Nun ist ein solches Adreßbuch auf den ersten Blick nicht viel informativer als ein modernes Telefonbuch, und es stellt sich die Frage, worin sein Wert für die Familienforschung liegen soll, zumal doch die kirchlichen und standesamtlichen Quellen sehr viel genauere Auskunft über die verwandtschaftlichen Beziehungen und die wichtigsten Lebensdaten der Vorfahren geben. Doch taucht ein Vorfahre, der in eine andere Stadt zog, in deren Personenstandsunterlagen unter Umständen jahrelang nicht auf, wenn er nicht heiratete oder Kinder zur Welt kamen. Im Adreßbuch dagegen läßt sich der Name schon bald nach dem Zuzug feststellen. Ein junger Handwerksmeister, der 1820 nach Berlin zog, kommt dort spätestens ein Jahr danach im Adreßbuch vor, auch wenn er vielleicht erst 1825 heiratete und somit erst fünf Jahre nach seiner Niederlassung erstmals im Kirchenbuch registriert wurde.

Auch läßt sich der Weg der Vorfahren innerhalb einer Stadt anhand der Adreßbücher nachvollziehen: in welchem Stadtteil, in welcher Straße, in welchem Haus wohnten sie 1830, 1840, 1850? Welches waren ihre (in den Adreßbüchern meist miterwähnten) Berufs- und Rangbezeichnungen im Laufe der Jahrzehnte? Die Adreßbücher liefern wichtiges biographisches Detailmaterial, das über die Eckdaten von Geburt, Heirat und Tod hinausgeht und dabei einiges über die sozialen und beruflichen Hintergründe der Vorfahren verrät. Allerdings muß man berücksichtigen, daß Angehörige der unteren Gesellschaftsschichten, wie Tagelöhner, Dienstboten usw., lange Zeit in den Adreßbüchern nicht erwähnt wurden, diese also keinesfalls zu allen in einer bestimmten Stadt lebenden Vorfahren Auskunft geben können. Für wirtschaftsgeschichtlich Interessierte enthalten die Adreßbücher als interessanten Nebenaspekt auch viele alte Geschäfts- und Firmenanzeigen, die einen Eindruck vom früheren Wirtschaftsleben und den damaligen Werbeideen vermitteln.

Das 18. Jahrhundert war nicht nur die Zeit der ersten Adreßbücher, sondern auch die der ersten Einwohnermelderegister. Sie wurden bei den örtlichen Polizeidienststellen geführt und dienten sowohl der Überwachung der Untertanen als auch der Statistik. In ihnen wurden die Zu- und Fortzüge innerhalb eines Ortes oder Amtsbezirkes sowie die innerörtlichen Wohnungswechsel erfaßt. Die Registerunterlagen sind heute, soweit noch vorhanden, archiviert, zur Einsichtnahme muß ein berechtigtes Interesse (als welches aber familiengeschichtliche Forschungen in den meisten Fällen angesehen werden) nachweisbar sein. Außerdem sind die Richtlinien des Datenschutzes zu beachten, die zum Beispiel Register aus den letzten Jahrzehnten unzugänglich machen. Nachforschungen in den Melderegistern empfehlen sich insbesondere dann, wenn standesamtliche beziehungsweise kirchliche Personenstandsunterlagen über Herkunft und Verbleib eines Vorfahren keine hinreichende Auskunft geben. Denkbar ist zum Beispiel der Fall, daß ein Vorfahre zwar anläßlich der Geburt von Kindern und anläßlich seines Todes im Kirchenbuch erwähnt wird, aus diesen Eintragungen sein eigener Herkunftsort aber nicht hervorgeht und auch seine Taufe und Trauung nicht verzeichnet sind. Da er demnach wahrscheinlich erst nach seiner Heirat in die betreffende Stadt zog, kann das Melderegister eventuell Aufschlüsse darüber geben, wo er vorher wohnte, und damit den Weg zu weiteren Nachforschungen an einem anderen Ort weisen. Auch im umgekehrten Fall (ein Vorfahre wird jahrelang in den Personenstandsurkunden einer Gemeinde erwähnt, sein Tod ist dort aber nicht verzeichnet) kann das Melderegister weiterhelfen.

Weitere schriftliche Quellen: Amtsblätter, Lokalzeitungen, Chroniken, Heimatliteratur

Alle bisher genannten schriftlichen Quellen zeichnen sich durch ihren systematischen, auf die Erfassung weitester Bevölkerungskreise angelegten Charakter aus. Es gibt allerdings noch eine ganze Reihe weiterer, vor allem für das 19. Jahrhundert bedeutsamer schriftlicher Quellen, die zwar kaum noch systematischen Charakter haben, aber trotzdem eine Fülle von personen- und familiengeschichtlich bedeutsamen Daten aus einzelnen Regionen und Orten enthalten. Hierzu gehören vor allem die Amtsblätter der staatlichen Verwaltungen, Lokalzeitungen, gedruckte oder handschriftliche Chroniken von Städten, Dörfern, Nachbarschaften, Kirchengemeinden, Schulen, Vereinen und Unternehmen sowie heimatgeschichtliche Literatur.

Amtsblätter staatlicher Behörden erschienen zwar bereits vor dem 19. Jahrhundert, erlebten aber erst mit dem Ausbau und der Modernisierung der Staatsverwaltungen nach dem Wiener Kongreß eine regelrechte Blüte. So gab zum Beispiel Preußen Amtsblätter, die meist wöchentlich erschienen, für seine einzelnen Regierungsbezirke heraus. Neben obrigkeitlichen Bekanntma-

Koblenzer Amtsblatt

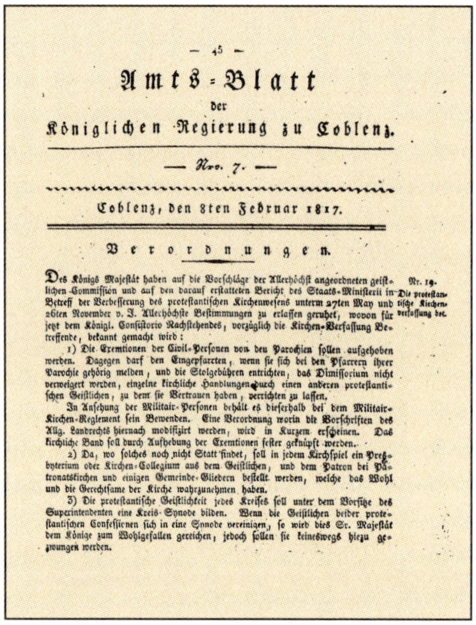

— 45 —

Amts-Blatt
der
Königlichen Regierung zu Coblenz.

— Nro. 7. —

Coblenz, den 8ten Februar 1817.

Verordnungen.

Nr. 19. Die protestantische Kirchenverfassung betr.

Des Königs Majestät haben auf die Vorschläge der Allerhöchst angeordneten geistlichen Commission und auf den darauf erstatteten Bericht des Staats-Ministerii in Betreff der Verbesserung des protestantischen Kirchenwesens unterm 27ten May und 26ten November v. J. Allerhöchste Bestimmungen zu erlassen geruhet, wovon für jetzt dem Königl. Consistorio Nachstehendes, vorzüglich die Kirchen-Verfassung Betreffende, bekannt gemacht wird:

1) Die Exemtionen der Civil-Personen von den Parochien sollen aufgehoben werden. Dagegen darf den Eingepfarrten, wenn sie sich bei den Pfarrern ihrer Parochie gehörig melden, und die Stolgebühren entrichten, das Dimissorium nicht verweigert werden, einzelne kirchliche Handlungen durch einen anderen protestantischen Geistlichen, zu dem sie Vertrauen haben, verrichten zu lassen.

In Ansehung der Militair-Personen behält es dieserhalb bei dem Militair-Kirchen-Reglement sein Bewenden. Eine Verordnung worin die Vorschriften des Allg. Landrechts hiernach modifizirt werden, wird in Kurzem erscheinen. Das kirchliche Band soll durch Aufhebung der Exemtionen fester geknüpft werden.

2) Da, wo solches noch nicht Statt findet, soll in jedem Kirchspiel ein Presbyterium oder Kirchen-Collegium aus dem Geistlichen, und dem Patron bei Patronatskirchen und einigen Gemeinde-Gliedern bestellt werden, welche das Wohl und die Gerechtsame der Kirche wahrzunehmen haben.

3) Die protestantische Geistlichkeit jedes Kreises soll unter dem Vorsitze des Superintendenten eine Kreis-Synode bilden. Wenn die Geistlichen beider protestantischen Confessionen sich in eine Synode vereinigen, so wird dies Sr. Majestät dem Könige zum Wohlgefallen gereichen, jedoch sollen sie keineswegs hiezu gezwungen werden.

chungen und Anordnungen finden sich in praktisch allen Ausgaben dieser Amtsblätter zahlreiche personengeschichtliche Informationen. Ihr Spektrum reicht von Beförderungsmeldungen der einzelnen Beamten über Namenslisten von Wehrpflichtigen bis hin zu Steckbriefen von Deserteuren, politischen Unruhestiftern und Kriminellen. In den Steckbriefen finden sich meist sehr detaillierte Beschreibungen vom Äußeren der gesuchten Personen. Zum Teil in den Amtsblättern selbst, zum Teil in beigelegten oder auch gesondert erscheinenden amtlichen Anzeigern werden Versteigerungen, Grundstücks- und Erbschaftsangelegenheiten, Gewerbeanmeldungen und ähnliches bekanntgemacht, wobei stets eine Fülle von Namen genannt wird und auch Verwandtschaftsbeziehungen zutage treten. Die Amtsblätter sind meist in gebundener Form in den öffentlichen Archiven einzusehen, wobei in vielen Fällen den Jahrgangsbänden Namensregister beigeheftet sind, die die Orientierung erheblich erleichtern.

Die Lokalzeitungen übernahmen früher in zahlreichen Fällen die Funktion des amtlichen Anzeigers, enthielten darüber hinaus aber auch noch redaktionelle Beiträge der verschiedensten Art, die personen- und familiengeschichtlich von Bedeutung sind: zu kommunalpolitischen Ereignissen, zu Vereinsgründungen und -aktivitäten, zum örtlichen Wirtschaftsleben, zu Unfällen, Verbrechen und Katastrophen usw. Auch hierbei können Vorfahren oder deren Seitenverwandte erwähnt sein, über deren Leben und Wirken somit wichtige Informationen zu erhalten sind. Eine weitere aufschlußreiche Quelle stellen natürlich auch die in den Zeitungen abgedruckten Familienanzeigen dar. Sie geben zum Beispiel darüber Auskunft, wer beim Tod eines Vorfahren als Hinterbliebener genannt wurde und wo die Beerdigung stattfand, nicht selten enthalten sie auch noch biographische Angaben über den Verstorbenen.

Bei der Auswertung von Lokalzeitungen ist der Familienforscher mit einer Fülle von gedrucktem Material konfrontiert, da früher selbst in mittelgroßen Städten oft vier oder fünf verschiedene Tageszeitungen erschienen. In vielen Archiven ist der redaktionelle Teil der Zeitungen allerdings nach thematischen Stichworten erschlossen (Kriegerverein von 1871, Maschinenfabrik Meyer, Stadtrat von 1878 usw.), so daß eine gewisse Orientierungshilfe gegeben ist. Die Zeitungen sind meist jahrgangsweise gebunden und teils bei den heute noch bestehenden Verlagen, teils in städtischen oder Landesarchiven, teils in Stadt-, Landes- oder Universitätsbibliotheken gesammelt und einsehbar. Dabei kann es allerdings zuweilen vorkommen, daß bestimmte Jahrgänge ein und derselben Zeitung bei dieser, andere Jahrgänge dagegen bei jener Institution aufbewahrt werden.

Eine Vielzahl wissenswerter (und leider oft jahrzehntelang unbeachteter oder verschütteter) Informationen enthalten auch Chroniken, die von den verschiedensten Stellen und Einrichtungen angelegt wurden. Zwar gibt es zahlreiche in Buch- oder Broschürenform vorliegende Dorf-, Stadt-, Firmen- und Vereinschroniken (gerade aus den letzten Jahren), doch noch weit umfangreicher ist das ungedruckte, oft nur handschriftlich vorliegende Material. Schon seit Jahrhunderten werden Chroniken geschrieben, meist waren es Pfarrer, Lehrer oder Bürgermeister, die für die jeweilige sozialpolitische Gemeinschaft oder kirchliche Gemeinde eine Chronik anlegten. In der Regel sind darin die laufenden Ereignisse verzeichnet, deren Zeuge der Chronist selbst war: Ämterwechsel, Kriegswirren, Katastrophen, wichtige Baumaßnahmen, Besonderheiten des Wetters, die Ernteerträge der einzelnen Jahre usw. Oft aber enthalten die Chroniken auch geschichtliche Rückblicke auf Vorgänge, die der Chronist selbst nur noch aus alten Dokumenten oder aus Erzählungen kannte. Schulchroniken geben Auskunft über die jeweiligen Lehrer der Schule und enthalten nicht selten auch Informationen über die Absolventen der einzelnen Schuljahre, Firmenchroniken informieren über das Auf und Ab des Geschäftsganges und zum Teil auch über die Namen der Beschäftigten. Viele Vereine begannen schon im 19. Jahrhundert, laufende Chroniken zu führen, aus denen die Namen der Gründungs- und der Vorstandsmitglieder, bei Sportvereinen die der aktiven Spieler, bei Gesangvereinen die der aktiven Sänger und ähnliche Daten zu ersehen sind. Auch die in zahlreichen Dörfern und Städten früher (und teilweise noch bis heute) bestehenden Nachbarschaften legten zuweilen Chroniken an, in denen wichtige Ereignisse des Ortsgeschehens und die Familienschicksale innerhalb der Nachbarschaft verzeichnet wurden.

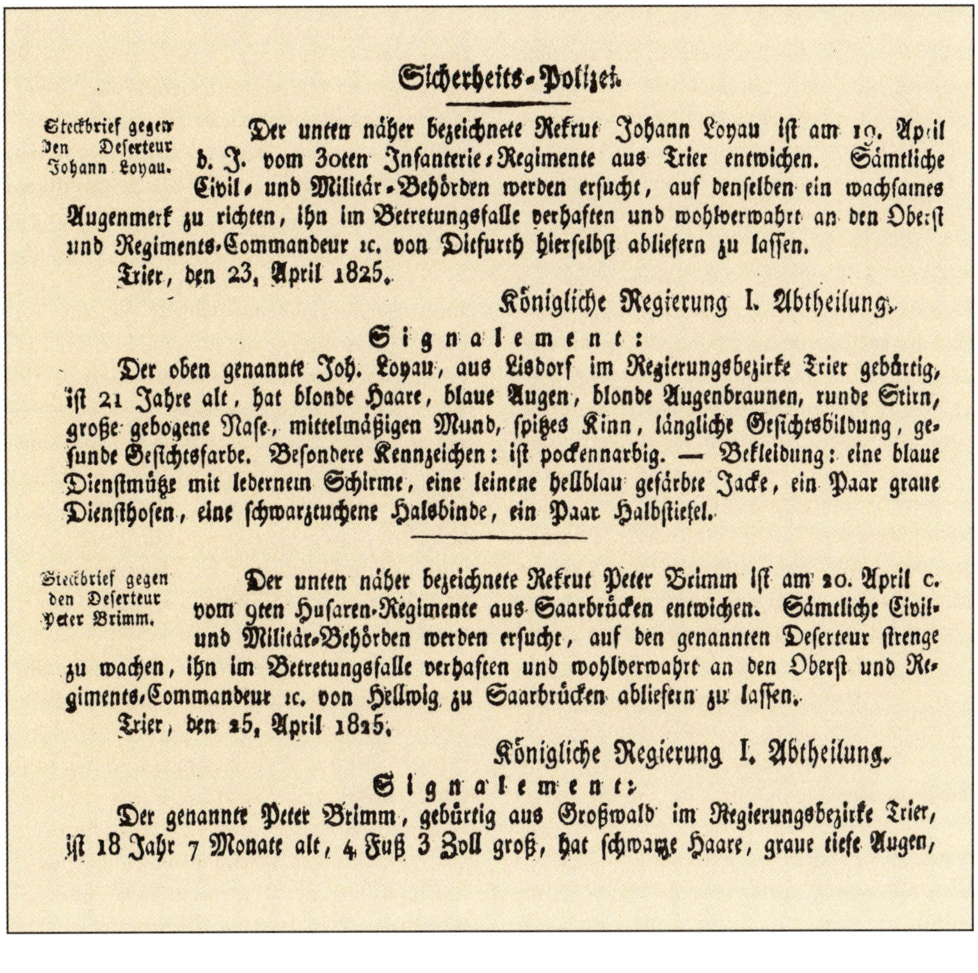

Sicherheits-Polizei.

Steckbrief gegen den Deserteur Johann Loyau.

Der unten näher bezeichnete Rekrut Johann Loyau ist am 19. April d. J. vom 30ten Infanterie-Regimente aus Trier entwichen. Sämtliche Civil- und Militär-Behörden werden ersucht, auf denselben ein wachsames Augenmerk zu richten, ihn im Betretungsfalle verhaften und wohlverwahrt an den Oberst und Regiments-Commandeur ꝛc. von Ditfurth hierselbst abliefern zu lassen.

Trier, den 23. April 1825.

Königliche Regierung I. Abtheilung.

Signalement:

Der oben genannte Joh. Loyau, aus Lisdorf im Regierungsbezirke Trier gebürtig, ist 21 Jahre alt, hat blonde Haare, blaue Augen, blonde Augenbraunen, runde Stirn, große gebogene Nase, mittelmäßigen Mund, spitzes Kinn, längliche Gesichtsbildung, gesunde Gesichtsfarbe. Besondere Kennzeichen: ist pockennarbig. — Bekleidung: eine blaue Dienstmütze mit ledernem Schirme, eine leinene hellblau gefärbte Jacke, ein Paar graue Diensthosen, eine schwarztuchene Halsbinde, ein Paar Halbstiefel.

Steckbrief gegen den Deserteur Peter Brimm.

Der unten näher bezeichnete Rekrut Peter Brimm ist am 20. April c. vom 9ten Husaren-Regimente aus Saarbrücken entwichen. Sämtliche Civil- und Militär-Behörden werden ersucht, auf den genannten Deserteur strenge zu wachen, ihn im Betretungsfalle verhaften und wohlverwahrt an den Oberst und Regiments-Commandeur ꝛc. von Hellwig zu Saarbrücken abliefern zu lassen.

Trier, den 25. April 1825.

Königliche Regierung I. Abtheilung.

Signalement:

Der genannte Peter Brimm, gebürtig aus Großwald im Regierungsbezirke Trier, ist 18 Jahr 7 Monate alt, 4 Fuß 3 Zoll groß, hat schwarze Haare, graue tiefe Augen,

Steckbrief aus dem Jahr 1825

Schulchronik – oft eine wertvolle Quelle für familiengeschichtliche Daten

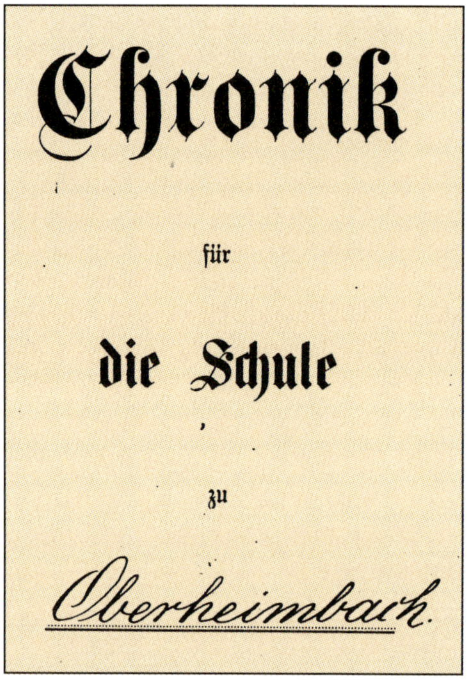
Chronik

für

die Schule

zu

Oberheimbach.

Panorama ihrer Zeit und ihrer näheren Umgebung ab, das vieles von dem, was aus den exakteren, aber zugleich auch abstrakteren Personenstandsunterlagen hervorgeht, verständlicher werden läßt.

Solche Chroniken sind allerdings, sofern sie nicht irgendwann einmal in gedruckter Form erschienen, eine schwer zugängliche Quellengruppe. Eine Schulchronik kann zum Beispiel noch in der Schule selbst vorhanden sein, doch auch im zuständigen Stadtarchiv aufbewahrt werden. Vielleicht aber hat sie auch einer der letzten Schulleiter an sich genommen. Eine Dorfchronik wurde vielleicht schon vor Jahrzehnten abgebrochen, die vorhandenen Aufzeichnungen mögen nach dem Tod des letzten Chronisten an dessen Erben gelangt sein, die vielleicht mittlerweile in einer anderen Gemeinde wohnen. Will man Material aus solchen Chroniken für die eigene Familienforschung heranziehen, um sich ein plastischeres Bild vom Leben seiner Vorfahren machen zu können, ist oft langwieriges und geduldiges Nachfragen nötig, bis man überhaupt an die alten Aufzeichnungen herankommt. Ihre Auswertung ist in den meisten Fällen jedoch ein durchaus lohnendes Unternehmen. Auch wenn nicht in jeder aufgestöberten Chronik eigene Vorfahren unmittelbar erwähnt werden, so zeichnet sich doch ein Panorama ihrer Zeit und ihrer näheren Umgebung ab, das vieles von dem, was aus den exakteren, aber zugleich auch abstrakteren Personenstandsunterlagen hervorgeht, verständlicher werden läßt.

Vom Informationsgehalt her mit den Chroniken verwandt ist die vielfältige heimatgeschichtliche Literatur, die zu allen Gemeinden und Landschaften vorliegt. Sie stellt zugleich den fließenden Übergang zur genealogischen Fachliteratur dar, von der an anderer Stelle noch zu sprechen sein wird. Die Heimatliteratur hat die verschiedensten Formen hervorgebracht, die Palette reicht von Monographien zu Einzelthemen über Heimatkalender und -jahrbücher (mit jeweils mehreren Aufsätzen) sowie Monats- und Vierteljahreszeitschriften bis zu heimatgeschichtlichen Beilagen oder Sonderseiten in der Lokalpresse (die zum Teil wiederum gesondert archiviert sind). Besonders die mittlerweile von der Mehrzahl der Landkreise herausgegebenen Jahrespublikationen (Jahrbücher oder Heimatkalender) auf Kreisebene sind übersichtlich gestaltet und relativ leicht zugänglich, sie stellen eine Publikationsgattung dar, an der die Familienforschung nicht vorbeigehen kann. Die gesamte heimatgeschichtliche Literatur enthält immer wieder zahlreiche Namen und biographische Einzelheiten sowie zum Teil auch Beiträge ausgesprochen familienkundlicher Natur. Eine Übersicht darüber, was seit dem 19. Jahrhundert an heimatgeschichtlichen Büchern, Zeitschriften und Schriftenreihen zu einer bestimmten Stadt oder Region erschienen ist, kann man sich in den Katalogen der örtlichen Bibliotheken oder Büchereien verschaffen, zum Teil sind auch schon spezielle Lokal- und Regionalbibliographien (Schrifttumsverzeichnisse) erhältlich.

Sowohl bei geschichtlichen Rückblicken in den Chroniken als auch bei der Heimatliteratur (vor allem bei der älteren) ist allerdings eine gewisse kritische Distanz angebracht. Manches von dem, was dem Leser dort unterbreitet wird, fußt auf Hörensagen und –

nicht selten sehr gewagten – Spekulationen. Im Lichte neuerer geschichtswissenschaftlicher Erkenntnisse sind sie oft nicht haltbar. Durchaus brauchbar sind dagegen Beiträge, die zu dem Behaupteten auch Quellen angeben und damit ihre Aussagen nicht nur belegen, sondern auch nachprüfbar machen. Aus solchen Quellenangaben können natürlich auch für den Familienforscher Hinweise erwachsen, denen er nachgehen kann.

Dingliche Quellen

Nicht nur Schrifttum der verschiedensten Art und Herkunft enthält Informationen über die Vorfahren und ihr Leben, sondern auch zahlreiche nichtschriftliche Objekte, vom Kunstwerk bis zum Gegenstand des täglichen Bedarfs. Wenn auch die exakten Daten, das Skelett jeder Familienforschung, bei diesen Quellen mehr und mehr in den Hintergrund treten, so läßt sich dafür oft um so mehr über die alltäglichen Lebensumstände und das frühere Ambiente der Familie erfahren. Immerhin handelt es sich in vielen Fällen um Gegenstände, mit denen Angehörige der Familie einst ständig umgingen oder die vielleicht gar von ihnen selbst angefertigt wurden.

Eine der wichtigsten dinglichen Quellen stellen Bilder (Gemälde, Zeichnungen, Stiche, Fotografien) dar. Sie vermitteln einen Eindruck vom Äußeren der Vorfahren, von ihren Gesichtszügen, ihrer Körpergröße, ihrer Statur, eventuellen körperlichen Besonderheiten und der Kleidung. Bilder sollten in jeder Sammlung familiengeschichtlicher Unterlagen besonders sorgfältig archiviert und gut vor schädlichen Einwirkungen (Sonnenlicht, Staub, Nässe, Schmutz) geschützt werden. Es empfiehlt sich, sie auf der Rückseite mit kurzen Erläuterungen zu den dargestellten Personen, Objekten oder Szenen zu versehen. Zur Schonung des Bildes nimmt man solche Eintragungen nach Möglichkeit nur mit Bleistift vor, eine andere Möglichkeit besteht im vorsichtigen Anbringen eines kleinen wieder abziehbaren Klebeetiketts auf der Bildrückseite. Auch Bilder aus der Gegenwart sollten von vornherein mit entsprechenden Bemerkungen versehen werden, denn vielleicht stellen sie einmal wichtiges Quellenmaterial für die familiengeschichtliche Forschung späterer Generationen dar. Auf gar keinen Fall sollten Bilder mit Klebstoff in Alben eingeklebt werden. Will man sie trotzdem in Alben zusammenfassen, bieten sich Fotoecken an. Radierungen, Kohle-, Bleistift- und Pastellzeichnungen sowie Stiche sollte man entweder in Klarsichthüllen aufbewahren oder in einem Rahmen mit Glasvorsatz aufhängen. Von alten Familienfotos lassen sich übrigens auch bei Fehlen des Negativs sogenannte »Bild-vom-Bild«-Abzüge herstellen – solche Duplikate sind recht nützlich, falls das Original trotz aller Vorsicht einmal verlorengehen oder beschädigt werden sollte.

Die auf Bildern sichtbare Kleidung früherer Familienangehöriger läßt oft wichtige Rückschlüsse auf die soziale und berufliche Stellung und, sofern es sich um Uniformen handelt, auch auf Truppenteil und militärischen Rang zu. Vielleicht befinden sich auch noch alte Kleidungsstücke, zum Beispiel Uniformteile, in Familienbesitz, in die unter Umständen Namen eingenäht sind. In manchen Familien war früher ein Taufkleid üblich, in dem oft über Generationen alle Kinder getauft wurden. Ist so ein Taufkleid noch erhalten, stellt es ein wichtiges Erinnerungsstück und ein Element der Familientradition dar, das gepflegt und möglichst auch fotografisch festgehalten werden sollte. Zum Themenbereich Kleidung gibt es eine Reihe guter Übersichten in Handbüchern zur historischen Kostümkunde und zur Uniformkunde, die es dem Familienforscher erleichtern, Bilder seiner Vorfahren zu deuten.

Eine weitere wichtige Gruppe dinglicher Quellen sind natürlich Gebäude, in denen Vorfahren einmal wohnten oder die ihnen gehörten und in denen vielleicht sogar noch heute ein entfernter Verwandtenzweig wohnt. Sofern sie nicht durch drastische Umbau- und Modernisierungsmaßnahmen allzusehr verändert wurden, verschaffen ge-

Grabplatte aus dem Jahre 1582 mit Hahnenmacherschild

Kabinettscheibe des Gregor Zauner d.J. mit seiner Frau (1633)

rade sie einen guten Eindruck von den konkreten Lebensumständen einzelner Vorfahren und ihrer Zeitgenossen. Zuweilen geben Hausinschriften und Hausmarken noch Hinweise auf das Baujahr und den Erbauer des Hauses sowie auf heraldische Zusammenhänge. Alte Bilder wiederum können zur Ergänzung herangezogen werden, um den früheren baulichen Zustand des Hauses erkennen zu können. Für eine Reihe von Städten und Kreisen gibt es Denkmalbücher, in denen alle denkmalwürdigen Häuser erfaßt sind und ihre Baugeschichte beschrieben ist. Sie können eine wahre Fundgrube für diejenigen Familienforscher sein, die aus standesamtlichen Unterlagen, Melderegistern und Adreßbüchern die jeweiligen Wohnungen ihrer Vorfahren in Erfahrung bringen konnten.

Dingliche Quellen sind auch Möbel, Schmuck (Medaillons, Ringe usw.), Waffen, Orden, Geschirr, Bestecke und vieles andere mehr. Oft finden sich auf solchen Objekten Gravuren oder Aufschriften von Namen beziehungsweise von Initialen, die Bezug zu einzelnen früheren Familienangehörigen haben. Gerade Schmuck wird oft über viele Generationen vererbt, und mit ihm sind zuweilen noch besondere Familienerinnerungen verknüpft. Manches Medaillon enthält darüber hinaus auch noch das Bild eines Vorfahren.

Eine letzte Kategorie dinglicher Quellen sind Grabsteine, Grabplatten und Urnen. So kann zum Beispiel der Gang über den Friedhof einer Stadt, aus der einzelne Zweige der Familie stammen, eine Reihe von bekannten Namen offenbaren, die vielleicht zu Nebenlinien gehören und denen nachzuspüren sich lohnt. Grabdenkmäler geben manchmal auch Aufschluß über die Geburts- und Sterbedaten von Vorfahren, die in den Standesamtsregistern und Kirchenbüchern noch nicht ermittelt werden konnten. Ihre Größe und Gestaltung verrät einiges über den sozialen Rang und die ästhetischen Vorlieben der Verstorbenen beziehungsweise ihrer Hinterbliebenen und damit auch über ihre Einstellung zum Tod. Zu Dokumentationszwecken sollte man Grabdenkmäler fotografisch festhalten, um ihren Aussagewert auch für den Fall der Verwitterung, der Einebnung oder der mutwilligen Zerstörung zu sichern.

Dingliche Quellen befinden sich oft noch im Besitz der Familie und regen in dem einen oder anderen Fall überhaupt erst zur Beschäftigung mit der Familiengeschichte an: das Bild im Medaillon mag Anlaß sein, Fragen nach der abgebildeten Person, ihrem Leben und ihrem Umfeld zu stellen; der Reservistenkrug des Urgroßvaters mag dazu ermuntern, sich näher mit seinem Schicksal zu beschäftigen. Andere dieser Quellen (zum Beispiel Gebäude) haben im Laufe der Zeit ihren Eigentümer gewechselt, und einige sind vielleicht mittlerweile sogar Bestandteil eines Museumsinventars. Nicht selten stößt man durch Zufall oder durch Herumfragen in der entfernteren Verwandtschaft und unter Nachbarn auf familiengeschichtlich interessante Gegenstände. Sofern man selbst noch Besitzer solcher Objekte ist, sollte man sie nicht nur mit äußerster Sorgfalt behandeln, sondern sie auch ordnen und in einem besonderen Verzeichnis inventarisieren. Jeder Gegenstand erhält dabei seine eigene Inventarnummer, die auf den Personenstammblättern derjenigen Vorfahren, denen er früher gehörte, vermerkt werden sollte. Auf diese Weise läßt sich einzelnen Vorfahren noch das eine oder andere Stück aus ihrem früheren Besitz zuordnen, und das Bild, das sich von ihrem Leben ergibt, wird anschaulicher, ja im wahrsten Sinne des Wortes begreifbarer. Mehr und mehr entwickelt sich die Erforschung der Familiengeschichte damit vom abstrakten Datensammeln (das als Grundlage natürlich unverzichtbar ist) zu einer vielschichtigen, umfassenden und immer spannenderen Betrachtung der gesamten Lebenswelt früherer Generationen, und bezieht Bereiche wie die Kunst- und Baugeschichte sowie die Kostümkunde in die Nachforschungen mit ein. Es muß wohl nicht besonders betont werden, daß das Wissen, das sich der Familienforscher auf solche Weise nach und nach auf den verschiedensten Gebieten erarbeiten kann, auch eine große persönliche Bereicherung darstellt und die Anreize zur Erweiterung und Vertiefung zahlreich sind. Richtig betriebene Familienforschung ist alles andere als »schmalspurig«, sie erfordert vielmehr geistige Beweglichkeit und die Bereitschaft, sich immer wieder auf neue Themenbereiche einzulassen, deren Bearbeitung und Erschließung dem Familienforscher vielfältige Informationen über das Leben in vergangenen Jahrhunderten gibt.

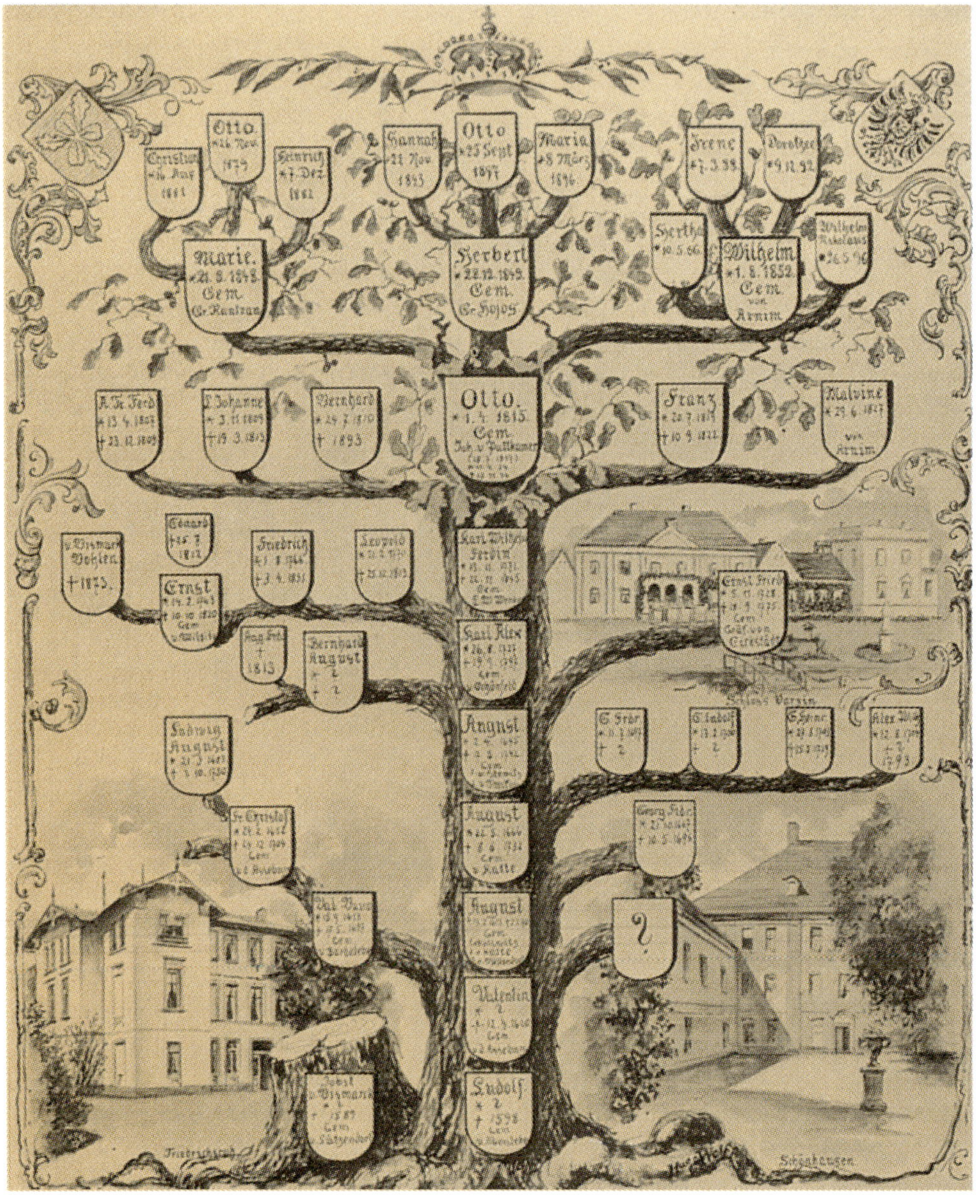

Eine wichtige dingliche Quelle stellen Häuser aus dem Besitz der Familie dar. Der historische Stammbaum Bismarcks zeigt auch das Geburtshaus in Schönhausen (Altmark) und den Altersruhesitz Friedrichsruh

Der »tote Punkt« – eine echte Herausforderung

Die bisher dargestellten Möglichkeiten, Informationen zur Familiengeschichte zu erhalten, lassen sich so zusammenfassen:

1. Sichtung und Ordnung des noch in Familienbesitz befindlichen Schriftgutes
2. Anlage von Personenstammblättern für alle aus diesem Material ersichtlichen Vorfahren
3. Schließung von Datenlücken und Ermittlung weiterer Vorfahren durch Anfragen bei den zuständigen Standesämtern
4. Weitere Nachforschungen über die so ermittelten Linien in Kirchenbüchern
5. Sammlung von biographischen Informationen aus Adreßbüchern, Melderegistern, Amtsblättern, Lokalzeitungen, verschiedenen Chroniken und heimatgeschichtlicher Literatur
6. Abrundung des sich ergebenden Bildes durch die Sichtung und Auswertung verschiedener dinglicher Quellen

Auf diese Weise kann man vom Bekannten zum Unbekannten fortschreiten, es lassen sich immer ferner in der Vergangenheit liegende Ereignisse und Zusammenhänge erhellen und rekonstruieren. Liegt die Zahl der Personenstammblätter zu Beginn der Forschung vielleicht bei 20, so wird sie auf dem aufgezeigten Weg auf 100, 200 oder mehr ansteigen. Kommt man zu Beginn vielleicht gerade noch auf einzelne Angehörige der Ur-Urgroßelterngeneration, so kann man bei konsequenter Anwendung der Forschungsmethodik teilweise bis zur zehnten, zwölften oder 15. Vorfahrengeneration vorstoßen. Und weiß man anfänglich oft so gut wie nichts über das Schicksal der einzelnen Vorfahren und die konkreten Umstände ihres Lebens und Wirkens, so konturiert sich mit der Zeit ein immer schärferes Bild, das alltags- und sozialgeschichtlich meist hochinteressant und aufschlußreich ist.

Doch läßt sich diese Methode nicht mit gleichbleibendem Erfolg beliebig weit in die Vergangenheit hinein anwenden. Vielmehr tritt früher oder später die Situation ein, daß die obengenannten Quellengruppen nichts Neues mehr hergeben, der Informationsfluß versiegt und Hinweise darauf, wo weiterzuforschen wäre, fehlen. Bei einzelnen Linien kann das sogar schon relativ früh der Fall sein. So weiß man vielleicht von einem der Urgroßväter noch, wann und wo er starb und wann seine Kinder geboren wurden, doch alle Anfragen bei Standesämtern und Pfarreien führen nicht zur Ermittlung der Geburtsurkunde oder des Taufscheins beziehungsweise eines Heiratsbelegs (in dem oft ein Hinweis auf den Geburtsort enthalten ist). Weitere Vorfahren aus dieser Linie sind dann zunächst einmal nicht herauszufinden. In einem solchen Fall – der für den Familienforscher Schrecken und Herausforderung zugleich ist – spricht man von einem »toten Punkt«.

Dabei ist es für viele Familienforscher ein ganz besonderes Ärgernis, wenn dieser »tote Punkt« gerade in der Stammlinie, also in der des Vaternamens, recht früh, eventuell schon nach nur wenigen Generationen, auftritt. Dann können andere Linien vielleicht noch 200 Jahre und länger zurückverfolgt werden, doch gerade bei der Linie, an der viele besonders interessiert sind und deren Namen sie noch tragen, scheint es trotz aller aufwendigen Bemühungen und Nachforschungen kein Weiterkommen mehr zu geben.

Die Gründe für das Auftreten von »toten Punkten« sind vielfältiger Natur. So ist es zum Beispiel denkbar, daß Kirchenbücher, die weitere Auskunft geben könnten, zerstört wurden oder verlorengingen. Andere Unterlagen befinden sich vielleicht im Ausland, etwa in den ehemaligen deutschen Ostgebieten, und sind nur unter größten Schwierigkeiten zugänglich – mit selbst dann ungewissem Ausgang. Auch kann es vorkommen, daß ein Vorfahre sehr oft seinen Wohnsitz gewechselt hat und man immer wieder am falschen Ort sucht.

Eine Ursache »toter Punkte« sind auch Eintragungs- oder Übertragungsfehler. So mag ein Dorfpfarrer während der Kriegswirren und Pestzeiten des 17. Jahrhunderts eine Eintragung schlichtweg vergessen haben. Ein anderer hat vielleicht den Namen verwechselt, so daß aus dem hugenottisch-französischen oder wallonischen Einwanderer Pierrot ein Berod und aus dem italienischen Händler Puricelli durch Verballhornung gar ein Burtschell wurde. Zuweilen aber – und dies kommt nicht selten vor – war der eine oder andere Vorfahre ein uneheliches Kind und trug den Namen seiner Mutter, so daß es keinerlei Hinweise auf die väterliche Linie mehr gibt.

In der Zeit vor der Einführung der Kirchenbücher, in der Regel also vor dem 16. Jahrhundert, enden fast alle Linien in einem »toten Punkt«. Eine Ausnahme bilden fast nur noch die adeligen Geschlechter, die eigene Aufzeichnungen über ihre Vorfahren führten. Vor allem im Rheinland und im ehemaligen kurpfälzischen Raum um Heidelberg und Mannheim sind auch viele Kirchenbücher aus der Zeit vor 1690 nicht mehr vorhanden, da diese Gebiete während der Reunionskriege Ludwigs XIV. unter besonders schweren Verwüstungen und Brandschatzungen zu leiden hatten. Mit den in den vorstehenden Kapiteln erläuterten Arbeitsmethoden und Quellengruppen ist nun nicht mehr weiterzukommen.

Für den Familienforscher stellt sich jetzt die Frage, worauf er sich konzentrieren soll und wo eigentlich seine weiteren Erkenntnisinteressen liegen. Er hat grundsätzlich zwei Möglichkeiten. Zum einen kann er den »toten Punkt« als solchen akzeptieren, die Nachforschungen zu dieser Linie bis auf weiteres einstellen und sein künftiges Bemühen darauf richten, mit den geschilderten Forschungsmethoden die übrigen Linien weiterzuverfolgen. Ein solches Vorgehen hat durchaus seine Berechtigung, da es für die nächste Zukunft ein relativ rasches Weiterkommen garantiert. Zum anderen aber kann er auch den Versuch unternehmen, den »toten Punkt« zu überwinden – ein Unterfangen, das oft keinesfalls unmöglich ist, aber eine Erweiterung der Quellengrundlagen und die Einbeziehung neuer Arbeitsmethoden erfordert. So führt der »tote Punkt« über die bereits beschriebenen ersten Forschungsquellen hinaus auf weiteres Neuland – es beginnt die Familienforschung für Fortgeschrittene.

Familienforschung für Fortgeschrittene

Archive und Archivalien: Einführung und Anleitung zur familiengeschichtlichen Erschließung

Von Archiven und Archivalien war bisher nur im Zusammenhang mit ganz bestimmten Quellengruppen die Rede: Standesamtsregistern, Kirchenbüchern, Adreßbüchern, Meldeunterlagen usw. Diese Bestände machen jedoch nur einen kleinen Teil des gesamten Materials aus, das in den öffentlichen und privaten Archiven eingelagert ist. Archive sammeln heute alles von staatlichen und kirchlichen Dienststellen, Verbänden, der Wirtschaft und auch Einzelpersonen hinterlassene Bild- und Schriftgut, das »archivwürdig« ist, das heißt, rechtliche, historische, wissenschaftliche oder künstlerische Bedeutung hat. Dazu gehören zum Beispiel nicht der Urlaubsantrag oder die Krankmeldung eines kommunalen Beamten, unter Umständen aber durchaus schon die jährliche Urlaubs- oder Krankheitsstatistik einer Ratsverwaltung und in jedem Fall das Protokollbuch des Stadt- oder Gemeinderates. Diese kurze Gegenüberstellung soll zeigen, daß zwar bei weitem nicht alles bei den Behörden anfallende Schriftgut archivwürdigen Charakter hat, andererseits die Archivierung dennoch recht weitgehend auch scheinbar belanglose Aufzeichnungen umfaßt – Akten, die aber vielleicht in 50 oder 100 Jahren eine Fundgrube für Sozial-, Wirtschafts-, Verwaltungs- und Rechtshistoriker sind. So finden sich zum Beispiel aus gutem Grund in vielen Archiven noch alte Gemeindeordnungen aus früheren Jahrhunderten,

Viele Gemeinden und Städte bemühen sich um Fremdenverkehr und Freizeitgestaltung – die Kulturreiseführer der Informationsämter stecken voller wertvoller historischer Fakten

die wichtige Details für die Rekonstruktion dörflicher Lebensverhältnisse jener Zeit enthalten.

Archive gab es schon zur Zeit der Sumerer im Zweistromland. So wurden in den Ruinen der Stadt Uruk bei Ausgrabungen Tontäfelchen aus der Verwaltung eines Tempels gefunden. Das Wort Archiv leitet sich vom lateinischen »arche« ab, das soviel wie Behörde oder Amt bedeutet. Am Anfang der mitteleuropäischen Archivgeschichte standen Urkundensammlungen der Kirchen und Klöster. Im Laufe der Zeit bildeten sich verschiedene Archivtypen heraus, denen sich die meisten der heute rund 8 000 in der Bundesrepublik Deutschland bestehenden Einrichtungen zuordnen lassen:

Nürnberger Buchdruckerwappen (1680)

- Gesamtstaatliche Archive: Sie erfassen das Archivgut der staatlichen Zentralverwaltung, ihrer Vorläufer und ihrer nachgeordneten Dienststellen. Die wichtigsten sind das Bundesarchiv in Koblenz und das Geheime Staatsarchiv der Stiftung Preußischer Kulturbesitz in Berlin. In Österreich fällt in diese Kategorie das Österreichische Staatsarchiv in Wien, in der Schweiz das Bundesarchiv in Bern, in der DDR das Deutsche Zentralarchiv in Potsdam und in Luxemburg das Großherzogliche Staatsarchiv.
- Regionale Staatsarchive: Hier ist das Schriftgut staatlicher Territorialverwaltungen (zum Beispiel der Bundesländer in der Bundesrepublik Deutschland und in Österreich, der Kantone in der Schweiz und der Bezirke in der DDR) sowie von geographisch oder historisch in ihrem Zuständigkeitsbereich liegenden früher selbständigen Ländern erfaßt. Außerdem haben die regionalen staatlichen Archive reiches Archivgut ländlicher Verwaltungseinheiten (Ämter, Bürgermeistereien, Kirchspiele) und von Kleinstädten aufgenommen, das an seinem Ursprungsort (etwa wegen der Kosten, die ein eigenes Archiv dort verursacht hätte) nicht verwahrt werden kann, und deshalb regional gesammelt wird.
- Kommunalarchive: Die wichtigsten unter ihnen sind die Archive der größeren und mittleren Städte, die meist von hauptamtlichen Archivaren geleitet werden. In einigen deutschen Bundesländern gibt es im ländlichen Raum Kreisarchive, die das Archivgut eines ganzen Landkreises erfassen. Schließlich bestehen in manchen Kleinstädten und Dörfern teilweise recht gut organisierte kleinere Kommunalarchive, die meist von halb- oder ehrenamtlichen Kräften geleitet werden. Die Frage, ob eine solch starke Dezentralisierung des Archivgutes richtig und sinnvoll ist, wird nach wir vor kontrovers diskutiert.
- Adels- und Familienarchive: Sie erfassen das Archivgut der adeligen Familien, wobei für die historische Forschung insbesondere die Archive derjenigen Familien interessant sind, die einmal die Territorialherrschaft über ein bestimmtes Gebiet ausübten. Zum Teil sind solche Adels- und Familienarchive allerdings an die staatlichen Archive übergegangen oder werden – bei weiterhin räumlich gesonderter Unterbringung – von ausgebildeten Archivaren der staatlichen Archivverwaltungen mitbetreut. Zur Kategorie der Adels- und Familienarchive gehören ihrem Inhalt nach auch die meisten der vielen Burg- und Schloßarchive. Vereinzelt gibt es auch Familienarchive bedeutender bürgerlicher Familien, wobei die Abgrenzung zu den Wirtschaftsarchiven nicht immer eindeutig ist. Private Archive einzelner bedeutender Persönlichkeiten (Künstler, Schriftsteller, Wissenschaftler, Politiker usw.) wandern nach deren Tod oft als geschlossene Nachlässe in die Staatsarchive.
- Kirchliche Archive: Die bedeutendste Einrichtung dieser Art stellt sicherlich das Vatikanische Archiv in Rom dar. Ihm nachgeordnet sind die katholischen Diözesan- und Bistumsarchive, die ihre Entsprechung auf protestantischer Seite in den Landeskirchenarchiven haben.

Ihre Spezialisten sind auch für die beratende Betreuung der unteren Ebene des kirchlichen Archivwesens, die von den Dekanats- und Pfarrarchiven gebildet wird, zuständig. Eigene Archive (zum Teil nur auf zentraler, zum Teil auch auf regionaler oder lokaler Ebene) haben die verschiedenen religiösen und weltanschaulichen Sondergemeinschaften.

- Wirtschaftsarchive bestehen einerseits bei einer Reihe von einzelnen Firmen in Form von Unternehmensarchiven, andererseits aber auch bei Handelskammern und Berufsverbänden. Eine regionale Einrichtung dieser Art stellte das bereits 1903 gegründete Rheinisch-Westfälische Wirtschaftsarchiv in Köln dar, die Gründung vergleichbarer regionaler Einrichtungen, die die wirtschaftshistorische Forschung sehr erleichtern könnten, ist mittlerweile auch in anderen Bundesländern im Gespräch. In wirtschafts- und sozialhistorischer Hinsicht, aber auch für die Familien- und Personengeschichte sind Wirtschaftsarchive eine wichtige Ergänzung der staatlichen Einrichtungen.

Neben den genannten Archivgruppen existieren zahlreiche Archive

- der Verbände, Parteien, Vereine und Vereinigungen (sogenannte Organisationsarchive),
- der Verlage und Rundfunkanstalten (sogenannte Medienarchive),
- Universitäten, Hochschulen, Schulen, von Stiftungen auf karitativem und kulturellem Gebiet

und weiterer Einrichtungen. Eine Sonderform stellen die künstlerischen und literarischen Archive dar, von denen beispielhaft das Deutsche Literaturarchiv in Marbach am Neckar und das auf Privatinitiative entstandene Deutsche Kabarettarchiv in Mainz genannt seien.

Selbstverständlich haben die genannten, höchst verschiedenartigen Archive auch unterschiedliche Größen: Während die bedeutendsten staatlichen Archive oft ganze Gebäudegruppen umfassen und Hunderte von Mitarbeitern im wissenschaftlichen und technisch-organisatorischen Bereich beschäftigen, erstreckt sich manches Pfarr- oder Schularchiv gerade über eine Regalwand und wird vom Pfarrer, einem Lehrer, einer Sekretärin oder einer ehrenamtlichen Kraft »nebenher« mitbetreut. Dementsprechend unterschiedlich sind auch die Öffnungs- und Benutzungszeiten und die technische Ausstattung (Kopierer, Lesegeräte): Während die großen Archive feste Öffnungszeiten und oft einen hochmodernen technischen Standard haben, können kleine Einrichtungen nur nach vorheriger individueller Absprache besucht werden und bieten in den meisten Fällen auch keine Kopiermöglichkeiten. Eine Anzahl von privaten Archiven (insbesondere viele Firmenarchive!) sind der Benutzung durch die Öffentlichkeit in der Regel sogar völlig verschlossen.

Nürnberger Buchdruckerwappen (1680)

Archivbestände können nach dem Prinzip der Pertinenz (das heißt der sachlich-thematischen Zugehörigkeit) oder dem der Provenienz (das heißt der Herkunft) aufgebaut sein. Die meisten Archive haben sich heute für das Provenienzprinzip entschieden, um die von den einzelnen Behörden, Dienststellen und Körperschaften eingehenden Urkundensammlungen und Akten nicht auseinanderreißen und in ein Sachschema eingliedern zu müssen, das angesichts der Fülle möglicher thematischer Gliederungspunkte nie anders als unübersichtlich sein könnte. Das bedeutet in der Konsequenz, daß zum Beispiel Unterlagen zur Bergbaugeschichte einer Region keine besondere Bestandsgruppe bilden, sondern sich auf die eingegangenen Akten aller mit dem Bergbau beschäftigten Verwaltungsinstanzen und Einrichtungen verteilen. Die zu den einzelnen Bestandsgruppen angelegten Findbücher erleichtern die Orientierung. Daneben gibt es aber auch gewisse Mischformen zwischen Pertinenz und Provenienz sowie Bestandsgruppenbildungen nach der Überlieferungsform (Karten, Plakate, Tonträger, Bilder usw.).

Bürgerbuch der Stadt Frankfurt am Main aus den Jahren 1440 – 1500. Der fünfte Eintrag vermerkt den bedeutenden Inkunabeldrucker Peter Schöffer, einen der ersten Mitarbeiter von Johannes Gutenberg

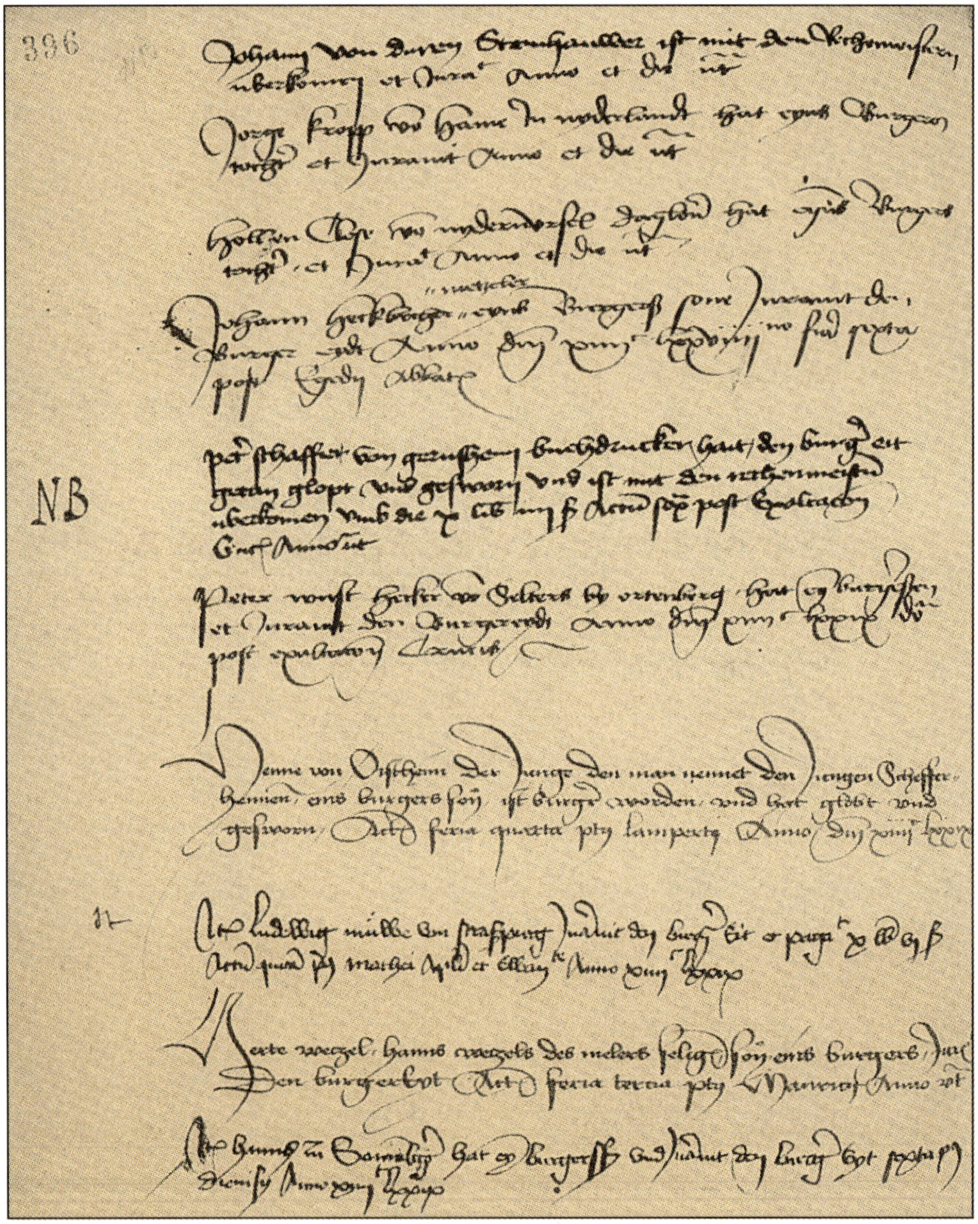

Die kurze Übersicht über die verschiedenen Arten von Archiven und über die gewaltige Menge von höchst unterschiedlichem Material, das in ihnen gesammelt wird, erlaubt den Schluß, daß sich hier auch eine große Anzahl von personen- und damit zum Teil auch familiengeschichtlich interessanten Urkunden und Akten befindet. Die Nutzung und Erschließung solcher Bestände kann daher für den Familienforscher außerordentlich ergiebig sein. Zum einen lassen sich hier Daten ermitteln, die bei der Überwindung des einen oder anderen »toten Punktes« hilfreich sind, zum andern ergeben sich vielleicht weitere wichtige Hinweise auf die konkrete Lebensgeschichte einzelner Vorfahren, auf ihre nähere Umgebung (Dorf, Stadtteil, Betrieb, Verein, Zunft usw.). Allerdings macht die höchst unterschiedliche Art und Herkunft dieser zusätzlich erschließbaren Quellen das Aufspüren teilweise recht schwierig.

Zu den für die Familienforschung besonders interessanten Archivalien gehören die Bürgerbücher, die vom Mittelalter bis (teilweise) ins 19. Jahrhundert hinein in den Städten geführt wurden. Nicht alle Einwohner (incolae) einer Stadt waren früher zugleich auch Bürger (cives), doch nur die Bürger hatten das Recht, Grund und Boden zu erwerben, ein Gewerbe zu betreiben, städtische Ämter zu bekleiden, an Wahlen zu diesen Ämtern teilzunehmen usw. Dabei unterschied sich der Anteil der Bürger an der Gesamtbevölkerung zwischen den einzelnen Städten zum Teil beträchtlich. Einwohner, die noch keine Bürgerrechte hatten, konnten diese unter bestimmten Voraussetzungen erwerben, was oft mit der Zahlung entsprechender Summen (Bürgergelder, sog. Inzugsgelder) verbunden war. Dagegen stand den Söhnen der alteingesessenen Bürgerfamilien das Bürgerrecht meist ab einem gewissen Alter zu. Alle Bürger einer Stadt wurden bei der Ratsverwaltung in Listen erfaßt, für die sich heute die allgemeine Sammelbezeichnung »Bürgerbücher« durchgesetzt hat. Wenn für den Erwerb des Bürgerrechts Gebühren entrichtet werden mußten, so wurde bei den städtischen Kämmereien hierüber Buch geführt. Somit stellen auch die entsprechenden Kämmereirechnungen eine personen- und familiengeschichtliche Quelle dar.

Was, außer den Namen der Bürger, ist nun in den Bürgerbüchern verzeichnet? Die Informationen sind oft mannigfaltig. Wer zum Beispiel, getreu dem Sprichwort »Stadtluft macht frei«, vom Dorf in die Stadt zog, hatte nachzuweisen, daß er kein Leibeigener war. Selbstverständlich mußten Angaben über die Eltern (meist über den Vater), den Heimatort und das jeweilige Gewerbe gemacht werden. Die so verzeichneten Fakten können in manchen Situationen die familiengeschichtliche Forschungsarbeit ein gehöriges Stück weiterbringen.

Die zahlreichen noch vorhandenen Bürgerbücher sind zum Teil in den zuständigen Stadtarchiven, zum Teil aber auch in Landesarchiven einzusehen. Dabei ist zu berücksichtigen, daß nicht wenige Orte, die im Mittelalter Stadtrechte besaßen, schon damals relativ klein waren und infolge stagnierender oder gar schrumpfender Bevölkerungszahlen heute kleiner sind als manche Landgemeinde. Kleinstädte dieser Größenordnung verfügen in vielen Fällen über kein eigenes Archiv mehr. Auch ist – vor allem in den Ballungsgebieten – eine ganze Anzahl früher selbständiger Städte zwischenzeitlich in größere Nachbarstädte eingemeindet worden (so zum Beispiel Altona nach Hamburg, Spandau nach Berlin, Rheydt nach Mönchengladbach, Höchst nach Frankfurt, Hörde nach Dortmund usw.). Bürgerbücher solcher Städte fanden meist Aufnahme in den Stadtarchiven der jeweiligen Großstadt, zu der die Ursprungsgemeinde jetzt gehört. Bei der Einsichtnahme in den Archiven ist weiter zu berücksichtigen, daß das Alter vieler Bürgerbücher nur noch das Betrachten über ein Mikrofilm-Lesegerät zuläßt.

Eine große Zahl von Bürgerbüchern wurde seit dem letzten Jahrhundert von Heimat- und Familienforschern in mühseliger und mühevoller Kleinarbeit in eine druckreife Form gebracht und durch Stadtverwaltungen oder Vereine veröffentlicht. In solchen Fällen hat es der heutige Familienforscher natürlich leicht, da diese gedruckten Bücher auch in Bibliotheken eingesehen oder ausgeliehen, zum Teil sogar käuflich erworben werden können. Die Herausgabe von Bürgerbüchern in gedruckter Form ist dabei nach wie vor noch nicht abgeschlossen, und es bleibt zu hoffen, daß noch recht viele solcher Werke bearbeitet, finanziert und veröffentlicht werden können. Ein recht ausführliches Verzeichnis von gedruckten Bürgerbüchern sowie von Artikeln, die Auszüge aus Bürgerbüchern enthalten, enthält das »Taschenbuch für Familiengeschichtsforschung« von Ribbe/Henning (siehe Literaturverzeichnis).

Steuerlisteneintrag des Wilhelm Löhr in Weinbach, Fürstentum Nassau-Weilburg, aus dem Jahre 1770

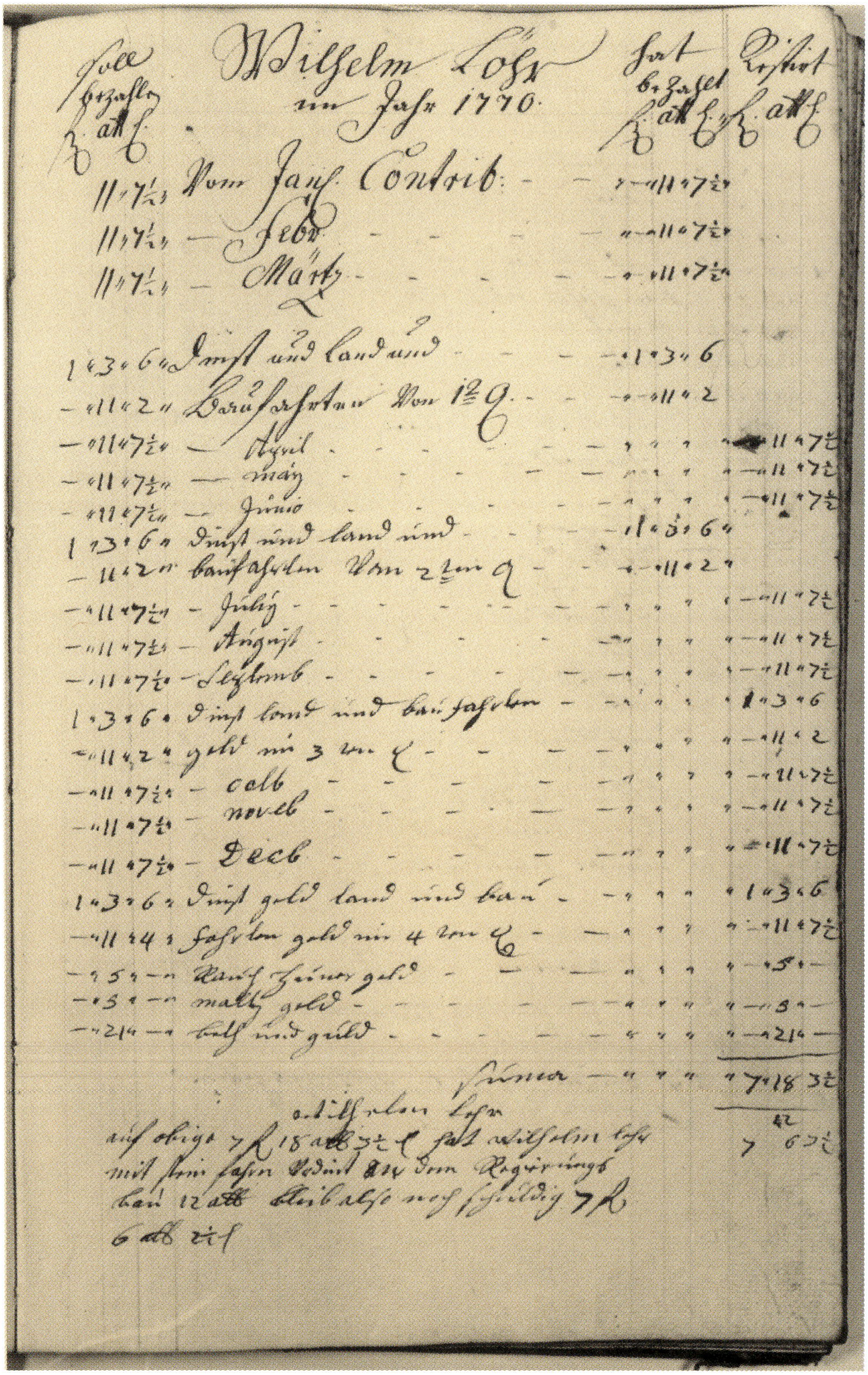

Personengeschichtlich bedeutsame Archivalien stellen auch die alten Steuerlisten dar. In ihnen finden sich Angaben über Vermögen, Einkommen und Steuerlast der Bewohner einer Stadt oder eines ländlichen Amtes (Vogtei, Meierei usw.). Selbstverständlich sind gerade sie auch in sozial- und wirtschaftsgeschichtlicher Hinsicht besonders aufschlußreich. In den Archiven sind zum Teil noch Steuerlisten aus der Zeit vor der Einführung der Kirchenbücher erhalten, so daß dort Informationen über Vorfahren oder zumindest über Träger des gleichen Namens zu ermitteln sind, die in den herkömmlichen familiengeschichtlichen Quellen nicht auftauchen. Da allerdings Hinweise auf verwandtschaftliche Zusammenhänge meist fehlen, ist die familiengeschichtliche Einordnung der aufgefundenen Namen zuweilen nicht ganz einfach und erfordert manchmal weitere Dokumente mit Zusatzinformationen über die betreffende Person. Die Forschung läßt sich auf dieser Stufe generell nicht mehr so systematisch betreiben wie mit den Standesamtsregistern und den Kirchenbüchern, es sind Zufallstreffer, auf die es nun ankommt.

Die jeweiligen Herren eines Gebietes ließen oft von Vögten, Amtmännern oder Landschreibern genaue Untertanenlisten anlegen. Diese enthalten in einer Reihe von Fällen auch Angaben über die Familienangehörigen in den einzelnen Haushalten. Auch solche Listen sind teilweise noch aus der Zeit vor den ersten Kirchenbüchern erhalten. Sie bilden daher eine wichtige weiterführende Quelle, wenn bei der Nachforschung in Kirchenbüchern der »tote Punkt« erreicht ist und neue Wege gesucht werden müssen.

Weiterhin aufschlußreich sind die noch zahlreich erhaltenen Gerichtsprotokolle aus früheren Jahrhunderten zu Straf-, Erb-, Wasser- und Wegerechtsprozessen. Neben den Angeklagten beziehungsweise den streitenden Parteien werden darin nicht selten viele Zeugen mit Namen, Gewerbe und Wohnort, manchmal auch mit Hinweisen auf ihre verwandtschaftlichen Beziehungen untereinander, genannt. Sie geben darüber hinaus, auch unabhängig von der Familienforschung, einen faszinierenden Einblick in die Rechtsgeschichte. Allerdings empfiehlt es sich, nicht zuletzt angesichts der in solchen Prozeßakten zahlreich enthaltenen alten juristischen Fachausdrücke, ergänzend Literatur über Rechtsgeschichte und ihre Terminologie heranzuziehen.

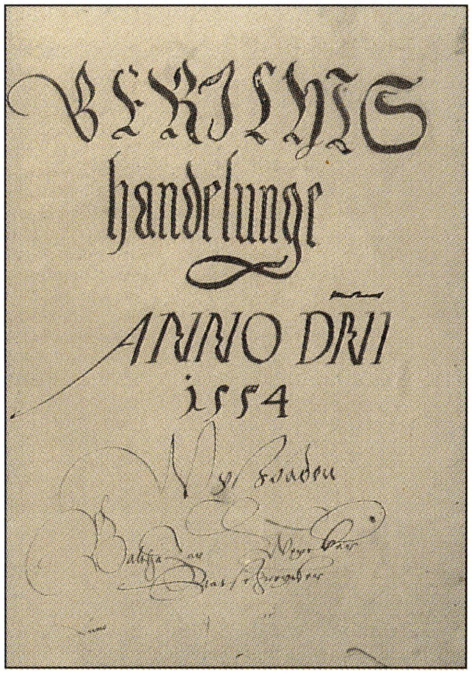

Titelblatt des ältesten erhaltenen Gerichtsbuches der Stadt Wiesbaden. Es wurde 1554 angelegt und enthält auf 87 Seiten die Protokolle von 196 Gerichtsverhandlungen an 26 Gerichtstagen

Die genannten Gruppen von Archivalien sind nur die wichtigsten aus der ungeheuren Masse von Archivbeständen, die für die Familienforschung unter Umständen nutzbar gemacht werden können. Zahlreiche weitere könnten noch vorgestellt werden: Ratsprotokolle, Zehntlisten, Morgen- und »Bedebücher« usw. Für alle Archivalien gilt, daß man vor der Beschäftigung mit ihnen eine ungefähre Vorstellung davon haben sollte, was man sucht und wo es sein könnte. Ansonsten verlieren sich die Nachforschungen leicht im Uferlosen. Auch hier gilt, daß Unbekanntes von der Ausgangsbasis des bereits Bekannten schrittweise erschlossen werden sollte. Hierzu ein konkretes Beispiel: Ein Vorfahre erscheint unter seinem Sterbedatum im Kirchenbuch einer Stadt, Hinweise auf seinen Herkunfts- oder Geburtsort fehlen, weitere Eintragungen seines Namens sind in den kirchlichen Personenstandsurkunden dieser Stadt nicht zu finden. Der nächste Schritt ist nun die Auswertung des städtischen Bürgerbuches (vorausgesetzt, daß ein solches, sei es im Original oder als späterer Druck, vorhanden ist). Ist dagegen die früheste Kirchenbucheintragung in einer Landgemeinde vorgenommen worden, so ist meist das zuständige Landesarchiv der Ansprechpartner. Hier ist nun nachzufragen, ob für das betreffende Dorf Steuer- oder Untertanenlisten vorliegen, ob noch Gerichtsprotokolle des damals zuständigen Gerichtsbezirkes erhalten sind usw. Für den Fall, daß sich im angesprochenen Archiv Unterlagen dieser Art nicht befinden, empfiehlt sich die Zusatzanfrage, ob vielleicht andere Aufbewahrungsorte solcher Akten genannt werden können. Eine Anfrage an ein Archiv sollte so präzise wie möglich sein und daher außer der Nennung des Ortes oder des Gebietes, zu dem Archivalien gesucht werden, auch eine ungefähre zeitliche Eingrenzung enthalten.

Zwei weitere Quellengruppen seien abschließend noch genannt, die zumindest über die Angehörigen bestimmter Gesellschaftsschichten Informationen geben können: die Leichenpredigten und die Universitätsmatrikeln. Beide liegen sowohl in Originalform in Archiven als auch in gedruckten Fassungen aus neuerer Zeit in verschiedenen Bibliotheken vor.

Vor allem vom 16. bis zum 18. Jahrhundert war es bei den gebildeten und gesellschaftlich bessergestellten Schichten in den protestantischen Territorien üblich, bei der Bestattung der Toten eine längere Leichenpredigt halten zu lassen. Darin wurde ausführlich auf den Lebenslauf, die Ämter und Verdienste, die Charaktereigenschaften und das Familienleben des Verstorbenen eingegangen. Die Texte sind in der Regel weniger bei der Erhellung verwandtschaftlicher Beziehungen von Bedeutung als vielmehr bei der Rekonstruktion der Lebensläufe und des Wirkungskreises einzelner Vorfahren. Daß sie in den meisten Fällen die positiven Seiten überzeichnen, sollte allerdings berücksichtigt werden.

Biographisch aufschlußreich sind auch die Universitätsmatrikeln, in denen die Studierenden und die Lehrenden der jeweiligen Hochschule und oft sogar die Dienstleute verzeichnet wurden. Sie enthalten Angaben über Namen und Alter der Immatrikulierten (die teilweise schon mit 14 oder 15 Jahren ihr Studium aufnahmen), über Namen und Stand des Vaters, den Herkunftsort, die Dauer des Verbleibs an der Hochschule und das Verhalten während des Studiums beziehungsweise den Tätigkeitsbereich im Hochschulbetrieb. Bei einigen älteren Universitäten (zum Beispiel Heidelberg, Leipzig) reichen die Matrikeln bis in die Zeit vor der Einführung der kirchlichen Personenstandsregistrierung zurück. Bis ins 18. Jahrhundert wurden sie in lateinischer Sprache geführt. Zu unterscheiden ist zwischen den sogenannten Hauptmatrikeln, die für die gesamte Universität angelegt wurden, und den Nebenmatrikeln der einzelnen Fakultäten.

Wie bei fast allen anderen Quellengruppen ist auch bei den Universitätsmatrikeln im Laufe der Jahrhunderte viel verlorengegangen oder zerstört worden. Will man sie in seine familiengeschichtliche Forschungsarbeit einbeziehen, ist der erste Schritt eine Anfrage beim betreffenden Universitätsarchiv, das Auskunft darüber geben kann, welche Unterlagen überhaupt noch vorhanden sind. Im übrigen liegt in diesem Bereich die Nahtstelle zwischen der Familienforschung und dem Spezialgebiet der Hochschul- und Studentengeschichte, das sich mit der Entstehung und Entwicklung der einzelnen Hochschulen, der Geschichte der Studentenverbindungen und den Biographien ihrer Mitglieder, dem studentischen Brauchtum und ähnlichen Themen beschäftigt. Hierüber (und auch über die Universitätsmatrikeln) gibt es seit langem eine umfangreiche Fachliteratur. Außerdem befassen sich verschiedene Vereinigungen (vor allem die »Gesellschaft für deutsche Studentengeschichte«, siehe Anschriftenverzeichnis) seit Jahren intensiv mit diesen Fragen und können auch dem Familienforscher nützliche Tips und Informationen geben.

Genealogische Literatur und ihre Erschließung

Bereits im Anfangsstadium sollte jeder Familienforscher versuchen, auch die bereits aufgearbeiteten Quellen zu ihn interessierenden Namen, Familien, Vorfahrenlinien

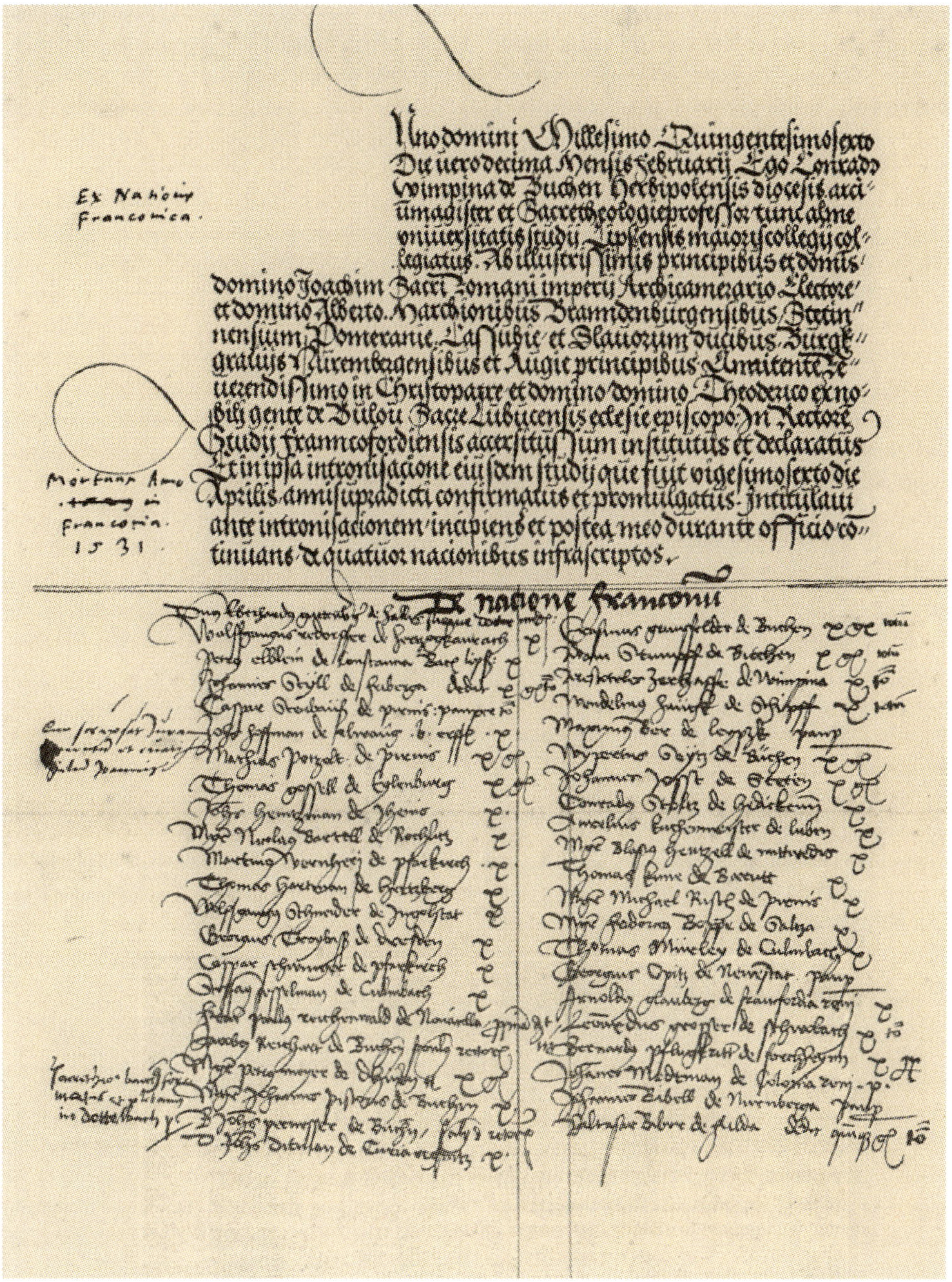

Erste Seite des Matrikelbuches der Universität Frankfurt an der Oder, 1506 von Kurfürst Joachim I. gestiftet. Auf der zweiten Seite ist u.a. der Dichter und Humanist Ulrich von Hutten eingetragen. Im leeren Raum am Anfang fehlt das Initial A (Anno)

Wappen von Großuhrmachern (Turmuhrwerke, 16. Jahrhundert)

und Orten zu erfassen und für sich nutzbar zu machen. Im weiteren Verlauf der Forschung, wenn die ersten »toten Punkte« auftauchen und die Kirchenbücher als Quelle immer weniger hergeben, gewinnt die Beschäftigung mit den in der Fachliteratur bereits veröffentlichten genealogischen Daten eine immer größere Bedeutung.
Seit dem 19. Jahrhundert sind in Deutschland einige tausend Bücher mit familiengeschichtlichem Inhalt veröffentlicht worden. Die Zahl der Artikel in den genealogischen Fachzeitschriften dürfte selbst bei vorsichtiger Annahme mindestens in die Zehntausende gehen. Rechnet man Aufsätze mit vorwiegend familiengeschichtlichen Bezügen in den Periodika der Heimatgeschichtsforscher hinzu, dürfte die Zahl sogar noch weitaus größer sein. Viele Millionen Namen und Daten sind in diesen Publikationen bereits genannt worden, und meist steckt hinter jeder Nennung private Forschungsarbeit von beträchtlichem Ausmaß. Die Zahl der Bücher und Aufsätze (und damit der Namensnennungen) wächst dabei von Monat zu Monat weiter. In Gestalt der seit dem letzten Jahrhundert erschienenen genealogischen Literatur existiert somit ein wahrer Schatz an Informationen, der nur darauf wartet, von den heutigen Familienforschern gehoben zu werden. Und es gehört zu den schönsten Momenten bei der Beschäftigung mit der Familiengeschichte, wenn man auf einen Artikel, eine gedruckte Ahnenliste oder gar auf ein Buch stößt, in dem zusätzliche Daten zu den eigenen Vorfahren enthalten sind. An früher bereits geleistete Forschungen kann in diesem Fall angeknüpft werden, eine zeit- und geldaufwendige Arbeit erübrigt sich, und mancher »tote Punkt« löst sich plötzlich in nichts auf.
Doch gerade die Fülle dieses Materials ist es, die zunächst Schwierigkeiten bereitet. Wo soll man anfangen, woher wissen, in welchen Zeitschriften oder Buchreihen für die eigene Familienforschung verwertbare Daten enthalten sind? Eine Erschließung der Mengen vorhandener Literatur ist nur mit einer gewissen Systematik und unter Benutzung von bibliographischen (bücherkundlichen) Hilfsmitteln möglich.
Zunächst sollte sich jeder Familienforscher darüber klarzuwerden versuchen, mit welchen Erwartungen er eigentlich an die Auswertung der genealogischen Literatur herangeht: Was wird konkret gesucht? Ein möglicher Ansatz besteht darin, alle Vorkommen eines bestimmten Namens (zum Beispiel des eigenen) zu erfassen. Dabei liegt die Annahme zugrunde, daß alle Namensträger miteinander verwandt sind. Selbstverständlich scheidet dieses Verfahren bei häufig vorkommenden deutschen Familiennamen wie Müller, Meyer, Schulze und Schmidt aus, ergibt aber bei seltenen Namen durchaus einen gewissen Sinn. Die Erfassung aller in der genealogischen Literatur bereits genannten Namensträger kann Hinweise auf verwandtschaftliche Zusammenhänge, Wanderungsbewegungen und ähnliches ergeben. Notwendig oder doch zumindest anzustreben ist dabei eine möglichst weitgehende (im Idealfall vollständige) Auswertung der Literatur, völlig unabhängig vom regionalen Bezug der einzelnen Publikationen und erst recht von ihrem Erscheinungsdatum. Wie ein Mosaik kann sich dann das Bild einer weitverzweigten Sippe zusammenfügen, wobei zur Vervollständigung allerdings stets auch noch andere Unterlagen, vor allem aus Archiven, herangezogen werden müssen. Die Annahme einer Verwandtschaft, insbesondere der gemeinsamen Abstammung aller Träger eines Namens, mag sich im Verlauf dieser Forschungen aber auch als falsch erweisen: nur zu oft stellt sich heraus, daß es mehrere Familien gleichen Namens gibt, die – bei aller relativen Seltenheit dieses Namens – nichts miteinander zu tun haben!
Ein häufigerer Ansatz zielt demgegenüber darauf ab, »tote Punkte«, die im Verlauf der Familienforschung aufgetaucht sind, unter Hinzuziehung der Fachliteratur zu überwinden. Hier empfiehlt sich die Konzentration auf bestimmte Regionen und die speziell

dazu erschienene familiengeschichtliche Fachliteratur. Auch die regionale Heimatliteratur dieser Regionen sollte man dabei keinesfalls außer acht lassen.
Hat es sich zum Beispiel herausgestellt, daß alle bisher erfaßten Vorfahren aus Schwaben stammen und dort auch die »toten Punkte« liegen, so hat es zunächst keinen Zweck, familienkundliche Literatur über Mecklenburg oder Schlesien nach eventuell dort vorkommenden Trägern des gleichen Namens zu durchforschen. Vielmehr ist eine Konzentration auf die Literatur über Schwaben (so zum Beispiel auf die Zeitschrift »Südwestdeutsche Blätter für Familien- und Wappenkunde«) angebracht, daneben vielleicht noch die Beschäftigung mit Veröffentlichungen zu Nachbarregionen wie Baden, Franken und Bayern. Erst wenn sich zu einem späteren Zeitpunkt konkrete Hinweise darauf ergeben sollten, daß der eine oder andere Vorfahre eben doch nicht aus Schwaben, sondern zum Beispiel aus dem Oldenburgischen, aus Thüringen oder aus Brandenburg kam, zieht man die entsprechende Literatur auch dieser Regionen heran. Wie bei der Auswertung der Archivalien ist es auch bei der Fachliteratur wichtig, Verzettelung zu vermeiden: größtmögliche Konzentration führt am schnellsten zum Ziel! Und sollte sich herausstellen, daß der gesuchte Name trotz intensiver Durcharbeitung der regionalen genealogischen Zeitschriften und Buchreihen nicht zu ermitteln ist, so ist auch das ein Ergebnis – man weiß nun, daß man bei der weiteren Forschung andere Wege einschlagen muß.
Wesentliche Hilfsmittel des Familienforschers sind die verschiedenen Register, die zur genealogischen Literatur angelegt wurden und die anzeigen, welcher Familienname wann und wo erwähnt wurde. Die wichtigsten Register sind:

- Register der einzelnen genealogischen Fachzeitschriften: Die meisten dieser Publikationen veröffentlichen solche Register entweder für einen Jahrgang oder für mehrere aufeinanderfolgende Jahrgänge. Sie sind den einzelnen Jahrgangsbänden, die in Bibliotheken eingesehen oder ausgeliehen werden können, in der Regel beigebunden.
- Register der familiengeschichtlichen Sammelwerke: Die beiden großen familiengeschichtlichen Buchreihen (das »Deutsche Geschlechterbuch« und das »Deutsche Familien-Archiv«), die mittlerweile insgesamt über 300 Einzelbände umfassen, enthalten in jedem Einzelband einen Registeranhang. Für größere Teile der beiden Reihen liegen bereits zusammengefaßte Register in Form eigener Bände vor.
- Registerwerk »Der Schlüssel«: Die Herausgeber dieser seit 1950 erscheinenden Buchreihe, die laufend weitergeführt wird, werten systematisch die verschiedenen Zeitschriften und Reihen aus und veröffentlichen jeweils im Abstand von einigen Jahren einen neuen Band mit Namens- und Ortsregister, das anzeigt, welcher Familienname beziehungsweise welcher Ort in welcher Publikation Erwähnung fand. »Der Schlüssel« kann in verschiedenen Bibliotheken eingesehen werden, er stellt ein unentbehrliches Hilfsmittel dar.
- Für die ältere Literatur von Bedeutung ist schließlich noch das Registerwerk von Spohr zu »Familiengeschichtlichen Quellen« (siehe Literaturverzeichnis).

Aufschlußreich sind auch die Besprechungsseiten der verschiedenen genealogischen Zeitschriften. Hier werden aktuelle Neuerscheinungen vorgestellt und ihr Inhalt kurz umrissen. Auch Privatveröffentlichungen von Familienforschern, die oft nur in kleiner Auflage hergestellt wurden und über den Buchhandel nicht bezogen werden können, finden hier Erwähnung. Die einzelnen regionalen Zeitschriften weisen oft nicht allein auf unmittelbar familienkundliche Neuerscheinungen hin, sondern auch auf landes- und heimatgeschichtliche Literatur, sofern diese familienkundlich interessante Bezüge

enthält. Schließlich stellen sich die regionalen Zeitschriften zum Teil auch gegenseitig kurz mit ihrem jeweiligen Inhalt vor, so daß die Abonnenten zumindest stichwortartig auch über das informiert werden, was gerade in Blättern der Nachbarregionen behandelt wird, und das entsprechende Exemplar anfordern können.
Eine besondere Gruppe innerhalb der genealogischen Fachliteratur stellen die sogenannten Ortssippenbücher dar. Mit ihrer Herausgabe wurde während der NS-Zeit begonnen, ihr Inhalt stützt sich auf die Auswertung von Kirchenbüchern. Unter der Federführung des damaligen »Reichsnährstandes« war seinerzeit geplant worden, in allen deutschbesiedelten Gebieten eine eigene Reihe von Ortssippenbüchern herauszugeben. Sie sollten nach und nach das gesamte Kirchenbuchmaterial in gedruckter oder hektographierter Form zugänglich machen. Statt der vorgesehenen 30 000 (!) Bücher wurden es jedoch nur 30, da der Zweite Weltkrieg der gerade begonnenen Arbeit ein Ende setzte.
1956 begannen interessierte Genealogen, die Idee der Ortssippenbücher wieder aufzugreifen, neue Bände erschienen und wurden zu verschiedenen Reihen (»Deutsche Ortssippenbücher« Reihe A und B, »Ostfriesische Ortssippenbücher«, »Waldeckische Ortssippenbücher«) zusammengefaßt. Das ideologische Beiwerk aus der NS-Zeit verschwand, Wert gelegt wurde vor allem auf eine solide und zuverlässige Quellenarbeit ohne politische Hintergedanken. Mittlerweile sind weit über 100 zusätzliche Ortssippenbücher in diesen Reihen erschienen. Zahlreiche weitere (oft unter den zeitgemäßeren und historisch unbelasteten Namen Familienbuch oder Einwohnerbuch) erschienen außerhalb dieser Reihen auf Initiative einzelner Familienforscher sowie genealogischer oder heimatkundlicher Vereinigungen.
Eine Vorstufe zur Erstellung solcher Publikationen ist die ortsweise Verkartung von Kirchenbüchern, mit der zahlreiche Familienforscher im gesamten deutschen Sprachraum beschäftigt sind. Dadurch wird der Inhalt von Kirchenbüchern in eine auch für Laien durchschaubare und benutzerfreundliche Form gebracht. Abgesehen davon dient die Verkartung auch der Sicherung des Kirchenbuchinhaltes, da gerade die älteren kirchlichen Personenstandsunterlagen meist nur in einem Exemplar vorhanden und zudem nicht selten von Materialzerfall bedroht sind. Bei der Verkartung werden die einzelnen in den Kirchenbüchern erwähnten Personen mit all ihren Daten auf Karteikarten oder Bögen eingetragen und (meist) alphabetisch geordnet. Die regionalen Fachzeitschriften geben in vielen Fällen Hinweise auf gerade laufende oder soeben abgeschlossene Verkartungsprojekte in ihrem Verbreitungsgebiet, die oft außerordentlich hilfreich für den einzelnen Familienforscher sein können. Bei den genealogischen Regionalvereinigungen kann der Stand der Kirchenbuchverkartungen im jeweiligen Gebiet erfragt werden.

Der Austausch mit anderen Forschern

Neben der Auswertung der genealogischen Literatur ist die direkte Zusammenarbeit mit anderen Familienforschern sicherlich die beste Möglichkeit, »tote Punkte« zu überwinden und Doppelarbeit zu vermeiden. Eine Kontaktaufnahme bietet sich über die Suchanzeigen in den Fachzeitschriften an, wobei die überregional verbreiteten »Familienkundlichen Nachrichten« (FaNa) und das gleichfalls nicht regional gebundene »Archiv für Sippenkunde« (mit seiner Beilage »Praktische Forschungshilfe«) den größten Wirkungsgrad erreichen (Adressen siehe Anschriftenverzeichnis). Die Mitglieder genealogischer Vereinigungen haben unter Umständen die Möglichkeit, mindestens einmal pro Jahr in ihrer Vereinszeitschrift eine kostenlose Suchanzeige unterzubringen. Eine Zusammenarbeit läßt sich auch über die von einigen Vereinigungen herausgegebenen Mitgliederverzeichnisse anbahnen. Neben Namen und Anschrift der einzelnen Mitglieder finden sich dort meist auch Hinweise auf den jeweiligen Forschungsschwerpunkt (Namen, Orte, »tote Punkte«, besondere Sachgebiete usw.). Die in Bibliotheken und Archiven zum Teil noch bereitstehenden überregionalen Familienforscherverzeichnisse in Buchform, etwa das »Verzeichnis der Familienforscher und Familienverbände« (VdFF) sind dagegen heute völlig veraltet und bedürfen einer gründlichen Überarbeitung und Neuauflage. Das VdFF erfährt zwar eine laufende Ergänzung durch die Beilage »Praktische Forschungshilfe« im »Archiv für Sippenkunde«, doch ist diese über zahlreiche Jahrgänge der Zeitschrift verteilt.

Im Umgang der Familienforscher miteinander gibt es bestimmte Regeln der Höflichkeit und des Entgegenkommens, die man unbedingt beachten sollte. So ist es selbstverständlich, daß man bei Anfragen ausreichendes Rückporto beilegt und ausgeliehene Bücher oder Schriftstücke nicht nur sorgfältig behandelt, sondern auch schnellstmöglich wieder zurückgibt. Übermittelt ein anderer Familienforscher aufgrund einer Suchanzeige Daten, so sollte man sich auf jeden Fall für diese Hilfe bedanken und mindestens die Portokosten erstatten. Überraschende Telefonanrufe oder gar unangemeldete Besuche sind unhöflich und bei vielen unerwünscht, weshalb sich grundsätzlich eine schriftliche Kontaktaufnahme empfiehlt.

Aus dem zunächst rein fachlichen Kontakt zu anderen Familienforschern kann sich mit der Zeit mehr entwickeln: manche Freundschaft ist auf diesem Wege bereits geschlossen worden. Und vielleicht stellt sich sogar heraus, daß man gemeinsame Vorfahren hat, eine Erkenntnis, die unter Umständen zur Gründung eines Familienverbandes führen kann, der dann organisiert und mit vereinten Kräften die Forschungsarbeiten weiterführt. Im übrigen ist es wie bei jedem Hobby: wird es gemeinsam mit anderen betrieben, macht es um so mehr Spaß.

Hilfestellung durch genealogische Vereine

Nicht nur über die Möglichkeit kostenloser Suchanzeigen in ihren Zeitschriften können die genealogischen Vereine dem Familienforscher wichtige Hilfestellung geben. Als Schaltstellen der familiengeschichtlichen Arbeit in ihrer Region sind sie auch kompetente Ansprechpartner bei einer Vielzahl von Fragen und Problemen, die sich dem Hobbyforscher immer wieder stellen. Sie verfügen über Unterlagen und über Kontakte, die außerordentlich nützlich sind und auch genutzt werden sollten.

So ist in den Archiven und Bibliotheken dieser Vereinigungen oft das familiengeschichtliche Wissen vieler Jahrzehnte konzentriert. Hier findet man die Jahrgänge der wichtigsten genealogischen Zeitschriften, umfangreiche Buchbestände zur regionalen Familienforschung und vor allem zahlreiche ungedruckte, sonst nicht zugängliche Materialien, die von Mitgliedern im Laufe der Zeit zur Verfügung gestellt wurden: Ahnen- und Stammtafeln, Ahnenlisten, orts- und personengeschichtliche Manuskripte und dergleichen mehr. Bei einigen Vereinigungen, so etwa bei der »Arbeitsgemeinschaft für Pfälzisch-Rheinische Familienkunde e.V.« in Ludwigshafen, bestehen Namenskarteien, in denen Hunderttausende von Familiennamen aus der Region zusammen mit dem Nachweis ihrer Erwähnung verzeichnet sind und die eine wahre Fundgrube (vor allem bei der Überwindung »toter Punkte«) darstellen.

Auf Ausspracheabenden, Veranstaltungen und gemeinsamen Fahrten, die von den einzelnen Vereinigungen durchgeführt werden, bietet sich die Möglichkeit der direkten Kontaktaufnahme zu anderen Familienforschern. Informationen können ausgetauscht und praktische Fragen diskutiert werden. Vorträge angesehener Fachwissenschaftler sind Angebote an die Mitglieder, ihr Wissen über die Genealogie und die verschiedenen Nachbargebiete zu erweitern und zu vertiefen.

Von besonderem Nutzen kann die Hilfe sein, die die Vereinigungen in einer Reihe von

Wappen der Weberinnung in Wien (1817)

Fällen beim Umgang mit allzu verschlossenen Pfarrern, Standesbeamten und Archivaren geben, die die Einsichtnahme in familiengeschichtliche Unterlagen unnötig verzögern, erschweren oder verteuern. Hier hilft den Vereinigungen der meist gute Kontakt zu den Archiven ihrer Region. Unter den Mitgliedern befinden sich nicht selten auch Angehörige des öffentlichen Archivdienstes.

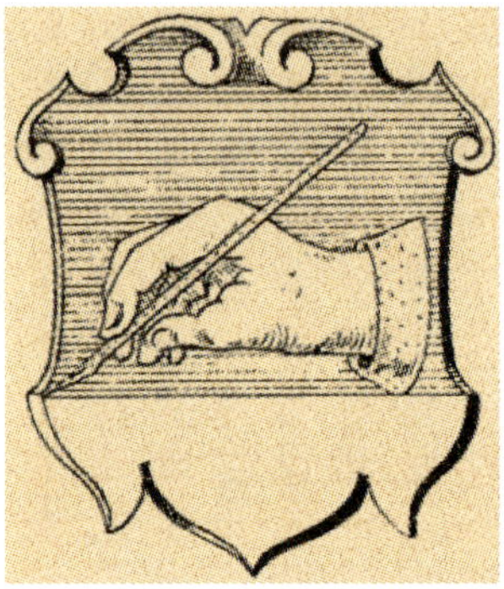

Schreibmeisterwappen (19. Jahrhundert)

Selbstverständlich sind die genealogischen Vereinigungen auch in der Lage, auf Anfrage die Adressen von Personen oder Einrichtungen zu vermitteln, die bei bestimmten Forschungsfragen behilflich sein können. Das gilt nicht nur für Kirchenbuchverkartungen, sondern auch bei speziellen Anliegen, zum Beispiel der Frage nach Forschern, die sich mit bestimmten Bevölkerungsgruppen in einer Region (Einwanderer, Juden, einzelne Berufe usw.) beschäftigen. Doch sollte man – wie beim Briefwechsel mit einzelnen Familienforschern – auch bei den Anfragen an die Vereinigungen nicht vergessen, Rückporto beizulegen und eine Erstattung entstehender Kosten anzubieten.

Grundsätzlich empfiehlt sich für jeden familiengeschichtlich Interessierten der Anschluß an einen genealogischen Verein. Am ehesten bietet sich zum Beitritt der genealogische Regionalverein der Gegend an, in der auch der eigene Forschungsschwerpunkt liegt. Doch gibt es von seiten der Vereine (die ja in keinem Konkurrenzverhältnis zueinander stehen) auch keine Schwierigkeiten bei Doppel- und Mehrfachmitgliedschaften, die im Fall weitverzweigter Ahnenlisten zuweilen durchaus sinnvoll sein können.

Nicht zuletzt wird durch den Beitritt zu einer genealogischen Vereinigung die Sache der Familienforschung insgesamt gestärkt. Je mehr Mitarbeiter und je mehr Beitragseinnahmen die einzelnen Organisationen haben, desto leichter fällt ihnen die Wahrnehmung ihrer vielfältigen Aufgaben: die Anlage von Sammlungen, die Herausgabe von Büchern, Broschüren und Zeitschriften, die Beratung von Hobbyforschern, die Durchführung von Veranstaltungen usw. Auch wird die Autorität der Genealogie gegenüber Kirchen, Behörden, Archiven und Medien durch die Unterstützung der Vereinigungen gestärkt, was dem einzelnen Familienforscher bei seiner Arbeit zumindest indirekt zugute kommt. Ohne die übliche ehrenamtliche Tätigkeit in den zahlreichen Vereinigungen, die über viele Jahrzehnte Informationssysteme und beachtliche Sammlungen schufen, wäre familiengeschichtliches Forschen nur schwer möglich.

Eine genealogische Vereinigung besonderer Art stellt die »Genealogische Gesellschaft der Kirche Jesu Christi der Heiligen der Letzten Tage« (Mormonen) dar. Sie kann der »Familienforschung für Fortgeschrittene« und beim Bemühen um die Überwindung »toter Punkte« manch nützlichen Hinweis geben. 1894 wurde sie in den USA gegründet, da die Familienforschung in der Religion der Mormonen eine große Rolle spielt und ihre Kirche die entsprechenden Arbeiten koordinieren wollte. Mittlerweile arbeiten Dienststellen der Gesellschaft in zahlreichen Ländern, so auch in der Bundesrepublik Deutschland. Weltweit sind ständig rund 60 Mikroverfilmer damit beschäftigt, alle personengeschichtlich bedeutsamen Unterlagen (Kirchenbücher, Einwohnerlisten usw.) aufzunehmen, die Registrierung und Archivierung erfolgt in riesigen unterirdischen Gewölben im US-Staat Utah.

Auch Personen, die nicht der Mormonen-Kirche angehören, können das gesammelte Datenmaterial für ihre Familienforschung nutzen. Wer bestimmte Unterlagen (etwa Kirchenbücher aus dieser oder jener Pfarrgemeinde) sucht, kann bei den Mormonen anfragen, ob die entsprechenden Dokumente von ihnen mikroverfilmt worden sind. Ist dies der Fall, werden die Mikrofilme gegen Gebühr zur Einsicht bereitgestellt. Da die mormonischen Sammlungen die wohl mit Abstand größte genealogische Datenbank der Welt darstellen, lohnt sich ein Beschreiten dieses Weges durchaus. Nähere Auskünfte über das Wie einer Hilfestellung erteilt die genealogische Dienststelle der Mormonen in 6382 Friedrichsdorf (siehe Anschriftenverzeichnis).

Einschaltung eines Berufsgenealogen

In der Einleitung wurde bereits auf die Möglichkeit hingewiesen, Familienforschung nicht nur als Hobby, sondern auch als Broterwerb zu betreiben. Umgekehrt stellt sich aber für die große Schar der Amateure die Frage, in welchen Fällen die Hilfe eines haupt- oder nebenberuflichen Genealogen in Anspruch genommen werden soll.

Am ehesten kommt die Beschäftigung eines Berufsgenealogen dann in Betracht, wenn die Familienforschung nicht (oder zumindest nicht vorrangig) als Hobby betrieben wird, sondern vielmehr kommerzielle oder juristischen Zwecken dient. In diesen Fällen, in denen es unter Umständen um viel Geld geht und Zeit knapp ist, lohnt sich der Einsatz eines Profis: er wird rascher, zielsicherer und daher auch mit besseren Ergebnissen arbeiten als der Laie, so daß sich die Investition in sein Honorar bezahlt macht.

In manchen Situationen wird jedoch auch der Hobbyfamilienforscher die Hilfe eines professionellen Genealogen in Anspruch nehmen, und zwar, wenn ihm die Klärung bestimmter schwieriger Fragen außerordentlich am Herzen liegt, er dabei aber trotz intensivster Bemühungen nicht weiterkommt. Das gilt zum Beispiel bei Forschungen in schwer zugänglichen Archiven, etwa in Schlesien, Pommern, Ostpreußen, Siebenbürgen usw., bei Auslandsforschungen überhaupt. Es gibt vor allem für die ehemaligen deutschen Ostgebiete und die früher von deutschen Minderheiten besiedelten Gebiete Südosteuropas Spezialisten, die für ihre regelmäßigen Forschungsreisen Aufträge annehmen. Auch kann die Einschaltung eines Profis von Nutzen sein, wenn die einzusehenden Archivbestände zwar im Inland, aber vom eigenen Wohnort weit entfernt lagern. In einem solchen Fall ist es eine Frage der nüchternen Kalkulation, ob eine Reise (eventuell mit Übernachtungen) nebst Zahlung hoher Such- und Kopiergebühren an die Archivverwaltung oder aber die Einschaltung eines am Archivort ansässigen Genealogen kostengünstiger ist.

Werbeanzeigen von Berufsgenealogen finden sich regelmäßig in den verschiedenen familienkundlichen Fachzeitschriften. Weitere Anschriften können auch bei den genealogischen Vereinen erfragt werden. Vor der Erteilung größerer und damit kostenintensiver Aufträge sollte man sich Referenzen oder Arbeitsproben zeigen lassen, denn auch auf dem Gebiet der Berufsgenealogie tummeln sich mancherlei Stümper, Blender und Scharlatane. Phantasiehonorare (etwa einige tausend Mark für eine nur vier oder fünf Generationen zurückreichende Ahnenliste) sollten grundsätzlich abgelehnt werden. Eigene Forschungen führen erheblich billiger zu einem solchen Ergebnis und bringen dazu noch Spaß und Erfolgserlebnisse. Im Zweifelsfall geben die genealogischen Vereine Auskunft; ihnen sind die »schwarzen Schafe« der Branche meist nur allzugut bekannt!

Was kann die Computergenealogie leisten?

Mit den preiswerten Heimcomputern ist auch den Familienforschern ein Instrument an die Hand gegeben, das die Arbeit erheblich erleichtern und Übersichtlichkeit familiengeschichtlicher Sammlungen bei richtigem Einsatz erheblich verbessern kann. Damit wird der Beschäftigung mit dem Alten und ganz Alten, der Genealogie, Hilfe von einer Seite zuteil, die das ganz Neue und Zukunftsweisende verkörpert. In den Vereinigten Staaten begannen Familienforscher schon in den siebziger Jahren mit dem Einsatz von Computern als Hilfsmittel, und seit einiger Zeit gewinnt diese Computergenealogie auch auf dem alten Kontinent mehr und mehr Freunde. Mittlerweile erscheinen eigens Zeitschriften zu diesem Thema, und auf Genealogenkongressen wird die Computernutzung angeregt diskutiert.

Ein Computer kann große Mengen an Daten speichern und die zudem in kurzer Zeit nach vorgegebenen Schemata sortieren und zusammenstellen. Diese beiden Fähigkeiten des Computers sind im Bereich der Familienforschung außerordentlich hilfreich. Beim Einsatz des Computers auf genealogischem Gebiet kann man zwischen Grundanwendungen, Ergebnisanwendungen und Zusatzanwendungen unterscheiden.

Die Grundanwendungen bauen auf der Speicherfähigkeit des Computers auf. Im Zentrum steht dabei die Lagerung beziehungsweise »Verwaltung« der gesammelten personen- und familiengeschichtlichen Daten. Die Computerdiskette tritt hier als Datenträger an die Stelle des herkömmlichen Karteikastens oder des Ordners mit Personenstammblättern. Bevor der Computer die Daten erfassen kann, müssen sie in eine ihm gemäße (computerverständliche) Form gebracht werden, eine Aufgabe, für die mittlerweile längst spezielle Dateiverwaltungsprogramme (auch solche für die Bedürfnisse der Genealogie) entwickelt worden sind. Während Karteikarten immer nur nach e i n e m Merkmal (zum Beispiel nach dem Namen oder dem Geburtsdatum oder dem Herkunftsort der jeweiligen Person) geordnet werden können, ermöglichen diese Programme ein Sortieren der Daten nach unterschiedlichen Merkmalen, sind also weitaus flexibler. Neben Daten zu Personen können dem Computer natürlich auch weitere familiengeschichtlich wichtige Informationen eingegeben werden, zum Beispiel längere Textblöcke (sogenannte Textfiles) biographischen, landes- oder ortsgeschichtlichen Inhalts, Literaturlisten, Quellenverzeichnisse und ähnliches.

Recht vielfältig sind die Ergebnisanwendungen. So lassen sich aus der gespeicherten Datenmenge nach jeweils gewünschten Kriterien Informationen abrufen, etwa alle Träger des gleichen Familiennamens, alle in einem bestimmten Zeitraum Geborenen, alle in einem bestimmten Ort Geborenen usw. Hier liegt der entscheidende Vorzug des Computers gegenüber dem Karteikasten oder dem Ordner. Während bei den herkömmlichen Methoden der Datenaufbewahrung oft langwieriges Blättern, Suchen, Durchlesen und Herausschreiben notwendig ist, kann der Computer das gleiche Ergebnis in Sekundenschnelle auf dem Bildschirm erscheinen lassen oder über einen angeschlossenen Drucker ausdrucken. Der Computer hat darüber hinaus aber auch die Möglichkeit, die gespeicherten Daten nach einem vorgegebenen Programm zu verknüpfen und zu Ahnenlisten, Stammlinien, Nachfahrenlisten und anderen genealogischen Darstellungsformen zusammenzustellen, die dann ebenfalls auf dem Bildschirm erscheinen oder ausgedruckt werden können. Auf diese Weise lassen sich auch saubere Druckvorlagen für genealogische Publikationen erstellen.

Sammeln und Ordnen sind also die beiden wichtigsten Anwendungsbereiche des Computers in der Familienforschung, möglich sind aber auch noch verschiedene Zusatzanwendungen. So lassen sich in bestimmten Fällen durch Datenfernübertragung andere Datensammlungen und die dort gespeicherten Informationen per Computer nutzen. Ähnliches gilt auch für den Datenaustausch mit anderen Familienforschern, die sich des Computers bedienen. Mit den entsprechenden Programmen können die gesammelten Daten auch statistisch ausgewertet und präsentiert werden, je nach Programm in Tabellenform oder in graphischen Schaubildern (letztere eventuell sogar farbig). Eine weitere Anwendungsmöglichkeit des Computers besteht schließlich in der Umrechnung von alten Kalenderangaben in Daten heutiger Zeitrechnung und in der Umrechnung alter Maßeinheiten; hier berührt der Computereinsatz Nachbargebiete der Genealogie, die Chronologie (Zeitrechnungskunde) und die Historische Metrologie (Maß- und Gewichtskunde), denen eigene Abschnitte dieses Buches gewidmet sind.

All die dargestellten Leistungen des Computers setzen Vorarbeiten voraus. Der Computer kann selbstverständlich nur das speichern und verarbeiten, was ihm eingegeben worden ist. Er kann weder alte Kirchenbücher lesen noch Archive durchforsten, er kann von sich aus keine neuen Vorfahren aufspüren und keine »toten Punkte« überwinden. All dies bleibt weiterhin Aufgabe des Familienforschers selbst, der aber bei verschiedenen zeitaufwendigen (und zum Teil auch monotonen) Such- und Registraturarbeiten innerhalb des bereits von ihm eingegebenen Datenmaterials vom Computer entlastet werden kann.

Empfehlungen für bestimmte Computertypen oder spezielle genealogische Programme zu geben, das wäre an dieser Stelle unsinnig, da sich gerade auf diesem Sektor sehr viel im ständigen Fluß befindet und immer neue Typen und Programme auf den Markt kommen. Eine gute und vor allem ausführlich beratende Übersicht bietet die Zeitschrift »Computergenealogie« (siehe Anschriftenverzeichnis). Bei den meisten genealogischen Vereinigungen bestehen mittlerweile EDV-Arbeitsgemeinschaften, die Interessenten gerne mit Rat und Tat zur Seite stehen, die Adresse können über die Regionalvereinigungen selbst oder über die Redaktion der »Computergenealogie« erfragt werden. Ganz sicher ist, daß infolge immer leistungsfähigerer und zugleich billigerer Kleincomputer und immer ausgefeilterer und spezialisierterer Programme der Einsatz der elektronischen Datenverarbeitung auf dem Gebiet der Familienforschung in Zukunft beträchtlich zunehmen wird.

Auswerten und Darstellen des Materials

Weberwappen unbekannter Herkunft

Vom Sammeln zum Ordnen

Beharrliche Such- und Sammeltätigkeit wird das Privatarchiv eines Familienforschers schon nach wenigen Jahren zu beachtlicher Größe anschwellen lassen. Da sind zunächst einmal die unmittelbaren Personendaten, seien sie nun auf Personenstammblättern, Karteikarten oder auch auf Computerdisketten erfaßt. Hinzu kommen alte Originalurkunden, von Archiven gefertigte Abschriften, Fotokopien, Korrespondenz, Literatur und vieles mehr. All dies gilt es nun in eine übersichtliche, verständliche und bei Verwandten, Freunden und Forscherkollegen vorzeigbare Form zu bringen. Stammblätter, Karteikarten und elektronische Datenträger eignen sich zwar vorzüglich zum Speichern der gesammelten Informationen, auch vermag der Computer mit einer entsprechenden Programmierung eine Zusammenstellung nach bestimmten Kriterien vorzunehmen. Viele der noch mit den herkömmlichen Datenträgern arbeitenden Familienforscher haber jedoch irgendwann einmal den Punkt erreicht, an dem das gesammelte Material zusammenhängend dargestellt werden soll und auch muß; selbst bei einigen Dutzend Personenstammblättern oder Karteikarten wird schon umständliches Herumblättern nötig, wenn familiäre Beziehungen verfolgt werden sollen.

Mit der Aufbereitung des Materials sollte nicht allzulange gewartet werden. Es ist immer noch besser, eine unvollständige Ahnenliste anzufertigen, als nie zu einer zusammenhängenden Darstellung der familiengeschichtlichen Daten zu kommen. Erweitern, ergänzen und verbessern läßt sich eine solche Liste später immer noch. Auch ist der Begriff unvollständig in der Familienforschung relativ: eine wirklich vollständige Ahnenliste oder Ahnentafel kann es nicht geben, da alle Vorfahren ihrerseits auch wieder Vorfahren hatten, die – theoretisch – aufzuzeigende Kette also unendlich ist. Daher sollte man sich je nach Forschungsschwerpunkt oder -interesse ein klares Zwischenziel setzen. Das kann zum Beispiel eine Ahnenliste bis zur sechsten oder siebten Vorfahrengeneration sein (über diese hinaus beginnt es für die meisten, schwieriger zu werden), eine Stammlinie bis zur achten oder zehnten Generation, eine Stammliste etwa ab 1750 usw. Dann läßt sich die Sammeltätigkeit klar konzentrieren, und wenn alle benötigten Daten vorhanden sind, können sie in präsentabler Form zusammengestellt werden. Danach ist selbstverständlich der Weg frei für neue Etappenziele; die weiterführenden Fragestellungen ergeben sich aus dem bereits Gesammelten meist von selbst.

Im folgenden sollten die wichtigsten in der Familienforschung gebräuchlichen Darstellungssysteme kurz vorgestellt werden. Welches von ihnen für die eigene Forschung in Frage kommt, hängt von den persönlichen Erkenntnisinteressen ab. Ihren Sinn haben sie alle, da sie es (wenn auch aus unterschiedlichen Blickwinkeln) vermögen, familien- und sozialgeschichtliche Zusammenhänge und Entwicklungen in einer auch für Laien relativ leicht verständlichen Art und Weise deutlich zu machen. Zu unterscheiden sind dabei rein schriftliche Darstellungsformen und solche, in denen zusätzlich graphische Elemente verwendet werden, um die historischen Verwandtschaftsbeziehungen der Vorfahren zu veranschaulichen.

Bei allen Darstellungsformen kommen genealogische Zeichen zur Anwendung, deren Aufgabe es ist, ständig wiederkehrende Ausdrücke zu ersetzen und insbesondere bei graphischen Darstellungen Platz sparen zu helfen. Die heute gebräuchlichsten Zeichen:

*	=	geboren
~	=	getauft
†	=	gestorben
□	=	begraben
⚮	=	geschieden
⚯	=	nichteheliche Verbindung
⚭	=	verheiratet
(*)	=	nichteheliche Geburt
○	=	verlobt
†*	=	Totgeburt
⚔	=	gefallen

In älteren Veröffentlichungen finden sich teilweise auch noch die folgenden Zeichen:

⸸	=	getauft
×	=	verheiratet
⊥	=	begraben
Y	=	geboren
⅄	=	gestorben

Bei Zusammenfassungen mit der Schreibmaschine kann das sehr häufig vorkommende und die Geburt symbolisierende Sternchen auch durch den Buchstaben x ersetzt werden. Auch die meisten der übrigen Zeichen sind durch Schreibmaschinentypen darstellbar, die übrigen müssen von Hand in den maschinengeschriebenen Text nachgetragen werden.

Die Stammlinie oder Stammreihe

Eine Stammlinie (auch Stammreihe genannt) ist die Aufzählung der zum Vaterstamm gehörenden Vorfahren eines Probanden, also seines Vaters, des Großvaters väterlicherseits, dessen Vaters usw. Sofern nicht die eine oder andere Person in dieser Linie von unehelicher Geburt war und daher den Familiennamen der Mutter trug, ist der Name in der Stammlinie stets der gleiche. Die Ahnenziffern entsprechen der Reihe zwei, vier, acht, sechzehn usw. Das Interesse an der Darstellung einer Stammlinie ist kulturspezifisch: seine Wurzeln liegen in der patriarchalisch (vaterrechtlich) geprägten Kulturtradition Europas, die den männlichen Vorfahren stets eine besondere Rolle und Bedeutung beimaß und sie entsprechend hervorhob. So werden Personen in alten Urkunden oft als Sohn oder Tochter ihres Vaters definiert (etwa »Robert, Sohn des Johannes«), der Bezug zur Mutter taucht dabei nur selten auf. Genetisch gesehen hat diese Betonung der väterlichen Abstammungslinie keinerlei Berechtigung, soziologisch ist sie zumindest problematisch. Bedeutung gewinnt sie dagegen bei Forschungen, die sich auf die Entstehung des Familiennamens konzentrieren, dessen Entwicklung entlang der Stammlinie verfolgt werden kann.
Die einfache Darstellung einer Stammlinie könnte etwa wie folgt aussehen:

STAMMLINIE KOLB:

1. KOLB, Werner; * 2. 6. 1958 in Mülheim/Ruhr; Arzt; ⚭ 30. 8. 1983 in Köln mit Dagmar, geb. HEYMANN
2. KOLB, Ludwig; * 14. 1. 1927 in Gleiwitz/Oberschlesien; Postbeamter; ⚭ 13. 6. 1956 in Mülheim/Ruhr mit Hannelore, geb. WADER
4. KOLB, Karl Georg; * 25. 3. 1895 in Gleiwitz/Oberschlesien; Bergmann; ⚭ 4. 9. 1923 in Gleiwitz mit Barbara, geb. HONKA; † 2. 2. 1945 in Gleiwitz
8. KOLB, Friedrich; * 15. 10. 1864 in Beuthen/Oberschlesien; Bergmann; ⚭ 10. 11. 1894 in Beuthen mit Anna, geb. SCZEPANSKI; † 28. 3. 1938 in Gleiwitz
16. KOLB, Georg Wilhelm; * 5. 2. 1840 in Rybnik/Oberschlesien; Tagelöhner; ⚭ 3. 4. 1862 in Rybnik mit Sophie, geb. MÜLLER; † 16. 8. 1906 in Rybnik
32. KOLB, Heinrich; * 18. 11. 1804 in Rybnik/Oberschlesien; Tagelöhner; ⚭ 9. 7. 1833 in Rybnik mit Maria, geb. GRYLEWICZ; † 19. 9. 1857 in Rybnik

Wappen der Warschauer Uhrmacher (1752)

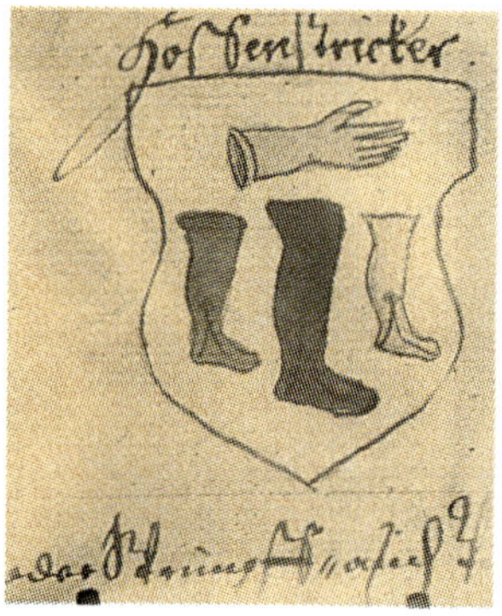

Nürnberger Handwerkerwappen (1680)

64. KOLB; Josef, * um 1770 (Ort unbekannt), Knecht; ⚭ 25. 7. 1803 in Rybnik / Oberschlesien mit Martha, geb. MACHWITZ; □ 1. 2. 1811 in Rybnik
128. KOLB, Jakob (Daten unbekannt)

(Alle Personen und Daten in dieser Stammlinie sind frei erfunden und dienen nur der Veranschaulichung.)

Spätestens bei Kennziffer 128 kann man von einem »toten Punkt« sprechen, doch auch bei Nr. 64 werden die Daten schon spärlich. Vielleicht geht aus einem alten Familiendokument oder aus dem Sterbeeintrag von Josef Kolb noch hervor, daß er »der Sohn des Jakob Kolb« gewesen ist, vielleicht lautet die entsprechende Formulierung auch (noch unsicherer): »Sein Vater soll Jakob Kolb geheißen haben.«

Doch wird aus der neben dem Probanden sieben Vorfahren umfassenden Stammlinie schon einiges deutlich: Der Ursprung der Familie liegt (soweit zurückverfolgbar) im ostoberschlesischen Rybnik, das bereits nach dem Ersten Weltkrieg an Polen fiel. Die Kolbs gehörten zunächst zur untersten Schicht der dortigen Bevölkerung und verdienten ihr täglich Brot als Knechte und Tagelöhner – ein Los, das sie in jener Zeit mit Hunderttausenden von Menschen in den Gebieten östlich der Elbe teilten. Erst der 1864 geborene Friedrich Kolb zog aus Rybnik weg und ergriff, wie später auch sein Sohn Karl Georg, den Beruf des Bergmannes im oberschlesischen Kohlerevier. Seine Ehe mit Anna Sczepanski wurde wohl auch deswegen geschlossen, weil die Braut bereits ein Kind von ihm erwartete, das nur viereinhalb Monate nach der Trauung zur Welt kam. Der Enkel, Ludwig, mußte nach 1945 aus dem nun ganz zu Polen gehörenden Schlesien fliehen, in der neugegründeten Bundesrepublik gelang ihm der soziale Aufstieg zum Postbeamten. Dadurch konnte er seinem Sohn ein Medizinstudium finanzieren.

So erzählen die anfangs noch abstrakt erscheinenden Namen und Zahlen eine ganze Geschichte, die in politische Ereignisse ebenso hineinspielen wie soziale Entwicklungen. Dabei ist die dargestellte Familienbiographie des Mannesstammes Kolb zwar erfunden, aber durchaus exemplarisch für viele tatsächliche Familiengeschichten des 19. und 20. Jahrhunderts.

Die Ahnenliste

Eine der wichtigsten Formen einer rein schriftlichen Darstellung familiengeschichtlicher Forschungsergebnisse ist die Ahnenliste. Sie umfaßt alle bekannten Vorfahren in der Reihenfolge ihrer Kennziffer. Da sie im Gegensatz zur Stammlinie auch die weiblichen Vorfahren berücksichtigt, ist sie weit aussagekräftiger. Im Beispiel der Familie Kolb könnte eine (bis zur IV. Ahnenreihe geführte) Ahnenliste wie folgt aussehen:

AHNENLISTE WERNER KOLB:

Proband:

1. KOLB, Werner; * 2. 6. 1958 in Mülheim/Ruhr; Arzt; ⚭ am 30. 8. 1983 in Köln mit Dagmar, geb. HEYMANN

I. Ahnenreihe:

2. KOLB, Ludwig; * 14. 1. 1927 in Gleiwitz/Oberschlesien; Postbeamter; ⚭ 13. 6. 1956 in Mülheim/Ruhr mit
3. WADER, Hannelore; * 23. 7. 1927 in Duisburg; Hausfrau

II. Ahnenreihe:

4. KOLB, Karl Georg; * 25. 3. 1895 in Gleiwitz/Oberschlesien; Bergmann; † 2. 2. 1945 in Gleiwitz; ⚭ 4. 9. 1923 in Gleiwitz mit
5. HONKA, Barbara; * 4. 11. 1894 in Gleiwitz/Oberschlesien; Kellnerin, † 1. 7. 1979 in Mülheim/Ruhr
6. WADER, Ernst; * 20. 10. 1900 in Walsum/Niederrhein; Schiffer; † 17. 6. 1978 in Duisburg; ⚭ 2. 5. 1926 in Emmerich mit
7. VAN LOON, Margret; * 2. 11. 1902 in Emmerich; Schneiderin; † 7. 8. 1986 in Duisburg

III. Ahnenreihe:

8. KOLB, Friedrich; * 15. 10. 1864 in Beuthen/Oberschlesien; Bergmann; † 28. 3. 1938 in Gleiwitz/Oberschlesien; ⚭ 10. 11. 1894 in Beuthen mit
9. SCZEPANSKI, Anna; * 17. 4. 1873 in Beuthen/Oberschlesien; Magd; † 14. 8. 1947 in Mülheim/Ruhr
10. HONKA, Franz Ludwig; * 6. 2. 1868 in Gleiwitz/Oberschlesien; Kutscher; † 21. 10. 1910 in Gleiwitz; ⚭ mit
11. SCHLEE, Johanna; * 1. 5. 1870 in Gleiwitz/Oberschlesien; Arbeiterin; † 15. 9. 1936 in Gleiwitz
12. WADER, Heinrich; * 19. 1. 1874 in Dinslaken; Schiffer; † 3. 7. 1951 in Walsum; ⚭ 19. 9. 1899 in Walsum mit
13. APPEL, Katharina; * 20. 4. 1879 in Hamborn; Wäscherin; † 9. 11. 1953 in Walsum
14. VAN LOON, Pieter; * 3. 2. 1872 in Arnhem/Niederlande; Schiffer; † 27. 8. 1939 in Emmerich; ⚭ 10. 6. 1901 in Emmerich mit
15. SCHMITZ, Friederike; * 12. 12. 1878 in Emmerich; Dienstmädchen; † 31. 5. 1955 in Emmerich

IV. Ahnenreihe:

16. KOLB, Georg Wilhelm; * 5. 2. 1840 in Rybnik/Oberschlesien; Tagelöhner; † 16. 8. 1906 in Rybnik; ⚭ 3. 4. 1862 in Rybnik mit
17. MÜLLER, Sophie; * 9. 1. 1843 in Rybnik/Oberschlesien; Magd; † 3. 5. 1885 in Rybnik
18. SCZEPANSKI, Zigmund; * 30. 6. 1839 in Beuthen/Oberschlesien; Krämer; † 19. 4. 1904 in Beuthen; ⚭ 14. 12. 1863 in Beuthen mit
19. BRATKOWSKI, Maria; * 17. 10. 1839 in Beuthen/Oberschlesien; Näherin; † 25. 9. 1907 in Beuthen
20. HONKA, Adam; * 13. 12. 1835 in Gleiwitz/Oberschlesien; Zimmerergeselle; † 12. 4. 1895 in Gleiwitz; ⚭ 10. 7. 1861 in Gleiwitz mit
21. PRESSER, Elfriede; * 8. 4. 1834 in Gleiwitz; † 7. 6. 1898 in Gleiwitz
22. SCHLEE, Dietrich; * 19. 7. 1831 in Gleiwitz/Oberschlesien; Fuhrmann; † 23. 8. 1892 in Gleiwitz; ⚭ 13. 9. 1862 in Gleiwitz mit
23. HIELSCHER, Dorothea; * 3. 4. 1832 in Gleiwitz/Oberschlesien; Wäscherin; † 15. 10. 1894 in Gleiwitz
24. WADER, Joseph; * 18. 3. 1848 in Dinslaken; Schiffer; † 4. 2. 1899 in Dinslaken; ⚭ 16. 4. 1872 in Dinslaken mit
25. SCHNEIDER, Amalie; * 1. 9. 1848 in Rees; Magd; † 13. 11. 1902 in Dinslaken
26. APPEL, Heinrich; * 24. 10. 1849 in Karlshausen/Eifel; Bergmann; † 11. 4. 1907 in Hamborn; ⚭ 9. 2. 1873 in Hamborn mit
27. BEHRENDT, Eugenia; * 13. 2. 1851 in Hamborn; Näherin; † 27. 4. 1920 in Hamborn
28. VAN LOON, Jan; (weitere Angaben nicht bekannt)
29. ?
30. ?
31. SCHMITZ, Sophia; * 7. 6. 1856 in Emmerich; Weißwäscherin; † 6. 1. 1924 in Emmerich

Natürlich könnte man in diese Ahnenliste (ebenso wie in die bereits dargestellte Stammlinie) noch weitere Daten einarbeiten: Tag und Ort der Taufe, die jeweilige Konfession, Tag und Ort der Beerdigung usw. Doch bereits die einfachste Form der Ahnenliste, die sich auf die wichtigsten Lebensdaten beschränkt, hat eine recht hohe Aussagekraft.

So ist zu erkennen, daß die Vorfahren des Probanden aus verschiedenen Regionen kommen: väterlicherseits aus Oberschlesien (aus den Städten Beuthen, Gleiwitz und Rybnik), mütterlicherseits vor allem vom Niederrhein (einschließlich seines holländischen Teils), aber auch (siehe Kennziffer 26) aus der Eifel. Daran wird bereits deutlich, daß sich große sozial- und bevölkerungsgeschichtliche Entwicklungen auch in der Familie von Werner Kolb niedergeschlagen

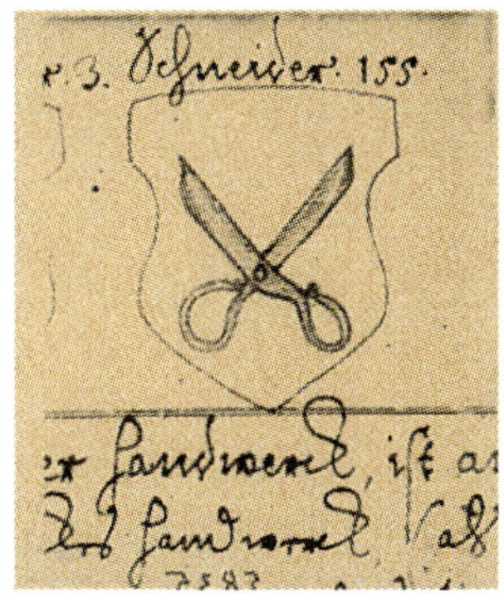

Wappen eines Schneiders (1680)

haben: die Flucht und die Neuansiedlung von Ostdeutschen in der Bundesrepublik Deutschland, die jahrhundertealten grenzüberschreitenden Familienbeziehungen am Niederrhein und die Wanderung zahlreicher Bewohner der Eifel und des Hunsrücks in die neuentstehenden Industrieniederlassungen an der Ruhr, die im letzten Jahrhundert einsetzte. All diese Faktoren wirkten auf die Geschichte der Familie von Werner Kolb ein, der somit Deutsche, Polen und Niederländer unter seinen Vorfahren hat.

Ersichtlich ist aus der Liste weiterhin, daß Werner Kolbs Urgroßmutter Friederike Schmitz (Kennziffer 15) wohl ein uneheliches Kind war. Der Vater (Kennziffer 30) ist unbekannt, das Kind trägt den Familiennamen seiner Mutter. Bei Kennziffer 30 liegt somit ein »toter Punkt« vor, der kaum zu überwinden sein wird, da jegliche Angaben fehlen. Weitere »tote Punkte« finden sich bei den Kennziffern 28 und 29, sie müßten aber durch eine Ausdehnung der Nachforschungen auf die Niederlande (zunächst auf Arnheim) zu überwinden sein, da der Name von Kennziffer 28 bekannt ist und die noch offenen Daten sich auf das 19. Jahrhundert beziehen.

Bemerkenswert ist auch, daß mit jeder Ahnenreihe die Geburtsdaten des jeweils ältesten und des jeweils jüngsten zu ihr gehörenden Vorfahren weiter auseinanderliegen. Bei der ersten Ahnenreihe (Eltern) beträgt der Altersunterschied nur sechs Monate, bei der zweiten Ahnenreihe liegen zwischen den Geburtsdaten des Großvaters väterlicherseits und der Großmutter mütterlicherseits immerhin schon gut sieben Jahre. In der dritten Ahnenreihe beträgt der Altersunterschied zwischen dem Ältesten (Friedrich Kolb) und der Jüngsten (Katharina Appel) schon fast 15 Jahre, und in der vierten Ahnenreihe wächst der Unterschied zwischen dem ältesten und dem jüngsten Ur-Urgroßelternteil (Dietrich Schlee und Sophia Schmitz) bereits auf 25 Jahre an. Die Zugehörigkeit zur gleichen Ahnenreihe eines Probanden ist also nicht automatisch gleichbedeutend mit der Zugehörigkeit zur gleichen Generation im historisch-biographischen Sinne.

Die Berufsbezeichnungen weisen fast alle Vorfahren bis zur Großelterngeneration als Angehörige der unteren sozialen Schichten aus: Arbeiter und Dienstleute überwiegen hier. Eine Ausnahme macht Zigmund Sczepanski (Kennziffer 18), der als Krämer zum unteren Mittelstand gehört haben dürfte. Seine Tochter Anna wurde dagegen Magd und heiratete einen Arbeiter; sie wurde relativ spät (fast 10 Jahre nach der Heirat der Eltern) geboren, so daß anzunehmen ist, daß ältere Geschwister das väterliche Geschäft erbten und ihr nichts anderes übrigblieb, als sich als Dienstmädchen zu verdingen.

Dies und die Berufsbezeichnungen der übrigen weiblichen Vorfahren Werner Kolbs (Näherin, Wäscherin, Dienstmädchen usw.) verweisen auf einen weiteren sozialgeschichtlichen Aspekt: Allenfalls sogenannten höheren Töchtern war es früher möglich, einen qualifizierten Beruf zu ergreifen, der Mehrzahl der Frauen blieben nur untergeordnete und meist ungelernte Tätigkeiten, die bis zur Heirat (zuweilen auch darüber hinaus) ausgeübt wurden.

Schon durch diese kurze Analyse wird deutlich, wie viel aus einer Ahnenliste, selbst wenn sie sich lediglich über vier Ahnenreihen erstreckt, abgelesen werden kann. Als Darstellungsform, die auf graphische Elemente und Ausschmückungen verzichtet und sich statt dessen ganz auf die schriftliche Informationsvermittlung konzentriert, eignet sich die Ahnenliste besonders gut zur Veröffentlichung in den genealogischen Fachpublikationen, zum Beispiel in den verschiedenen regionalen Zeitschriften. Auch wenn noch die eine oder andere Lücke offenbleibt, sollte man ab einer gewissen Menge von Daten den Mut zur Veröffentlichung haben. Dies ist nicht zuletzt auch im Interesse anderer Familienforscher, die einer solchen Ahnenliste vielleicht interessante Hinweise auf eigene Vorfahren (die ja unter Umständen sogar mit den in der Ahnenliste auf-

geführten Personen identisch sind) entnehmen können. Auch bringt der Abdruck der Ahnenliste in einer Fachpublikation oft Ergänzungen oder Berichtigungen durch andere Forscher, die über einen Irrtum beziehungsweise »toten Punkt« hinweghelfen können.
Eine Besonderheit, die in der Ahnenliste auftreten kann, ist der sogenannte Ahnenschwund (auch Ahnengleichheit beziehungsweise fachsprachlich Implex genannt). Er liegt dann vor, wenn Verwandte untereinander geheiratet haben und gemeinsamen Nachwuchs hatten. In ein und derselben Ahnenliste erscheinen dann mehrere Kinder eines Elternpaares als Vorfahren des Probanden. Heiraten zum Beispiel Cousin und Cousine zweiten Grades (also Enkel von Geschwistern), so haben ihre Kinder als Probanden in der IV. Ahnenreihe nur noch 14 statt wie üblich 16 Vorfahren, in der V. Ahnenreihe nur noch 28 statt 32 usw. Implex ist eine typische Erscheinung in relativ abgeschlossenen ländlichen Gegenden (Hochgebirgstäler, kleinere Inseln usw.), in Diasporagemeinden und in bestimmten sozialen Gruppen. Dabei sind neben dem Hochadel vor allem Familien zu nennen, deren Mitglieder sogenannten unehrlichen Berufen (zum Beispiel Scharfrichter oder Abdecker) nachgingen. Die Angehörigen solcher von der früheren Gesellschaft weitgehend gemiedenen Gruppen heirateten meist untereinander.

Die Ahnentafel

Bei allen genannten Vorzügen hat die Ahnenliste als Darstellungsform auch einige Nachteile, vor allem bezüglich der Übersichtlichkeit. Das Auffinden verwandtschaftlicher Zusammenhänge über mehrere Generationen setzt beim Leser der Ahnenliste die Kenntnis des genealogischen Bezifferungssystems voraus, und schon nach einigen Ahnenreihen wird ein umständliches Hin- und Herblättern notwendig.
Diese Nachteile versucht man oft durch die graphische Präsentation des genealogischen Datenmaterials in Form einer Ahnentafel zu umgehen. Auf der Ahnentafel erscheinen alle bekannten Vorfahren (die sogenannten Aszendenten) einer Person (des Probanden), geordnet nach Ahnenreihen. Dabei wird der Proband am unteren Rand der Übersicht eingetragen, die einzelnen Ahnenreihen schichtartig darüber. In unserem Beispiel sähe eine bis zur IV. Ahnenreihe geführte Ahnentafel wie folgt aus (folgende Seite):

Eine Ahnentafel kann auch seitlich angeordnet werden:

- 1. KOLB, Werner
  - 2. KOLB, Ludwig
    - 4. KOLB, Georg
      - 8. KOLB, Friedrich
      - 9. SCEPANSKI, Anna
    - 5. HONKA, Barbara
      - 10. HONKA, Franz
      - 11. SCHLEE, Johanna
  - 3. WADER, Hannelore
    - 6. WADER, Ernst
      - 12. WADER, Heinrich
      - 13. APPEL, Katharina
    - 7. VAN LOON, Margret
      - 14. VAN LOON, Pieter
      - 15. SCHMITZ, Friedericke

Modell einer Ahnentafel bis zur IV. Ahnenreihe

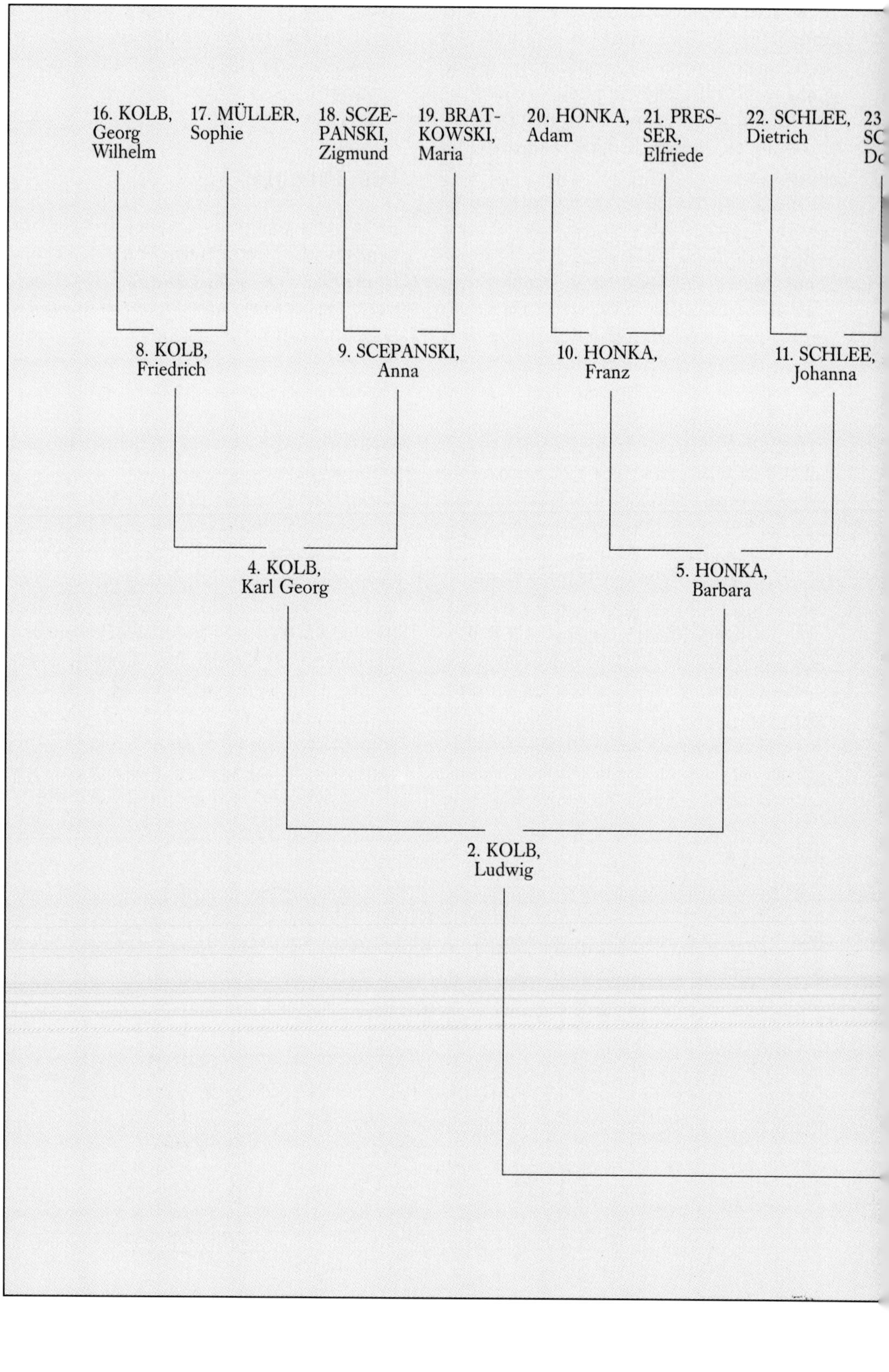

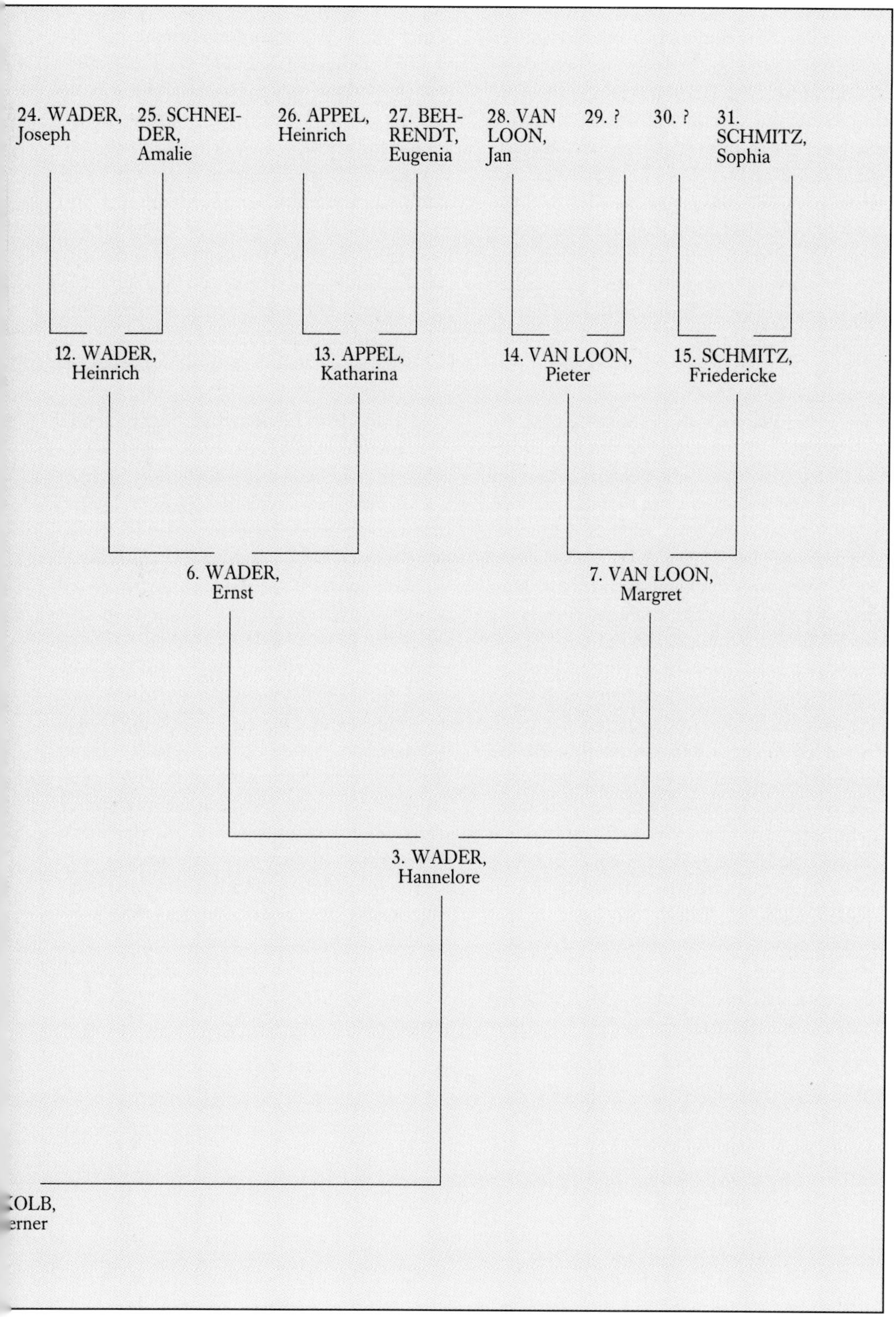
24. WADER, Joseph
25. SCHNEIDER, Amalie
26. APPEL, Heinrich
27. BEHRENDT, Eugenia
28. VAN LOON, Jan
29. ?
30. ?
31. SCHMITZ, Sophia
12. WADER, Heinrich
13. APPEL, Katharina
14. VAN LOON, Pieter
15. SCHMITZ, Friedericke
6. WADER, Ernst
7. VAN LOON, Margret
3. WADER, Hannelore
OLB,
erner

Zumindest bei den ersten Ahnenreihen wird man in der Ahnentafel auch noch Angaben zu Geburts- und Sterbeort beziehungsweise -datum sowie zum Beruf des jeweiligen Vorfahren eintragen können. Danach aber wird dies aus Platzgründen zunehmend schwieriger. Oft schon bei der V. Ahnenreihe (32 Vorfahren), endgültig aber bei der VI. Ahnenreihe (64 Vorfahren, die nebeneinander anzuordnen sind) erlischt der Vorteil, den die Ahnentafel gegenüber der Ahnenliste hat, da selbst zum Eintragen der Namen kaum noch genügend Platz vorhanden ist – es sei denn, man fertigt Ahnentafeln in Plakatgröße an.

Eine Behelfslösung des Problems bieten die sogenannten Anschlußahnentafeln. Führt man eine Tafelübersicht beispielsweise bis zur V. Ahnenreihe, so kann man für die weiteren Ahnenreihen zusätzliche Tafeln anlegen. Jeder der insgesamt 32 Vorfahren, die in der V. Ahnenreihe erscheinen, erhält dann eine eigene Ahnentafel, in der er seinerseits die Stelle des Probanden einnimmt. Allerdings trägt er dabei nicht die für den Probanden übliche Kennziffer 1, sondern wird – wie natürlich auch die Angehörigen der noch folgenden Ahnenreihen – mit der Kennziffer eingetragen, die er in der Ahnenliste beziehungsweise in der Sammlung von Personenstammblättern hat. Anschlußahnentafeln erfordern jedoch wieder ein relativ umständliches Suchen und Blättern. In unserem Beispiel müßten 32 Tafeln, für jeden in der V. Ahnengeneration erscheinenden Vorfahren eine, angelegt werden. Hinzu käme noch die ursprüngliche, mit dem Erstprobanden beginnende Ahnentafel.

Generell empfiehlt es sich, familiengeschichtliche Forschungsergebnisse sowohl in Tafel- als auch in Listenform zu präsentieren. Beide Darstellungsarten haben sowohl Vor- als auch Nachteile, die sich ergänzen beziehungsweise kompensieren, wenn man zweigleisig fährt. Die Ahnentafel kann Abstammungsverhältnisse in knapper Form auf einen Blick deutlich machen, die Ahnenliste ermöglicht es demgegenüber, die einzelnen Namen durch eine (im Grunde beliebig große) Fülle von aufschlußreichen biographischen Details zu ergänzen, die sich auf der Tafel aus Platzgründen nicht unterbringen lassen.

Zahlreiche verschiedenartige Vordrucke für Ahnentafeln sind bei genealogischen Fachverlagen oder auch in gut sortierten Schreibwaren- und Geschenkartikelgeschäften erhältlich. Teilweise sind sie als Kunstdrucke gestaltet und eignen sich als Wandschmuck. Wieder andere Ausgaben sind nüchtern und praktisch gehalten, gerade sie können eine wertvolle Hilfe bei der Zusammenstellung erhobener Daten sein. Auch ausklappbare Ausgaben im Taschenkalenderformat sind auf dem Markt, die sich bequem zu Treffen der genealogischen Vereine und zu Besuchen bei familiengeschichtlich interessierten Freunden und Verwandten mitnehmen lassen. In den familiengeschichtlichen Fachzeitschriften finden sich regelmäßig Anzeigen von Malern, Graphikern und Heraldikern, die die Anfertigung individuell gestalteter Ahnentafeln anbieten. Dabei kann man, wenn entsprechende Formate gewählt werden, auch über die VI. Ahnenreihe hinausgehen.

Ahnentafel für fünf Generationen (Entwurfsbogen)

Stammliste, Mutterstamm, Stammtafel und Stammbaum

Die möglichst weit zurückreichende Darstellung der Stammlinie sowie die Zusammenstellung des allmählich erarbeiteten Datenmaterials zu einer Ahnenliste und/oder einer Ahnentafel werden für die meisten Familienforscher lange Zeit die wichtigsten Ziele sein. Daneben sind aber auch noch zahlreiche andere Formen der Darstellung denkbar.

Insbesondere das bereits erwähnte »Deutsche Geschlechter-Buch« (DGB), aber auch die Adelskalender bevorzugen bei der Darstellung vor allem die sogenannte Stammliste (mit der Stammlinie nicht zu verwechseln). Eine Stammliste berücksichtigt stets auch die Geschwister der männlichen Vorfahren sowie die Nachfahren der jeweiligen Brüder. Entscheidend ist stets die Namensträgerschaft – gezeigt werden soll der ganze »Stamm«, das heißt, sollen alle, die gleicher Abstammung und gleichen Namens sind. Wegen des Kinderreichtums früherer Familien sind zur Erstellung einer solchen Stammliste besonders umfangreiche und intensive Nachforschungen notwendig.

Bei der Stammliste ist das bei Ahnenliste und Ahnentafel angewandte Bezifferungssystem nach Kekulé nicht praktikabel, da ja nur ein Teil der nun zu nennenden Personen Vorfahren sind. Ein neues System, das Buchstaben sowie römische und arabische Ziffern kombiniert, ist nun nötig. Bei Stammlisten größeren Umfangs wird die Bezifferung naturgemäß immer komplizierter. In unserem Beispiel der Familie Kolb könnte eine solche, von Nr. 128 der Ahnenliste (Jakob Kolb) als »Stammvater« ausgehende Stammliste am Anfang so aussehen:

I KOLB, Jakob (weitere Daten unbekannt)
Kinder (soweit bekannt):
1. KOLB, Josef; siehe II a
2. KOLB, Anna; * um 1772 (Ort unbekannt); Wäscherin; ⚭ am 4. 9. 1808 in Rybnik/Oberschlesien mit MACHULE, Franz; † 15. 10. 1845 in Rybnik

3. KOLB, Matthias; siehe II b

II a. KOLB Josef; * um 1770 (Ort unbekannt); Knecht; ⚭ 25. 7. 1803 in Rybnik/Oberschlesien mit MACHWITZ, Martha; † 1. 2. 1811 in Rybnik; Kinder:
1. KOLB, Heinrich; siehe III a
2. KOLB, Jakob; * 19. 2. 1806 in Rybnik † 23. 4. 1808 in Rybnik
3. KOLB, Julia; * 22. 9. 1807; Magd; ⚭ 10. 4. 1832 in Rybnik/Oberschlesien mit RÖLKE, Sebastian; † 20. 4. 1863
4. KOLB, Karl Heinrich; * 4. 10. 1808 in Rybnik/Oberschlesien; Maurergeselle; ⚭ 4. 4. 1841 in Breslau mit STEPPUTAT, Elisabeth; † 25. 3. 1872 in Breslau (kinderlos)
5. KOLB, Stephan; * 3. 5. 1810 in Rybnik/Oberschlesien; † 5. 5. 1810 in Rybnik
6. KOLB, Josef Johann; siehe III b (Zwillingsbruder von 5)

II b. KOLB, Matthias; * um 1775 (Ort unbekannt); Metzger; ⚭ 3. 11. 1802 in Rybnik/Oberschlesien mit RUDAT, Martha; † 9. 7. 1806 in Rybnik Kinder:
1. KOLB, Robert; * 14. 6. 1804 in Rybnik/Oberschlesien; † 20. 8. 1813 in Rybnik
2. KOLB, Eugenia; * 23. 9. 1805 in Rybnik/Oberschlesien; Köchin;

⚭ 14. 10. 1840 in Rybnik mit EUTER, Moritz; † 28. 2. 1876 in Rybnik

Schematische Darstellungen einer Stammtafel und eines Stammbaumes

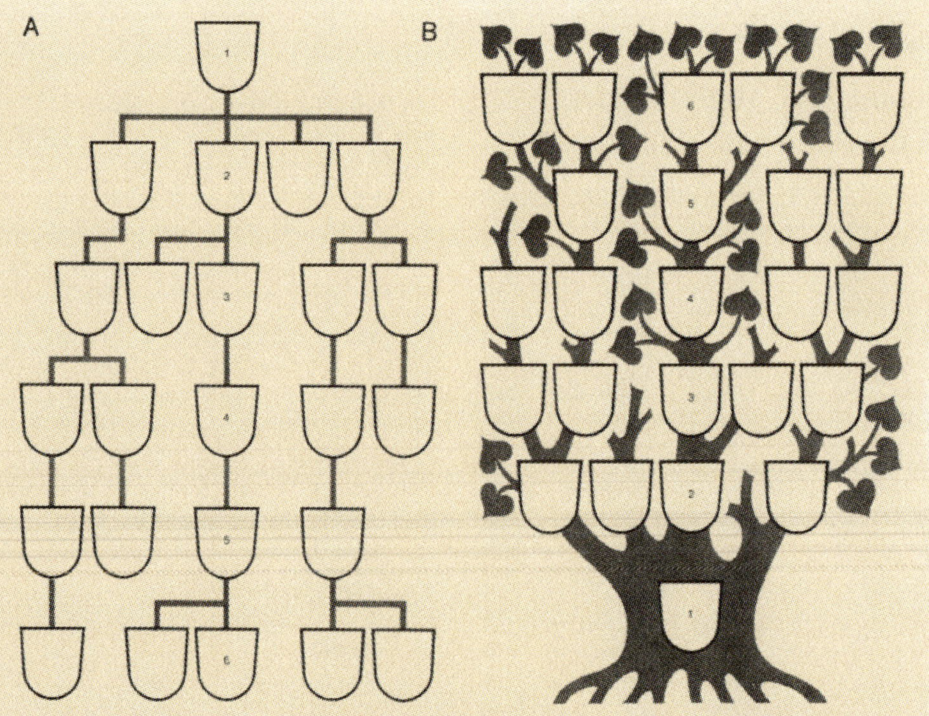

A Stammtafel

B Stammbaum mit allen ehelichen Nachkommen eines Stammvaters und gleichen Namens

1 Ururgroßvater
2 Urgroßvater
3 Urgroßvater
4 Großvater
5 Vater
6 ich

Die Kinder von II a 1 und II a 6 können entweder wiederum unter den Daten ihrer Väter aufgeführt werden (was die Stammliste schon nach nur wenigen Generationen weit auseinanderzieht und also unübersichtlich macht) oder auf neuen, kleineren Anschlußlisten erscheinen. In der Stammliste entwickelt sich ein weites Panorama der Familiengeschiche mit all ihren Verzweigungen. Sie ist außerordentlich interessant und aufschlußreich, stellt aber auch höchste Anforderungen an den Forscherfleiß.

Eine Stammliste kann auch graphisch, als Stammtafel, dargestellt werden. Die Stammtafel verhält sich zur Stammliste wie die Ahnentafel zur Ahnenliste. Auch in die Stammtafel werden die jeweiligen Töchter, nicht aber deren Nachkommen aufgenommen, da letztere nicht mehr zu den Namensträgern der Familie gehören.

Während sich Stammliste und Stammtafel auf die Vorfahren väterlicherseits und deren Geschwisterstämme konzentrieren, ist der sogenannte Mutterstamm eine Aufstellung der mütterlichen Vorfahren: Mutter, Großmutter mütterlicherseits, deren Mutter usw. Sie ist das »weibliche« Pendant zur Stammlinie und folgt den Ahnenkennziffern 3 – 7 – 15 – 31 – 63 usw. In unserem Beispiel der Familie Kolb sähe der Anfang des Mutterstammes wie folgt aus:

1. KOLB, Werner; ... (Proband)
3. WADER, Hannelore; ...
7. VAN LOON, Margret; ...
15. SCHMITZ, Friederike; ...
31. SCHMITZ, Sophia; ...

Ähnlich wie die Stammlinie kann auch der Mutterstamm eine Reihe von familien-, kultur- und sozialgeschichtlich interessanten Zusammenhängen deutlich machen, so zum Beispiel über die soziale Herkunft der weiblichen Linie, über das durchschnittliche Heiratsalter, die Lebenserwartung, die Kinderzahlen der einzelnen Frauen usw. Angesichts des gestiegenen Selbstbewußtseins der Frauen in der Gesellschaft wird der Beschäftigung mit den Mutterstämmen unter Umständen einmal eine ähnliche Bedeutung zugemessen werden wie der Erforschung der Stammlinien. Beide bleiben allerdings gegenüber einer kompletten Ahnenliste unvollständig, sie stellen nur Auszüge aus ihr dar. Die Rekonstruktion des Mutterstammes wird übrigens in vielen Fällen schwieriger als die der Stammlinie sein, da die Familiennamen der Frauen in der Regel von Generation zu Generation wechselten – es sei denn, die nichteheliche Tochter hätte vor ihrer Heirat den Familiennamen der Mutter getragen (siehe Beispiel in der Ahnenliste Werner Kolb, Kennziffern 15 und 31).

Bei der Darstellung eines Geschlechtes vom ältesten Ahnherrn oder Stammvater bis zum jüngsten seiner Nachkommen drängt sich oft das Bild eines Baumes auf, der sich vom alten Stamm aufwärts immer weiter verzweigt. Daher ist statt von Stamm- oder Ahnentafeln oft von einem Stammbaum die Rede. Es handelt sich jedoch um eine etwas antiquierte und außerdem nicht korrekte Bezeichnung, die allenfalls dann eine Berechtigung hat, wenn von einer bildhaft-dekorativen Darstellung der Stammtafel in Baumform gesprochen wird. Bei der Ahnentafel dagegen müßten die Vorfahren eigentlich als Wurzeln und Stamm des Baumes, statt – wie oft üblich – als seine Zweige und Blätter dargestellt werden. Aber der künstlerischen Freiheit sind auch auf familiengeschichtlichem Gebiet kaum Grenzen gesetzt, und die streng wissenschaftlich-genealogische Sicht kann sich unter den vielen Hobbyforschern und Freunden der Familiengeschichte nicht immer durchsetzen.

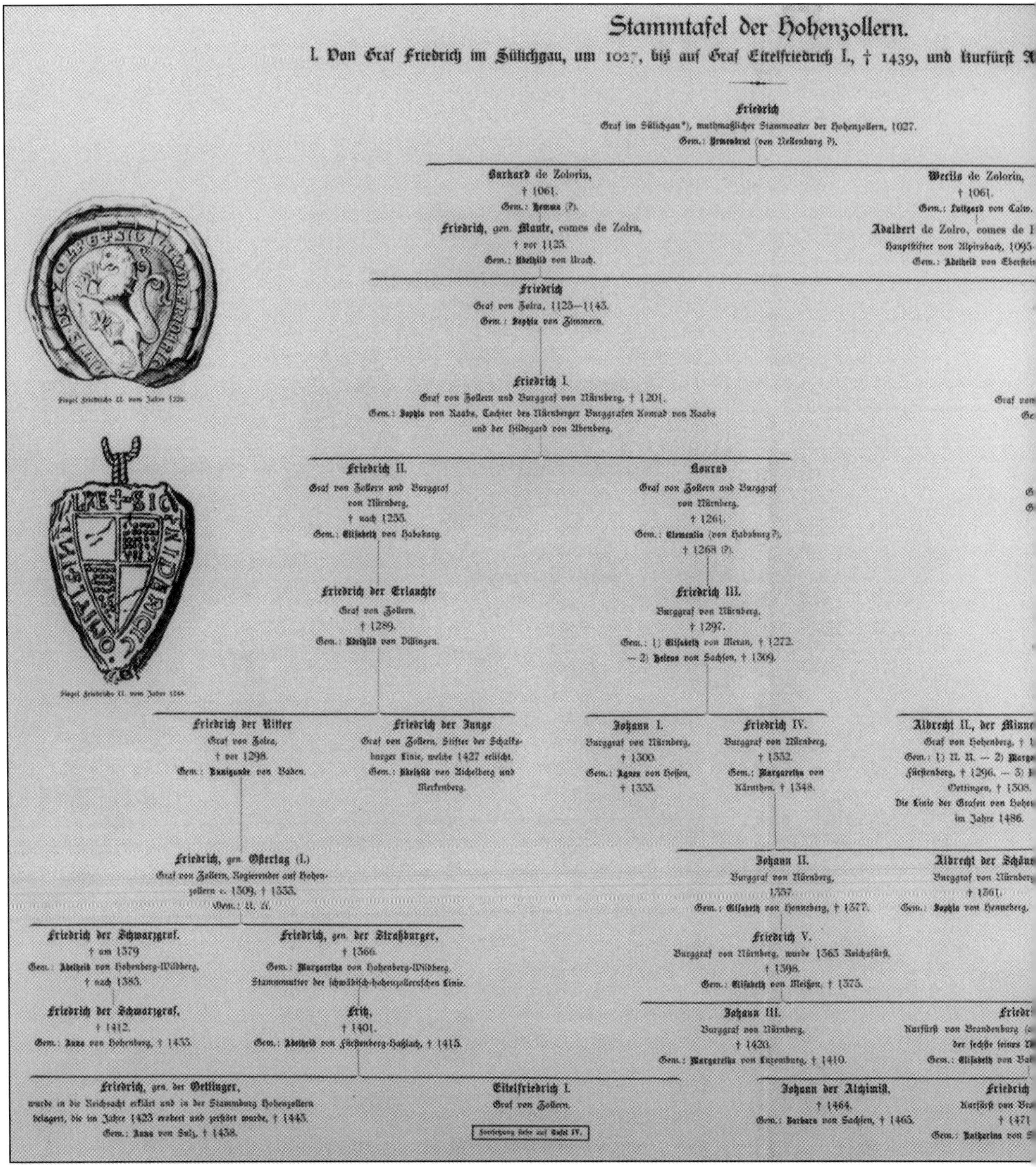

Stammtafel der Hohenzollern.
I. Von Graf Friedrich im Sülichgau, um 1027, bis auf Graf Eitelfriedrich I., † 1439, und Kurfürst A
Friedrich
Graf im Sülichgau*), muthmaßlicher Stammvater der Hohenzollern, 1027.
Gem.: Irmendrut (von Nellenburg ?).
Burkard de Zolorin,
† 1061.
Gem.: Hemma (?).
Wezilo de Zolorin,
† 1061.
Gem.: Luitgard von Calw.
Friedrich, gen. Maute, comes de Zolra,
† vor 1125.
Gem.: Udelhild von Urach.
Adalbert de Zolro, comes de
Hauptstifter von Alpirsbach, 1095
Gem.: Adelheid von Eberstein
Friedrich
Graf von Zolra, 1125—1143.
Gem.: Sophia von Zimmern.
Siegel Friedrichs II. vom Jahre 1226.
Friedrich I.
Graf von Zollern und Burggraf von Nürnberg, † 1201.
Gem.: Sophia von Raabs, Tochter des Nürnberger Burggrafen Konrad von Raabs und der Hildegard von Abenberg.
Friedrich II.
Graf von Zollern und Burggraf von Nürnberg,
† nach 1255.
Gem.: Elisabeth von Habsburg.
Konrad
Graf von Zollern und Burggraf von Nürnberg,
† 1261.
Gem.: Clementia (von Habsburg ?),
† 1268 (?).
Friedrich der Erlauchte
Graf von Zollern,
† 1289.
Gem.: Udelhild von Dillingen.
Friedrich III.
Burggraf von Nürnberg,
† 1297.
Gem.: 1) Elisabeth von Meran, † 1272. — 2) Helena von Sachsen, † 1309.
Siegel Friedrichs II. vom Jahre 1248.
Friedrich der Ritter
Graf von Zolra,
† vor 1298.
Gem.: Kunigunde von Baden.
Friedrich der Junge
Graf von Zollern, Stifter der Schalksburger Linie, welche 1427 erlischt.
Gem.: Udelhild von Aichelberg und Merkenberg.
Johann I.
Burggraf von Nürnberg,
† 1300.
Gem.: Agnes von Hessen,
† 1335.
Friedrich IV.
Burggraf von Nürnberg,
† 1332.
Gem.: Margaretha von Kärnthen, † 1348.
Albrecht II., der Minne
Graf von Hohenberg, †
Gem.: 1) N. N. — 2) Marga
Fürstenberg, † 1296. — 3)
Oettingen, † 1308.
Die Linie der Grafen von Hohe
im Jahre 1486.
Friedrich, gen. Ostertag (I.)
Graf von Zollern, Regierender auf Hohenzollern c. 1309, † 1333.
Gem.: N. N.
Johann II.
Burggraf von Nürnberg,
1357.
Gem.: Elisabeth von Henneberg, † 1377.
Albrecht der Schöne
Burggraf von Nürnberg
† 1361.
Gem.: Sophia von Henneberg.
Friedrich der Schwarzgraf,
† um 1379
Gem.: Adelheid von Hohenberg-Wildberg,
† nach 1385.
Friedrich, gen. der Straßburger,
† 1366.
Gem.: Margaretha von Hohenberg-Wildberg.
Stammmutter der schwäbisch-hohenzollernschen Linie.
Friedrich V.
Burggraf von Nürnberg, wurde 1363 Reichsfürst,
† 1398.
Gem.: Elisabeth von Meißen, † 1375.
Friedrich der Schwarzgraf,
† 1412.
Gem.: Anna von Hohenberg, † 1433.
Fritz,
† 1401.
Gem.: Adelheid von Fürstenberg-Haßlach, † 1415.
Johann III.
Burggraf von Nürnberg,
† 1420.
Gem.: Margaretha von Luxemburg, † 1410.
Friedr
Kurfürst von Brandenburg
der sechste seines
Gem.: Elisabeth von Ba
Friedrich, gen. der Oettinger,
wurde in die Reichsacht erklärt und in der Stammburg Hohenzollern belagert, die im Jahre 1423 erobert und zerstört wurde, † 1443.
Gem.: Anna von Sulz, † 1438.
Eitelfriedrich I.
Graf von Zollern.
Fortsetzung siehe auf Tafel IV.
Johann der Alchimist,
† 1464.
Gem.: Barbara von Sachsen, † 1465.
Friedrich
Kurfürst von Br
† 1471
Gem.: Katharina von S

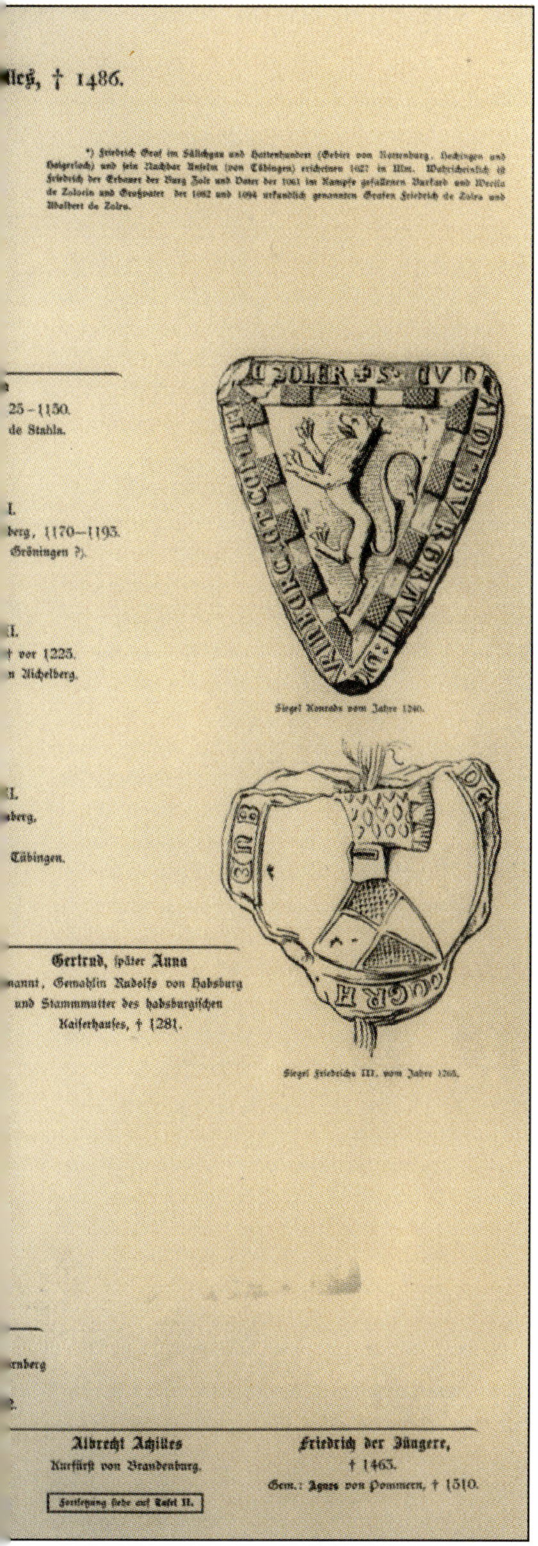

Nachkommenforschung

Die bisher genannten Darstellungsformen haben fast alle etwas gemeinsam: sie beruhen (mit Ausnahme der Stammliste) auf der Erforschung der Vorfahren. In der Genealogie spricht man dabei vom Prinzip der Aszendenz. Möglich ist aber auch eine umgekehrte Blickrichtung familiengeschichtlicher Forschung, die nach dem Prinzip der Deszendenz, das heißt der Abkunft, verfährt. Das Interesse richtet sich in diesem Fall nicht auf die Vorfahren einer bestimmten Person, sondern auf deren Nachkommen (einschließlich der weiblichen sowie deren Kinder). Einen ersten Anklang dieser Nachkommenforschung haben wir bereits bei der Stammliste kennengelernt, in der alle namenstragenden (das heißt in der Regel männlichen) Nachkommen des ältesten ermittelten Stammlinienangehörigen eingetragen wurden.

Die Ergebnisse der Nachkommenforschung werden in einer Nachfahrenliste festgehalten. Auch hier ist, wie bei der Stammliste, das Bezifferungssystem der Ahnenliste nicht anwendbar. Ausgangspunkt für die Nachfahrenliste kann der älteste ermittelte Angehörige der Stammlinie sein.

Nachkommenforschung wird oft nicht nur für die eigene Familie betrieben, sondern bezogen auf bedeutende Persönlichkeiten früherer Jahrhunderte. So gibt es insbesondere über die Nachkommen Martin Luthers mittlerweile eine Fülle von genealogischen Ausarbeitungen. Ausgangspunkt für eine Nachkommenforschung können natürlich auch Personen sein, die im Leben einer bestimmten Stadt oder eines Dorfes eine wichtige Rolle gespielt haben. So kann auch ein interessanter Beitrag zur Heimat- und Lokalgeschichte geleistet werden.

Stammtafel der Hohenzollern: vom mutmaßlichen Stammvater, Graf Friedrich im Sülichgau, bis zu Albrecht Achilles, Kurfürst von Brandenburg

Verwandtschaftstafeln: Konsanguinität und Affinität

Kombiniert man die Ergebnisse der Ahnen- und der Nachkommenforschung in Tafelform, so gelangt man zu einer noch komplizierteren Stufe der Darstellung: der Konsanguinitäts-(Blutsverwandtschafts-)Tafel. Diese Darstellung wurde erst zu Beginn unseres Jahrhunderts entwickelt und ähnelt in ihrem Erscheinungsbild den aus anderen Zusammenhängen bekannten Soziogrammen. Im Mittelpunkt steht ein Proband, um ihn herum werden seine Blutsverwandten gruppiert: Eltern, Großeltern, Urgroßeltern, deren jeweilige Kinder und Geschwister, seine eigenen Kinder, seine eigenen Geschwister und deren Kinder. Die Möglichkeiten der Darstellung sind begrenzt, die Tafeln sprengen leicht den Rahmen, ein einheitliches Bezifferungssystem konnte sich noch nicht durchsetzen. Der praktische Nutzen für den Laienfamilienforscher liegt darin, daß er mit begrenzten Konsanguinitätstafeln (etwa bis zur III. Ahnenreihe) sich und anderen eine Reihe von verwandtschaftlichen Beziehungen graphisch verdeutlichen kann.
Eine zusätzliche Erweiterung des Darstellungsspektrums stellt die sogenannte Affinitätstafel dar, die nicht nur die Blutsverwandten, sondern auch die angeheirateten (verschwägerten) Familienangehörigen berücksichtigt. Sie stößt aufgrund der hier noch weit größeren Zahl von zu erfassenden Personen noch schneller an ihre Grenzen als die Konsanguinitätstafel. In der genealogischen Forschung liegt ihr hauptsächlicher Nutzen darin, daß sie den Verschwägerungsgrad innerhalb einzelner Bevölkerungsgruppen (zum Beispiel zwischen bestimmten Adels- oder Patriziergeschlechtern, zwischen bestimmten Familien eines Dorfes, zwischen bestimmten Einwandererfamilien usw.) verdeutlichen kann. Ein verbindliches und allgemein akzeptiertes Bezifferungssystem gibt es allerdings auch zur Affinitätstafel noch nicht.

Die Familienchronik

Alle geschilderten Formen der Darstellung familiengeschichtlicher Forschungsergebnisse haben ihre Grenzen. Sie sind zwar – jede für sich – zur Verdeutlichung von Teilaspekten und bestimmten Zusammenhängen hervorragend geeignet, können die Ergebnisse einer meist jahrelangen Forschungs- und Sammeltätigkeit aber nicht in ihrer Gesamtheit präsentieren. So gesehen sind sie sowohl interessante als auch notwendige Vorarbeiten für den krönenden Abschluß der Familienforschung: die umfassende Familienchronik.
Abschluß? Hatten wir nicht festgestellt, daß man mit familiengeschichtlichem Forschen im Grunde nie zu einem Ende kommen kann? So sehr dies prinzipiell richtig ist, so falsch wäre es andererseits, nie zu einer repräsentativen Zusammenfassung umfangreichen Datenmaterials zu gelangen und darauf zu verzichten, den Familienmitgliedern und der genealogischen Fachwelt ein Ergebnis vorzulegen, das den einen tieferen Einblick in ihre Herkunft und den anderen wichtige Fakten für die wissenschaftliche Arbeit liefert. Wann man den Zeitpunkt für gekommen hält, mit der Erstellung einer solchen Chronik zu beginnen, hängt vom Umfang der geleisteten Vorarbeiten und von den eigenen Ansprüchen und Erwartungen ab. Die folgenden Hinweise verstehen sich daher als Anregungen und Vorschläge, die eigene Ideen nicht ersetzen, aber gewiß nützlich sein können.
Die Familienchronik bietet Möglichkeiten, die erheblich über die einer (noch so detaillierten) Ahnenliste hinausgehen. Natürlich soll auch sie einen Überblick über die Lebensdaten aller erfaßten Vorfahren geben, ein Zweck, der sich durch die Einbeziehung der Ahnenliste in die Chronik erreichen läßt. Auch andere Darstellungsformen, insbesondere eine Ahnentafel, aber vielleicht auch eine Stammtafel oder gar Konsanguinitäts- und Affinitätstafeln können in die Familienchronik integriert werden. Eine wirklich gut

gestaltete Familienchronik wird jedoch bei der Zusammenfassung dieser schematisierten Listen- und Tafeldarstellungen nicht stehenbleiben, sondern darüber hinaus auch erzählende Passagen enthalten, die den sozialen, kulturellen, zeit- und regionalhistorischen Hintergrund der Familiengeschichte aufzeigen. Die schematisierten Darstellungen können die Erzählung unterstützen, aber niemals ersetzen. Auf diese Weise läßt sich ein farbiges und lebendiges Bild der Vergangenheit zeichnen und das Leben der Vorfahren für die Nachwelt in begreiflicher Form schildern.

Erzählende Textpassagen jenseits der Listen- und Tafeldarstellung sind in einer Familienchronik zum Beispiel zu folgenden Themenkreisen denkbar:

- Herkunft, Geschichte und Bedeutung des Familiennamens, eventuell auch der Familiennamen anderer Vorfahrenlinien,
- Geschichte und Landeskunde der Region beziehungsweise Ortsgeschichte der Gemeinde(n), in denen sich die Familiengeschichte hauptsächlich abspielte,
- Geschichte und Bedeutung der wichtigsten beziehungsweise der typischsten Berufe, die in der Familie ausgeübt wurden

Wappen als Titelblatt einer ausführlichen Familienchronik, die mit dem Jahr 1500 beginnt

(vielleicht sogar heute noch ausgeübt werden),
- Darstellung wichtiger historischer Ereignisse, von denen die Familie in starkem Maße betroffen war oder an denen Familienangehörige aktiv beteiligt waren,
- Architektur und Baugeschichte von Wohnhäusern oder Gehöften, die sich in Familienbesitz befanden oder noch befinden,
- Anekdoten, Schwänke, Späße aus der Familiengeschichte,
- Lebensgeschichte einzelner Vorfahren, die eine besondere Rolle in der Familie oder in ihrem Ort spielten (auch »Originale« usw.),
- Geschichte von Institutionen, die von Familienangehörigen begründet wurden oder eine besondere Bedeutung für die Familie hatten (Unternehmen, Stiftungen, Schulen, Vereine usw.).

Die bei den Standesämtern und in den Kirchenbüchern ermittelten Daten können nur die Ausgangsbasis für eine solche Familienchronik sein. Notwendig ist es darüber hinaus, sich ein einigermaßen breites historisches Wissen anzueignen, um die näheren Umstände und die Hintergründe familiengeschichtlicher Ereignisse darstellen, erklären und deuten zu können. Aber wer sich einmal einige Jahre mit Familienforschung beschäftigt hat und dabei zwangsläufig auch örtliche, regionale und allgemeine Geschichte ins Blickfeld bekam, wird sich nach und nach einen Wissensfundus angeeignet haben, der ein guter Boden für die Erstellung einer Familienchronik ist. Auch die vielen Informationen, die beim Sammeln »so nebenbei« anfielen und recht interessant waren, aber weder in genealogische Tafel- noch Listendarstellungen paßten, können nun in eine umfassende Chronik eingeflochten und weitergegeben werden.

Am Anfang der Chronikerstellung hat wieder eine Sichtung des vorhandenen Materials zu stehen. Der zweite Schritt ist die Gliederung der Chronik in verschiedene Kapitel, denen dann die einzelnen Unterlagen (Personenstammblätter, Korrespondenz, Bilder, Ahnentafeln und -listen, Buch- und Zeitschriftenauszüge, alte Dokumente usw.) als Quellen zuzuordnen sind. Im Beispiel unserer Familie Kolb könnte die Gliederung der Familienchronik wie folgt aussehen:

1. Einleitung: Auf den Spuren unserer Vorfahren – Sinn und Entstehung einer Familienchronik
2. Herkunft, Bedeutung und Verbreitung des Namens Kolb
3. Oberschlesien – das Herkunftsland der Kolbs: Landschaft, Menschen und Geschichte
4. Rybnik, Beuthen, Gleiwitz – drei oberschlesische Städte im 19. Jahrhundert
5. Der oberschlesische Bergbau: Entwicklung und Arbeitsalltag
6. Der Niederrhein – Herkunftsgebiet der Vorfahren mütterlicherseits
7. Die Berufe unserer Vorfahren – Bedeutung und Sozialgeschichte
8. Die Chronik des Mannesstammes Kolb: Daten und Ereignisse, Anekdoten und Begebenheiten
9. Pieter van Loon, ein holländischer Schiffer auf dem Niederrhein
10. Wie die Kolbs nach Westdeutschland kamen: Flucht aus Oberschlesien und Neuanfang in Mülheim/Ruhr
11. Ahnenliste Werner Kolb
12. Ahnentafel Werner Kolb
13. Stammliste Kolb
14. Bildanhang (mit Faksimiles oder Fotokopien alter Familiendokumente)
15. Quellen- und Literaturverzeichnis
16. Namens- und Ortsregister

Falls mittlerweile ein eigenes Familienwappen angefertigt wurde oder sich bei dem einen oder anderen Vorfahrenzweig ein Wappen finden ließ, könnte die Chronik auch noch um ein eigenes heraldisches Kapitel ergänzt werden. In jedem Fall aber macht sich ein Wappen als Zierde des Chronikeinbandes gut, und falls ein solches noch nicht existiert, kann die Erstellung der Familienchro-

Handgezeichnetes Schmuckblatt aus einem bürgerlichen Familienstammbuch zur Geburt einer Tochter, 1853. Die frühindustrielle Apparatur links bewegt die Wiege

nik vielleicht der Anlaß sein, es bei einem erfahrenen Heraldiker in Auftrag zu geben. Natürlich erhebt die dargestellte Gliederung nicht den Anspruch allgemeiner Verbindlichkeit. Jede Familienchronik wird ihren eigenen inneren Aufbau finden müssen, je nach Interessenschwerpunkt des einzelnen Familienforschers und dem von ihm erreichten Forschungsstand. So kann es sich zum Beispiel durchaus lohnen (beziehungsweise nach dem Stand der ermittelten Daten sogar notwendig sein), die Vorfahren mütterlicherseits stärker hervorzuheben als in unserem Beispiel. Auch kommt der in der Mustergliederung genannte Punkt 10 für viele Familien überhaupt nicht in Betracht; andere dagegen haben vielleicht eine hugenottische Tradition, auf die an dieser Stelle einzugehen wäre usw. Letztlich ist die Gliederung einer Familienchronik eine sehr individuelle und persönliche Sache, die jedem einzelnen Freund der Familiengeschichtsforschung überlassen bleibt. Der einzige allgemein formulierbare Anspruch kann nur lauten, daß eine solche Chronik alle wesentlichen vorhandenen Informationen berücksichtigen und damit ein wahrheitsgetreues Bild der Familiengeschichte – mit allen ihren Höhen und Tiefen – geben sollte.

Wenn die Familienchronik nur für die Verbreitung im kleinsten Kreis, zum Beispiel in der eigenen Verwandtschaft, angefertigt wird, genügt zunächst ein sauberes Abtippen der Texte mit der Schreibmaschine. Manche Personalcomputer bieten auch die Möglichkeit, die eingegebenen Texte über ihren Drucker (mit Randausgleich und professionell wirkendem Schriftbild) auszugeben. Die so hergestellten Blätter können dann in beliebiger Auflage fotokopiert werden, wobei man allerdings auf die Qualität der Kopien achten und nicht gerade das billigste Gerät verwenden sollte. Nach dem Sortieren lassen sich die Kopien bei einem Buchbinder (unter Umständen auch schon im Kopierladen) mit einem Einband versehen. Wer Wert auf eine repräsentative Bindung legt – die Möglichkeiten reichen bis zu Leder mit Goldprägung –, sollte sich allerdings direkt an eine renommierte Buchbinderei wenden.

Eine solcherart hergestellte Chronik wird in der Regel, das Format DIN A4 haben, das sich auch empfiehlt. Die Schreibmaschinen- beziehungsweise PC-Drucker-Schrift ist dabei in ihrer üblichen Größe lesbar, der repräsentative Eindruck der gebundenen Chronik wird durch das relativ große Format noch erhöht. Selbstverständlich sind aber auch Vergrößerungen oder Verkleinerungen möglich: bei vielen Kopierern auf DIN A3 oder auf DIN A5, bei einigen auch stufenlos auf gewünschte Zwischenformate, die dann aber oft ein Beschneiden des Randes (zusätzlicher Arbeitsgang) notwendig machen.

Ganz unabhängig von ihrem äußeren Format ist eine Familienchronik ein sehr persönliches und außergewöhnliches Geschenk zu Weihnachten oder zum Geburtstag, zum Muttertag oder Namenstag, bei Kommunion und Konfirmation, Taufe und Hochzeit. Auch anderen Familienforschern, die vielleicht in der einen oder anderen Linie dieselben Vorfahren wie der Chronist haben, kann man eine solche Chronik anbieten. Man sollte deshalb die Gelegenheit nutzen, über die genealogischen Vereine und ihre Zeitschriften auf das Erscheinen der Chronik hinzuweisen und sie dort zum Selbstkostenpreis anbieten. Ein Exemplar sollte auf jeden Fall dem Archiv der regionalen genealogischen Vereinigung zur Verfügung gestellt werden.

Wer den Wunsch hat, seine Familienchronik auch einem größeren Kreis von genealogisch Interessierten zugänglich zu machen, sollte an die Veröffentlichung im Rahmen einer Buchreihe denken. Neben der weiteren Verbreitung liegt der Vorteil dabei auch in der drucktechnisch hervorragenden Gestaltung solcher Reihen. Allerdings ist in der Regel ein Druckkostenzuschuß vom Autor zu leisten. Zahlreiche ausführliche und in jeder Hinsicht beispielhafte Familienchroniken sind in der Reihe »Deutsches Familienarchiv« des Fachverlages Degener & Co. in

Neustadt an der Aisch erschienen (siehe Anschriftenverzeichnis).
Eine Familienchronik muß jedoch nicht immer in die Vergangenheit gerichtet sein. Denkbar ist auch die Anlage einer Chronik, die in der Gegenwart einsetzt beziehungsweise nach einem kurzen Abriß der bisherigen Familiengeschichte für die Zukunft offen ist und so die laufende Eintragung neuer, wichtiger Familienereignisse möglich macht. Ihre Form gleicht ein wenig der des Tagebuchs, doch sind die zu verzeichnenden Begebenheiten nicht individueller Natur, sondern beziehen sich auf eine ganze Familie. Es bleibt dabei dem Ermessen des Chronisten vorbehalten, ob er sich auf seine eigene Kleinfamilie beschränkt oder auch Ereignisse der weiteren Verwandtschaft mit verzeichnet. Ein weiterer Unterschied zum Tagebuch liegt natürlich darin, daß die Eintragungen in einer solchen laufenden Chronik nicht täglich erfolgen, sondern nur dann, wenn wirklich Wesentliches zu verzeichnen ist: Geburten, Schuleintritte und -abschlüsse, Wohnortwechsel, wichtige berufliche Veränderungen, Hochzeiten und Sterbefälle.
Der Idealfall liegt vor, wenn beide Chroniktypen gleichzeitig in Angriff genommen werden: die historische Familienchronik als Bestandsaufnahme der Familiengeschichte bis zur Gegenwart und die laufende Chronik als deren Fortschreibung in die Zukunft. Dabei kann die aktuelle Chronik in ein paar Jahrzehnten selbst zur Grundlage familiengeschichtlicher Forschungen von Nachkommen werden und ihnen vielleicht mühsame Sucharbeit ersparen.

Für die Anlage einer laufenden Chronik eignet sich am besten ein dickes (etwa 100 bis 200 Seiten starkes) liniertes DIN-A4-Heft mit festem Kartonumschlag. Solche Hefte gibt es in jedem Schreibwarengeschäft zu kaufen. Denkbar ist aber auch eine Sonderanfertigung beim Buchbinder, unter Umständen gar mit Aufdruck des Familienwappens und des Familiennamens. Auf jeder Seite sollte ein breiter Rand gelassen werden, um gegebenenfalls noch Zusatzbemerkungen und Querverweise anbringen zu können. Alle wichtigen Familienereignisse sind nun von Fall zu Fall und in chronologischer Reihenfolge einzutragen. Falls noch keine historische Familienchronik existiert, kann an den Anfang der laufenden Chronik ein kurzer Überblick über die bisherige Familiengeschichte gestellt werden, sonst sollte man die Familie und ihre Mitglieder zum Zeitpunkt des Chronikbeginns kurz vorstellen. Wer sichergehen will, kann von der laufenden Chronik auch zwei Exemplare anlegen, in die jeweils das gleiche eingetragen wird, die aber an verschiedenen Orten aufbewahrt werden – eine Vorbeugungsmaßnahme, für die spätere Leser vielleicht einmal dankbar sind. In der Kombination der Familiengeschichte mit der Darstellung der Gegenwart für die Zukunft läßt sich für die Familienforscher ein Wunsch erfüllen, der bei vielen ein wichtiger Antrieb bei ihren Arbeiten ist: Vermittler zu sein zwischen Gestern und Morgen, zwischen den Gliedern einer unendlichen Kette von Generationen, in der der einzelne letztlich nur ein kleines Glied ist.

Sant Iorg Ritter
Zeit, liessen dise Daffel auß
ist geschehen als man Zalt
nach Christi gebürt . 1604 . iar

Wappenkunde

Einführung in die Wappenkunde (Heraldik)

Zum Turnier reitende Ritter (Darstellung nach Burgkmaiers »Turnierbuch für Kaiser Maximilian I.«)

Ritterturnier im 15. Jahrhundert: Zweikampf zu Pferd mit kurzem Schwert und voller Helmzier (zeitgenössische Buchmalerei)

Was ist Heraldik?

Die Beschäftigung mit der Familiengeschichte läßt bei vielen Hobbyforschern auch die Frage nach einem eigenen Familienwappen aufkommen. Ein Familienwappen ist, wie auch der Familienname, ein Persönlichkeitskennzeichen, das von Generation zu Generation weitervererbt wird. Somit stellt es ein Bindeglied dar, das über viele Jahrhunderte reichen kann und als markantes Signum das Ansehen der Familie mitprägt.

Hat die Familie früher einmal ein solches Wappen geführt? Seit wann bestand das Wappen? Wie sah es aus? Wo lassen sich nähere Informationen darüber finden? Und, wenn ein überliefertes Wappen nicht zu ermitteln ist, soll man sich heute um die Stiftung eines neuen Wappens bemühen? Die Beantwortung dieser Fragen ist in den meisten Fällen nicht leicht. Vor allem aber setzt sie die Aneignung gewisser Kenntnisse in einer weiteren historischen Hilfswissenschaft voraus: der Wappenkunde oder Heraldik, die mit der Genealogie seit langem in engster Verbindung steht.

Die Heraldik befaßt sich mit allen Aspekten der Wappen: der Wappenlehre, der Wappenkunst und dem Wappenrecht. Im einzelnen umfaßt die Wappenlehre oder theoretische Heraldik die Regeln des Wappeninhalts, die Geschichte des Wappenwesens und die Kenntnis der bestehenden Wappen. Auf der Wappenlehre aufbauend, bezieht sich das zweite heraldische Teilgebiet, die Wappenkunst oder praktische Heraldik, auf den Entwurf und die Ausführung von Wappen nach den vorgegebenen Regeln. Das Wappenrecht schließlich hat die Vorschriften zur Wappenführung und -verwendung sowie die Möglichkeiten zur Kontrolle ihrer Einhaltung zum Inhalt.

Aus diesen Teilgebieten ergeben sich enge Beziehungen zu einer Reihe von historischen Hilfswissenschaften (siehe Kapitel »Historische Hilfswissenschaften«) sowie zur Rechtsgeschichte, zur Kunstgeschichte und zur Volkskunde. In starkem Maße abhängig ist die Heraldik von der Genealogie; eine Beschäftigung mit heraldischen Problemen ist ohne die vorherige Auseinandersetzung mit Fragen der Genealogie nur schwer möglich, während andererseits Genealogie beziehungsweise Familienforschung durchaus betrieben werden können, ohne daß man dabei auf heraldische Aspekte eingeht.

Der Begriff Heraldik selbst leitet sich vom Aufgabengebiet der mittelalterlichen Herolde ab. Dieses wurde früher »ars heraldica«

Große Abbildung Seite 122–123: Zunftschild der Memminger Metzger mit den Wappen der Meister (16. Jahrhundert); kleine Abbildung: Wappenscheibe Karls V. (1500–1558), Schloß Heiligenberg 1547

(= Kunst der Herolde) genannt. Pflicht der Herolde als Hofbeamte war es, bei ritterlichen Turnieren für die Einhaltung der Ordnung zu sorgen sowie die Turnierfähigkeit (= Edelblütigkeit) der beteiligten Kämpfer zu überprüfen. Zudem hatten sie auf Feldzügen und Reisen ihren Herren vorauszureiten und ihre Ankunft anzukündigen. Meist trugen sie dabei als Zeichen ihrer Legitimation einen wappenverzierten Schild oder eine entsprechende Standarte. Es waren diese Herolde, die nach und nach die Grundlagen für ein System des Wappenwesens schufen, indem sie erste Wappenverzeichnisse (Wappenbücher) anlegten und als Verfasser von Turnierdichtungen hervortraten, die auch Angaben zu Herkunft und Wappen der einzelnen Ritter enthielten und heute noch eine wichtige Quelle bei Forschungen zur Frühzeit der europäischen Heraldik darstellen. Das Wort Wappen leitet sich direkt von der mittelhochdeutschen Bezeichnung »wapen« (= Waffen) ab. Es meint ein unveränderliches, farbig gestaltetes und dauerhaftes Kennzeichen einer Einzelperson, einer Familie, eines politischen Gemeinwesens (Staat, Stadt, Provinz, Landkreis usw.) oder einer Körperschaft (Verband, Verein usw.). Die Bezeichnung deutet auf den Zusammenhang mit den mittelalterlichen Schutzwaffen, dem Schild und dem Helm, hin. Zugleich verweist der Name auf den Ursprung des Wappens als ritterliches Kennzeichen und die damit verbundene Bedeutung: der Wappenträger war auch Waffenträger.

Ritterturnier »Deutsches Gestech«, 16. Jahrhundert (aus dem Werk über die Hochzeit Herzog Wilhelms V. von Bayern mit Renata von Lothringen)

Bürgerliches Turnier (Gesellenstechen der Patriziersöhne in Nürnberg, Gemälde von Jost Amman, 16. Jahrhundert)

Das Vollwappen in der noch heute üblichen Zusammensetzung hat sich aus der Turnierheraldik entwickelt

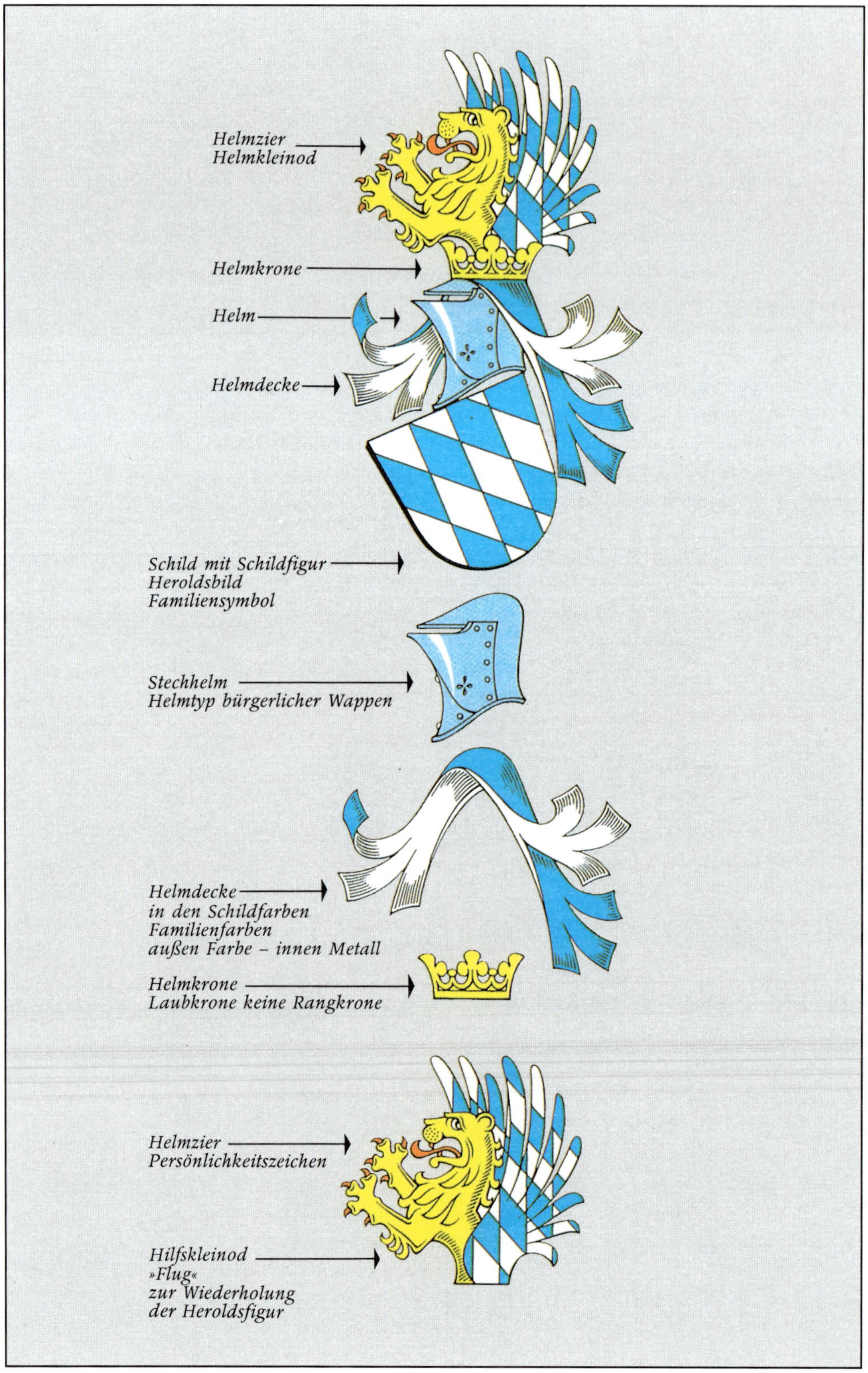

Wappenbeispiele:

1-3 Mehrfach geteilte Schilde
4/5 Geteilte Schilde, belegt mit zusätzlichen Figuren
6 Wappen mit Schildhaupt
7/8 Geteilte Figuren im einfarbigen Schild
9 Wappen mit heraldischem Pelzwerk, Eisenhutfeh
10 Wappen mit Schildfuß
11 Wappen mit Beizeichen
12 Wappen mit Beizeichen
13 Heraldisch tingiertes Vollwappen
14 Mehrfach geteilter Schild mit einfarbiger Figur
15 Einfarbiger Schild mit mehrfach geteilter Figur
16 Wappen des Kreuzfahrerkönigreichs Jerusalem. Gold und Silber, nach der Farbensymbolik gewählt, heraldisch eine Ausnahme
17 Flagge des Vatikans. Gold und Silber, nach der Überlieferung die Farben des Wappens von Jerusalem, mit Sicherheit aber die Farben der Schlüssel Petri, goldener Löse- und silberner Bindeschlüssel, die Insignie der höchsten klerikalen Gewalt

Farbensymbolik:

a Rot/Rubin
Recht, Stärke
Tapferkeit
Würde, Liebe

b Blau/Saphir
Ruhm
Ehre
Aufrichtigkeit
Treue
Beständigkeit

c Grün/Smaragd
Freiheit
Fröhlichkeit
Hoffnung
Lieblichkeit
Gesundheit

d Schwarz/Diamant
Standhaftigkeit
Demut
Frieden
Tod, Untergang
Trauer

e Purpur
kaiserliche Farbe
Hoheit
Würde
Herrlichkeit
Macht

f Silber/Perle
Reinheit
Keuschheit
Unschuld
Weisheit
Freude

g Gold/Topas
Herrlichkeit
Ansehen
Hoheit
Würde
Reichtum

Rüstung Kaiser Karls V. (1500–1558), die er bei der Eroberung von Tunis im Jahre 1535 trug

Prunkrüstung für Herzog Alessandro Farnese von Parma, Mailand (16. Jahrhundert)

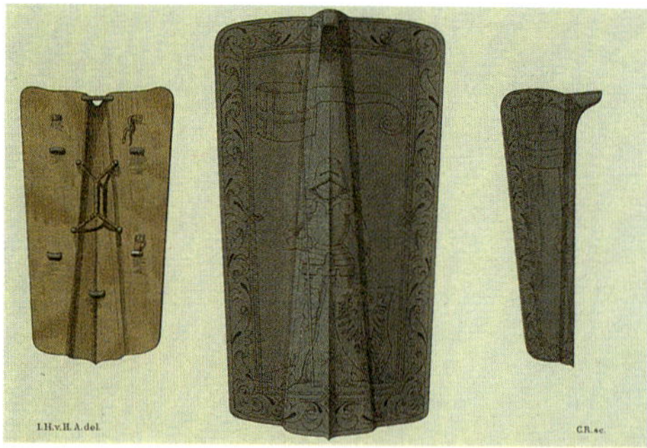

Ritterschild, Hinter-, Vorder- und Seitenansicht (15. Jahrhundert)

Schild und Helm begegnen uns als die beiden Grundbestandteile eines jeden Wappens. Der Schild zeigt das eigentliche Wappenbild (das sogenannte Schildbild); der Helm mit Helmdecke und Helmzier bildet das Oberwappen. Dieses Oberwappen ist meist bei Familien- und zum Teil auch bei Staatswappen gebräuchlich, während insbesondere die vielen in den letzten Jahren neu entworfenen Kommunalwappen von Gemeinden, Städten und Kreisen lediglich den Schild (allenfalls noch mit einer Bekrönung) zeigen.

Setztartsche mit Wappenhalter und Wappen der Stadt Deggendorf (15. Jahrhundert)

Schon in der vorheraldischen Zeit, so zum Beispiel in der griechischen und römischen Antike, aber auch bei den Germanen, gab es Schilde, die auf unterschiedliche Weise bemalt oder mit Beschlägen ornamentiert waren und mit in die Schlacht genommen wurden. Soviel man heute weiß, kennzeichneten sie jedoch in der Regel nicht den einzelnen Krieger, sondern vielmehr ganze Kriegerverbände. So hatten etwa die einzelnen römischen Legionen ihre eigenen Schilde, die in ihrer Gestaltung an die Legionsstandarten angelehnt waren. Das germanische Heerwesen kannte bereits eine Bemalung der Schilde nach Stammesverbänden, wobei meist Tierzeichen oder runenartige Symbole Verwendung fanden. All diese Zeichen dienten im Unterschied zum Wappen noch nicht der Kennzeichnung der einzelnen Trägerpersönlichkeit, sondern waren einerseits Gemeinschaftssymbole und gemeinschaftliche Erkennungszeichen, andererseits aber auch von heidnisch-naturreligiösen Vorstellungen bestimmte Schutzzauberrequisiten. Sie waren in ihrer konkreten Bedeutung und in ihren Umrissen meist noch nicht eindeutig festgelegt und erst recht noch nicht nach bestimmten Regeln gestaltet oder systematisch erfaßt – derlei begann erst mit der mittelalterlichen Heraldik. Auch waren sie – im Gegensatz etwa zu den Familienwappen – nicht vererbbar. Als familienübergreifende und oft sogar aus spontanen kriegsbedingten Anlässen hervorgegangene Symbole standen sie einer (der Vererbbarkeit vorausgehenden) Personalisierung völlig entgegen. Sie können daher auch nicht als Wappen bezeichnet werden.

Allerdings wiesen auch diese älteren Symbole und Kennzeichnungen bereits zwei Elemente auf, die sich rund 1000 Jahre später

Rundschild und Sturmhaube für Ferdinand II., Erzherzog von Österreich (16. Jahrhundert)

Ritterturnier (1. Hälfte des 16. Jahrhunderts)

Turnier: Kaiser Maximilian I. (links) gegen Kurfürst Friedrich III. von Sachsen (1497)

Prunkrüstung Heinrichs III. von Frankreich (1551–1589)

bei der Wappengestaltung in anderem Zusammenhang und aus anderen Notwendigkeiten heraus wiederfanden: Farbe und Form. Auch mag es durchaus reizvoll sein, gewissen Traditionslinien zwischen den Kampfzeichen der vormittelalterlichen Zeit (soweit sie uns noch überliefert sind) und den Anfängen der ritterlichen Heraldik nachzuspüren, um etwa Bildmotive aus vorheraldischer Zeit zu entdecken.

Schild und Hellebarden (15. Jahrhundert)

Tartsche mit dem Wappen der Familie Chigi (15. Jahrhundert)

Geschichte der Wappen und der heraldischen Forschung

Tartsche des Kaspar Aspach mit vornehmer Dame (15. Jahrhundert)

Die Entwicklung der Wappen steht in einem engen Zusammenhang mit der Entwicklung der mittelalterlichen Kriegstechnik. Mitte des 12. Jahrhunderts, zur Zeit der Kreuzzüge, wurden die bisherigen kappenförmigen Helme der europäischen Ritter von einer neuen Helmform abgelöst, die den Kopf des Trägers ganz umschloß, ihm dadurch besseren Schutz bot, zugleich aber Freund und Feind ein Erkennen unmöglich machte. Um dennoch eine gute Orientierung während der Schlacht zu ermöglichen, mußten neue optische Erkennungsmerkmale geschaffen werden: farbig gemalte und in ihren Umrissen unterschiedlich gestaltete Symbole, die weithin wahrnehmbar sein mußten. Bei der Wahrnehmbarkeit ging man damals von einer Distanz von 200 Schritt aus. Als Fläche zur Anbringung des Symbols bot sich der Schild des Ritters an, auf den nun sogenannte Schildfiguren aufgetragen wurden.

Bei den ersten dieser Schildfiguren läßt sich zum Teil noch eine deutliche Anlehnung an die Symbole der vorheraldischen Zeit feststellen. Tierfiguren wie Adler, Löwen, Stiere und Bären sowie Fabelwesen wie zum Beispiel der Drache dominierten zunächst bei den Motiven. Mit ähnlichen Figuren – wenn auch mit anderer Bedeutung – mögen bereits die Schilde in der Völkerwanderungszeit versehen gewesen sein. Neu war nun eben, daß sie nicht mehr als Gruppen-, sondern als Persönlichkeitszeichen dienten. Die unterstellten Eigenschaften der Schildfiguren, wie Stärke, Mut, Schnelligkeit und Überlegenheit, sollten dabei entsprechende Persönlichkeitswerte und Charaktereigenschaften des jeweiligen Trägers andeuten. Als weitere Motive traten auch das Rad, die Lilie, die Rose, die Eiche und vor allem die verschiedensten nur denkbaren Ausformungen des Kreuzes auf den Schilden in Erscheinung: Zeichen, die größtenteils einen religiösen Hintergrund hatten.

Zunächst noch ohne Bedeutung für das Wappen war der Helm. Wohl wurden vereinzelt auch die Helme in den Farben des Schildes bemalt, doch diente dies am Anfang lediglich als weiteres Unterscheidungsmerkmal. Träger der Wappenfiguren war vorerst nur der Schild.

Nach und nach entwickelten sich diese Figuren zu festen Kennzeichen ihres jeweiligen Trägers. Anfänglich noch vorkommende gelegentliche Veränderungen wurden eingestellt, die Figuren wurden »fest«. Zu Beginn des 13. Jahrhunderts begannen die Schildfiguren, erblich zu werden und sich vom Persönlichkeitszeichen zum Familienzeichen zu entwickeln. Sie wurden auch nicht mehr allein auf der Schutzwaffe Schild verwendet, sondern tauchten zunehmend auch auf Siegeln, auf Waffenröcken usw. auf.

Mit der Zeit ergab sich aber die wenig glückliche Situation, daß verschiedene Ritter gleiche oder einander sehr ähnliche Schildbilder trugen, was zu Verwechslungen führte. Als weiteres Unterscheidungsmerkmal gewann nun die am Helm, der zweiten Schutzwaffe des Ritters, angebrachte Helmzier an Bedeutung. Hierzu dienten wiederum die verschiedensten Symbole, ihre Zahl stand der der Schildfiguren nicht nach. So gab es Helmzieren in Form von nachgebildeten menschlichen oder tierischen Oberkörpern, verschiedenartig geformte Knäufe, Spitzen und Kreuze, Blumen, Federn usw., aber auch paarweise am Helm angebrachte Zierden in Form von Hörnern oder Flügeln. Als Material dienten Metall, Horn, Holz, Leder und gestärkter Stoff. Als älteste bildliche Darstellung eines Wappens mit Helmzier gilt ein Reitersiegel aus dem Jahr 1197.

Adelswappen im Kreuzgang Seeon (1380)

Familienwappen derer von Egloffstein

Die Helmdecken entwickelten sich aus einfachen Leder- oder Stoffbezügen, die bereits zur Zeit der Kreuzzüge entstanden. Einerseits waren sie ein zusätzlicher Schutz, denn sie konnten Pfeile ablenken sowie Schläge und Stöße mildern; zugleich dienten sie aber auch als Vorrichtung gegen einen Wärmestau unter dem Helm: befeuchtete Tücher, die am Helm befestigt waren, mögen manchem Kreuzritter Linderung bei der ungewohnten orientalischen Hitze verschafft haben. Später war die Entwicklung der Helmdecken dann immer weniger solch praktischen Erwägungen als vielmehr der Mode und dem individuellen Geschmack unterworfen. Als sich die heraldische Darstellung ihrer bemächtigte und sie in das Wappen einbezog, zerfaserten sie dort nicht selten zu Bändern, Ranken und phantastisch verschlungenen Girlanden. Bei der Wappengestaltung gewähren die Helmdecken den größten Spielraum für künstlerische Freiheiten, sollten aber noch als vom Helmdach herabfallendes Tuch erkennbar sein.

Für Schildbild, Helm, Helmzier und Helmdecken galt, daß sie stilistisch aufeinander abgestimmt sein sollten. Jede Epoche der Heraldik war auch vom jeweiligen Zeitgeschmack geprägt und bildete eigene, typische Formen der einzelnen Wappenbestandteile heraus. Um des einheitlichen Er-

Ritterwappen, Relief aus dem 14. Jahrhundert

Heraldischer Holzschnitt: Vollwappen als Buchtitel, „Aureum opus“ (1515)

Wappen der Papstwähler auf dem Konstanzer Konzil 1414–1418 (außer den Wappen der Kardinäle)

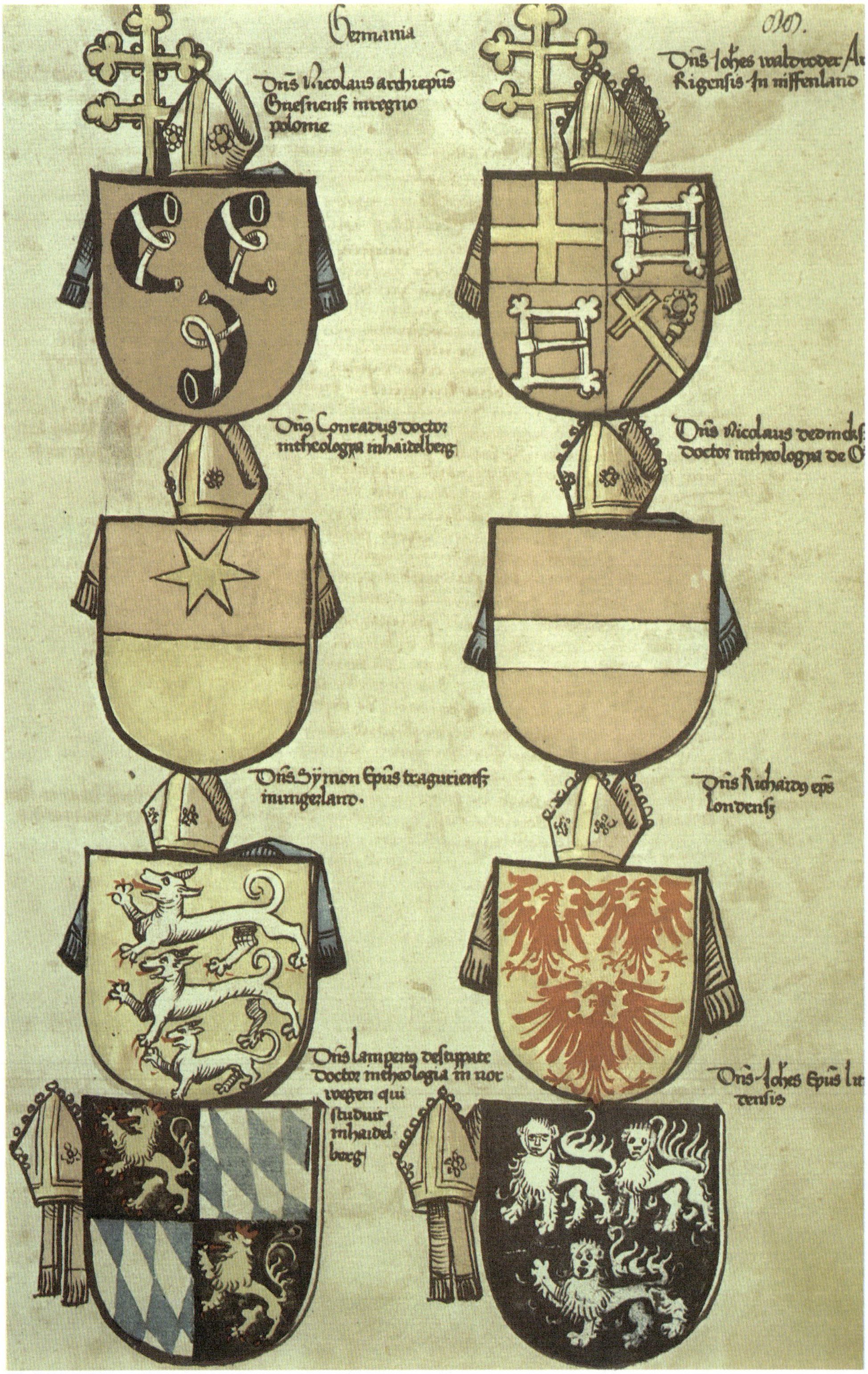

Adelswappen deutscher fürstlicher Frauen (Beginn des 15. Jahrhunderts)

Der Minnesänger Hartmann von Aue, in voller wappengeschmückter Rüstung (Heidelberger Liederhandschrift, 1310–1340)

scheinungsbildes willen sollte man es bei Neuentwürfen aber tunlichst vermeiden, etwa eine gotische Helmform mit barocken Helmdecken zu kombinieren. Ein Stilbruch mindert die Prägnanz eines Wappens und setzt seine Wirkung herab.

War die Entstehung der Wappen auch zunächst auf das Militärwesen und seine praktischen Notwendigkeiten zurückzuführen, so begann im 14. Jahrhundert eine Verselbständigung der Heraldik. Diese hatte ihre Ursache allerdings wieder in Veränderungen der Kriegskunst: der Fußkampf gewann an Bedeutung, Söldner- und Landsknechtsheere traten neben die Ritter, und selbst diese waren bei der neuen Kriegstechnik nicht selten gezwungen, vom »hohen Roß« herunterzusteigen und zu Fuß weiterzukämpfen. Selbstverständlich brauchte der Fußsoldat kleinere, leichter handhabbare Schilde als der Reiter, die Schilde der gemeinen Soldaten hatten zudem oft kein Wappen. So kam es, daß die Wappen ihre ursprüngliche Funktion als Erkennungszeichen auf dem Schlachtfeld wieder einbüßten. Dort gewannen nun Fahnen und Standarten, die weit über die Menge der Kämpfenden hinausragten und den einzelnen Soldaten zeigten, wo sich die eigenen und wo die fremden »Fähnlein« (= Landsknechtshaufen) befanden, an Bedeutung.

Dennoch blieb das Wappenwesen weiter bestehen. Die Wappen hielten sich als Symbole adeliger Familien, ihrer Macht und ihrer Würden, und hatten zudem noch lange Zeit eine große Bedeutung in der spielerischen Variante des ritterlichen Kampfes: bei den Turnieren. Die Kriegsheraldik wurde durch die Turnierheraldik abgelöst. Auf den farbenprächtigen Turnieren, die wesentliche »sportlich«-gesellschaftliche Ereignisse ihrer Zeit waren und zum Teil sogar noch bis ins 17. Jahrhundert ausgetragen wurden, spielte das Wappenwesen eine herausragende Rolle. Entlang der Kampfbahnen standen die Zelte der teilnehmenden Ritter, die mit den jeweiligen Wappen geschmückt waren. Vor dem Zelt hing oft der Schild mit der Schildfigur, und ein Stoß mit der Lanze gegen den Schild bedeutete die Herausforderung zum Zweikampf. Im Kampfe selbst trug der Ritter über seiner Rüstung meist einen wappengeschmückten Waffenrock, trat er zu Pferde an, so war über sein Tier eine gleichfalls wappengeschmückte Pferdedecke gelegt. Herolde unterschiedlichen Ranges hatten die Echtheit der Wappen und die Berechtigung der einzelnen Turnierteilnehmer zu überprüfen, ein Wappen zu führen.

Etwa um die gleiche Zeit, in der der geschilderte Übergang von der Kriegs- zur Turnierheraldik stattfand, wurden in Deutschland auch Personen, die nicht dem alten Adel angehörten, Wappen und Adelsprädikate verliehen. Voraussetzung dafür waren natürlich besondere Verdienste um Staats- oder Heerwesen. Als erster machte Kaiser Karl IV. (1346–1378) von seinem Recht auf Wappenverleihung Gebrauch. Nach und nach wurde dieses Recht aber auch von den einzelnen Territorialfürsten wahrgenommen, es bestand bis zum Ende der monarchischen Staatsform im Jahre 1918. Im Ausland, etwa

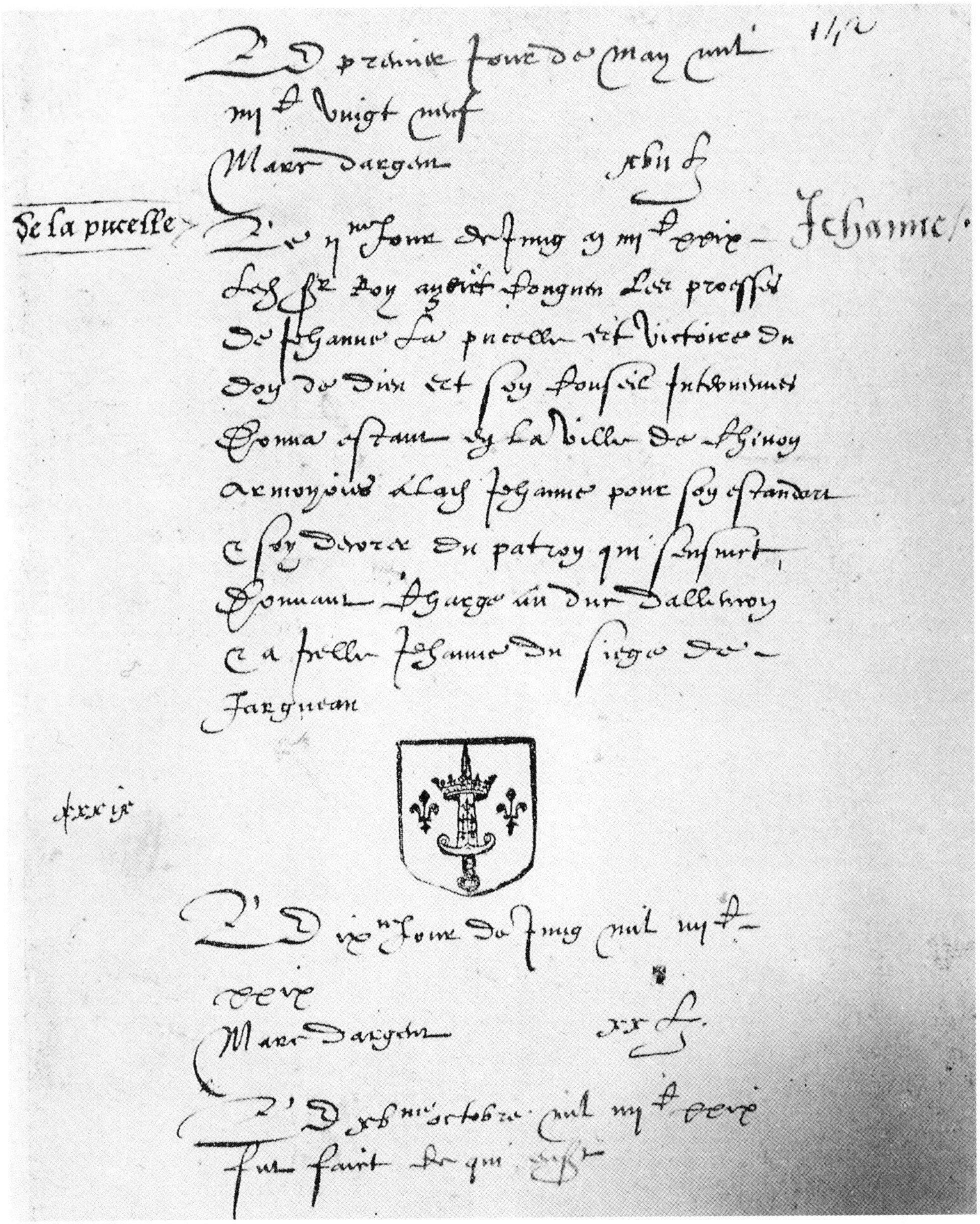

Wappenbrief: Wappenverleihung an Jeanne d'Arc nach der Befreiung von Orleans (15. Jahrhundert)

in Großbritannien, finden vereinzelt noch bis in die heutige Zeit solche herrschaftlichen Wappenverleihungen und Adelserhebungen statt. Auf diese Weise entwickelte sich neben der Kriegs- und Turnierheraldik der uradeligen Geschlechter eine weitere Säule des Wappenwesens, die sogenannte Kanzleiheraldik, die ihren Namen den die Verleihungen ausfertigenden herrschaftlichen Kanzleien verdankt. Und während man bei den Wappen des Uradels von Urwappen spricht, hat sich für die seit dem 14. Jahrhundert durch Wappenbriefe verliehenen neuen Wappen der Begriff des Briefwappens durchgesetzt. Vereinzelt traten im Mittelalter auch Bauernwappen auf, vor allem dort, wo die bäuerliche Bevölkerung nicht in Leibeigenschaft gefallen war, sondern sich den Status des Freibauerntums weitgehend bewahren konnte, so zum Beispiel in Tirol, in der Schweiz, in Dithmarschen und in Teilen des heutigen Niedersachsen.

Seit dem 15. Jahrhundert wurden an mächtige, zu Ansehen, Reichtum und Einfluß gelangte Bürgerfamilien auch Briefwappen ohne die gleichzeitige Erhebung in den Adelsstand verliehen. Hinzu kam der Wunsch des seit dem Spätmittelalter immer mächtiger werdenden städtisch-kaufmännischen Patriziats, Lebensweise und Statussymbole des herrschenden Adels nachzuahmen. Dieser führte vereinzelt bereits im 13. Jahrhundert dazu, daß sich Bürger frei, das heißt ohne landesherrliche Verleihung, eigene Wappen zulegten, die dann zum Teil (aber nicht immer) durch die hofpfalzgräfliche Kanzlei des Kaisers bestätigt wurden. Für eine solche Bestätigung waren meist erhebliche Gebühren zu entrichten.

Porträt des Stadtrichters. Ulrich in Schneeberg (Gemälde von Mathias Krodel d.J., 1615)

Bildnis der Marie Ursula Beringer von Königshofen (1648)

Vor allem seit der Renaissance nahmen auch Gelehrte verschiedener Fakultäten eigene Wappen an, um die Würde ihres Standes zu betonen. Gerade bei ihnen finden sich in reichem Maße allegorische und mythologische Darstellungen auf dem Wappenschild. Die somit im Grunde freie Wappenwahl führte allerdings auch zu Wucherungen und zeitweiligem Niveauverfall und zu einer für die Heraldik insgesamt oft schädlichen Entwicklung. Daher kam den landesherrlichen Kanzleien und Heroldsämtern eine durchaus wichtige Funktion zu, und die von ihnen geprüften, bestätigten und in Wappenbüchern verzeichneten Wappen waren den unbestätigten und frei geführten in Form und Gestaltung oft weit überlegen.

Im 14. Jahrhundert begann die wissenschaftliche Erfassung, Bearbeitung und Durchdringung heraldischer Fragen. Ausführliche Abhandlungen zur Wappenkunde wurden geschrieben. In Italien war es Bertoldus de Sassoferrato (1314–1357), ein Rechtsgelehrter aus der umbrischen Universitätsstadt Perugia, in Deutschland der thüringische Priester Johannes Rothe (ca. 1360–1434), die erste heraldische Bücher schrieben. Auf dem grundlegenden Werk von Sassoferrato baute rund ein Jahrhundert später der Züricher Chorherr Felix Hemmerlein (ca. 1388–1458) auf, der in seiner 1440 erschienenen Schrift »De nobilitate et rusticitate« der Heraldik ein besonderes Kapitel widmete. 1480 wurde dann in England das erste gedruckte heraldische Werk verlegt.

Auf den Nürnberger Ratsherrn Georg Philip Harsdörffer (1607–1658), der als Verfasser der »Unterhaltungen über die Heroldskunst« bekannt wurde, geht die Einführung zahlreicher heraldischer Fachbegriffe in die deutsche Literatur zurück. Sie wurden zum größten Teil von der bereits weiter verfeinerten französischen Heraldik entlehnt. Obwohl die praktische Heraldik, die Wappenkunst, zu jener Zeit in Verfall geriet, waren das 16. und das 17. Jahrhundert eine Epoche zahlreicher wichtiger theoretischer Werke zur Wappenkunde.

Einen neuen Aufschwung brachte das 18. Jahrhundert. 1705 schuf König Friedrich I. von Preußen an der neueingerichteten »Ritterakademie« in Berlin einen ersten eigenen Lehrstuhl für Heraldik. Inhaber dieser Professur wurde der persönliche Ratgeber des Monarchen für heraldische Fragen, der Gelehrte Christian Maximilian Spener. Bereits 1711 wurde auch an der Leipziger Universität ein Heraldiklehrstuhl eingerichtet. Weitere deutsche Hochschulen zogen in den folgenden Jahrzehnten nach. Es war die Zeit des späten Barocks, und die höfischen Kreise wie auch der Landadel und das begüterte Bürgertum erfreuten sich an prachtvollen Wappendarstellungen, die viele Bauwerke, aber auch Möbel, Kleidungsstücke, Takenplatten (alte Herdplatten aus Gußeisen, auf denen Bilder, Verzierungen und Texte im Flachrelief gestaltet sind), Geschirr, Bestekke und andere Gebrauchsgegenstände jener Ära zieren.

Ähnlich wie die Genealogie erfuhr dann aber auch die Entwicklung der Heraldik einen schweren Einbruch durch die Französische Revolution und ihre Nachwirkungen, da die traditionellen Wappen, diese Symbole des »Ancien régime«, nun verpönt waren.

Einen letzten Aufschwung brachte erst die Zeit nach der Gründung des zweiten deutschen Kaiserreiches 1871. Der Historismus in Kunst und Architektur ließ Wappendarstellungen aller Art wieder stärker hervortreten. Reich gewordene bürgerliche Industriellen- und Kaufmannsfamilien kauften –

Die Säkularisierung der Wappenkunst belegen heraldische Motive, zum Beispiel das bayrische Wappen, auf Bauerngürteln

Gesellenbrief mit Wappendarstellung (Stich von J. G. Burgendas, 1785)

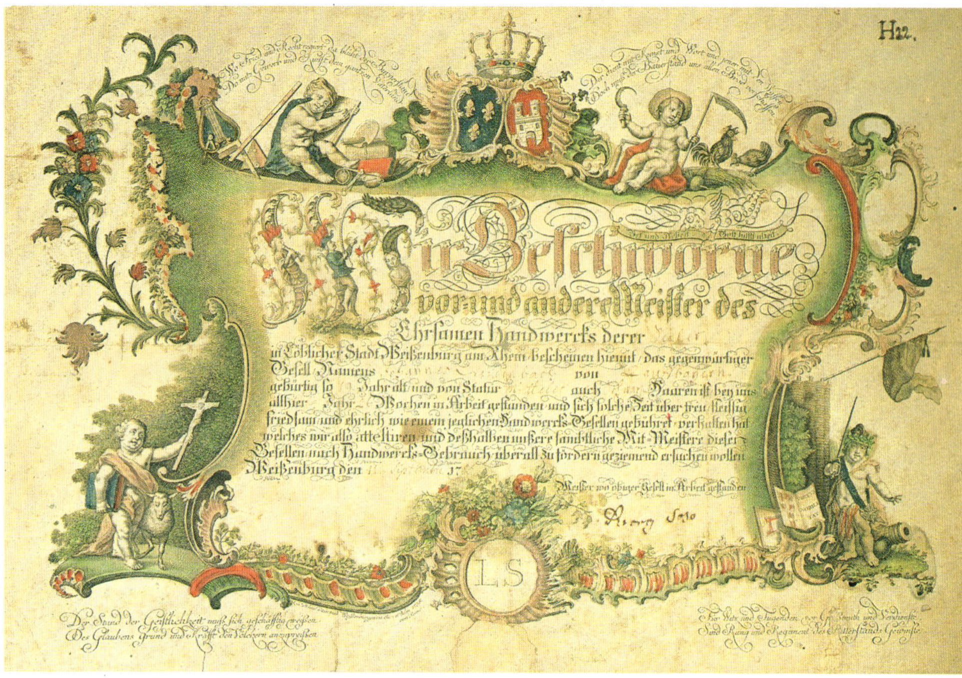

Das große Kaiserwappen mit den »wilden Männern« (um 1890)

in Nachahmung des Adels – nicht nur alte Burgen auf, sondern legten sich auch Familienwappen zu. Das zum Teil politisch-nationalstaatlich motivierte rege historische Interesse jener Zeit trug ebenfalls zu einem Neuaufschwung des Wappenwesens bei.

Die Revolution von 1918 markierte dann den nächsten Einschnitt in der Entwicklung. Während der NS-Zeit schließlich litt die Heraldik nicht nur unter der Vereinnahmung für politische Zwecke (ein Schicksal, das sie mit allen Wissenschaften teilte), sondern auch unter dem krampfhaften Bemühen nationalsozialistisch inspirierter Fachwissenschaftler, zahlreiche Wappen auf einen (in den meisten Fällen historisch weder belegnoch ableitbaren) germanischen Ursprung hin zu interpretieren.

Einen überraschenden neuen Impuls erhielt die Heraldik wieder seit den sechziger Jahren durch das kommunale Wappenwesen. Nachdem die materiellen Wiederaufbauleistungen erbracht waren, stellte sich bei vielen Kommunalpolitikern der Wunsch nach repräsentativen und identifikationsfördernden Symbolen für ihre jeweiligen Gemeinwesen ein, was selbst bei kleinen und kleinsten Gemeinden zu Entwurf und Annahme eigener Wappen führte. Zusätzlich verstärkt wurde diese Entwicklung durch die kommunalen Neugliederungen in den meisten Bundesländern: die zahlreichen neugeschaffenen Orts-, Groß-, Samt- und Verbandsgemeinden sowie die neu abgegrenzten Landkreise verlangten nach eigenen Wappen, die durch Rückgriff auf historische Traditionen integrierend auf die Bevölkerung der oft am »grünen Tisch« geschaffenen Verwaltungseinheiten wirken sollten.

Nur wenig später machte sich auch das bereits eingangs dargestellte allgemein stärkere Geschichtsinteresse bemerkbar und führte unter anderem auch zu zahlreichen neuen Wappenstiftungen durch Privatpersonen. Dieser Trend, der mit dem Aufschwung der Orts-, Heimats- und Familienforschung in engem Zusammenhang steht, hält bis heute unvermindert an. So zeigt sich, daß die Heraldik bei allem Auf und Ab im Laufe ihrer Geschichte immer wieder frische Impulse empfing und man daher um ihre weitere Zukunft nicht bange sein muß.

Heraldische Regeln und Terminologie

Allgemeines

Die Gestaltungsfreiheit von Wappen ist durch eine Reihe von heraldischen Regeln beschränkt, deren Beachtung und Einhaltung in doppelter Hinsicht geboten ist. Zum einen erfüllt das Wappen nach wie vor eine Funktion, die über das rein Dekorative hinausgeht: es soll Sinnbild und einprägsames Kennzeichen des jeweiligen Wappenträgers sein. Hieraus leitet sich das grundsätzliche Gebot ab, nach dem ein Wappen immer deutlich erkennbar sein soll. Zum anderen verlangt auch die Ästhetik eine gewisse Einschränkung der Formenvielfalt und der Farbkombinationen.

Was die Erkennbarkeit der Wappen betrifft, so legt man heute natürlich nicht mehr die 200 Schritte des Mittelalters zugrunde, über deren Distanz ein Wappen damals noch erkennbar sein sollte. In den Schlachten des 20. Jahrhunderts werden von den Kombattanten keine Wappen mehr gezeigt, die Wahrnehmung über eine weite Entfernung ist also in der Praxis heute kaum noch erforderlich. Verstärkt aber findet man Wappen in unseren Tagen auf amtlichem und privatem Briefpapier, auf Siegelringen, Münzen, Geldscheinen und anderen kleineren Gegenständen, so daß die heutige Wappengestaltung darum bemüht sein muß, ein Wappen auch in stark verkleinerter Form noch identifizierbar zu halten.

Ein Mittel, die deutliche Wahrnehmung des Wappens, vor allem des Schildbildes und daneben auch der Helmzier, zu gewährleisten, ist die Stilisierung. In der Natur sehen der Adler, der Bär, der Falke, der Löwe, die Schlange, der Stier usw. anders aus als in den meisten Wappendarstellungen, die sich aus Gründen der Übersichtlichkeit darauf beschränken müssen, diese und andere Schildfiguren (zum Beispiel auch Fabeltiere wie Drachen und Einhorn) in ihren einprägsamen Grundelementen zu zeigen. Dabei soll die Stilisierung aus ästhetischen Gründen allerdings auch nicht zu abstrakt wirken. Eines der bekanntesten Beispiele für eine stark stilisierte, aber dennoch gut erkennbare Darstellung ist wohl der Bundesadler im Staatswappen der Bundesrepublik Deutschland.

Wappen des Deutschen Reiches (um 1875)

Kaiserwappen Wilhelms II. (bis 1918)

Kleines Preußisches Staatswappen (um 1865)

Deutscher Reichsadler bis 1918

Wappen der Weimarer Republik

Wenn es auch keine eindeutige Regeln für die Stilisierung gibt, so hat jeder Gestalter eines Wappens doch stets drei Grundforderungen zu berücksichtigen, die an das Wappen gestellt werden: Es soll eine größtmögliche Signalwirkung entfalten, es soll (sei es auf Distanz, sei es bei starker Verkleinerung) leicht zu erkennen sein, und es soll sich unzweideutig von anderen Wappen unterscheiden. Selbstverständlich ist es nicht immer leicht, diesen drei Forderungen gleichermaßen gerecht zu werden. Insbesondere die Vielzahl von bereits gebräuchlichen Wappen läßt die Forderung nach klarer Unterscheidbarkeit oft zu einem Problem werden, das höchste Anforderungen an das Wissen und Können des Heraldikers stellt.

Heraldische Farbregeln

Genaue und strenge Regeln kennt die Heraldik bei der farblichen Gestaltung der Wappen. Den Farben kommt größte Bedeutung zu. Die Wichtigkeit, die gerade die Farben für ein Wappen haben, zeigt sich schon an der Tatsache, daß es zwar Wappen ohne Schildfiguren gibt, bei denen der Schild in geometrische Farbfelder aufgeteilt ist, aber kein Wappen ohne Farbe. Es ist also vor allem die richtige Farbwahl und -kombination, die die Signalwirkung und den ästhetischen Eindruck eines Wappens ausmacht.

Die Heraldik kennt vier echte Farben und zwei sogenannte Metalle. Als echte Farben gelten die beiden Grundfarben Rot und Blau sowie Grün und Schwarz. Als Metalle werden Weiß (heraldisch Silber) und die Grundfarbe Gelb (Gold) bezeichnet. Als Sonderfarbe wird zuweilen noch Purpur verwendet, vornehmlich zur Kennzeichnung höchster geistlicher oder weltlicher Macht. Fleischfarben dürfen nur menschliche Körperteile (Arme, Fäuste, Köpfe, Rümpfe usw.) auf den Schildbildern dargestellt werden, während stumpfe Mischfarben wie Grau und Braun in der Heraldik kaum einen Platz haben. Lediglich die Mischfarbe Blaugrau findet manchmal Verwendung, vor allem zur Farbgebung der Helme im Oberwappen und zur Zeichnung von Wappen und Werkzeugen (Schwerter, Lanzenspitzen, Hämmer usw.) im Schildbild.

Auf dieser Grundlage verlangen die heraldischen Regeln, daß in einem Wappen nach Möglichkeit nur zwei Farben (eine echte Farbe und ein Metall) verwendet werden – allerdings auch nicht weniger, denn einfarbige Wappen sind undenkbar. Meist wird von dieser Beschränkung jedoch abgewichen, insbesondere dann, wenn der Wappenschild in zwei oder mehrere Felder (Plätze) mit jeweils eigenen Schildfiguren eingeteilt ist. Auch bei der sogenannten Bewehrung von Schildfiguren (zum Beispiel den Klauen des Bären oder den Krallen des Adlers) ist eine abweichende Farbgebung zulässig und allgemein üblich, ebenso bei bestimmten Nebenteilen der Schildfiguren (etwa den Flügeln eines geflügelten Löwen, Beutetieren im Fang eines Wolfes, Kronen auf dem Haupt eines Drachen usw.).

Wappen des Königreichs Sachsen. Zu beachten ist besonders die Farbgebung der verschiedenen Teile

Weiterhin verlangen die heraldischen Farbregeln, daß echte Farbe stets auf der neben Metall steht beziehungsweise Metall stets auf oder neben echter Farbe, da von dieser Kombination die beste Signalwirkung ausgeht. »Auf« bedeutet in diesem Zusammenhang, daß die eine Farbe als Unter- oder Hintergrund dient und die Schildfigur in der anderen Farbe darauf aufgelegt ist.

Lediglich im katholisch-kirchlichen Bereich werden die beiden Metalle Silber und Gold nebeneinander verwendet. So zeigt das Wappen des mittelalterlichen Kreuzfahrer-Königreiches Jerusalem ein goldenes Krukenkreuz, flankiert von vier kleineren Kreuzen, auf silbernem Grund. Die Flagge des Vatikans zeigt ein goldenes neben einem silbernen Feld, auf dem silbernen Feld sind die päpstliche Krone (die Tiara) und die goldenen Schlüssel Petri als Insignien der höchsten geistlichen Gewalt abgebildet. Auch die bei vielen Anlässen, zum Beispiel bei den alljährlichen Fronleichnamsprozessionen und bei Kirchweihfesten, gezeigte katholische Kirchenfahne ist in der heraldisch sonst völ-

lig unüblichen Farbkombination Gelb/Weiß gehalten. Durch die Wahl der beiden Metalle, der edelsten Farben in der heraldischen Skala, symbolisierte die Kirche stets den Anspruch auf höchste, gottgegebene Autorität.
Besondere Vorschriften gelten für die heraldisch fachgerechte Gestaltung der Oberwappen. Hier sollen sich die beiden Hauptfarben des Schildes wiederholen, wobei die Helmdecken außen echte Farben und auf ihren Innenseiten Metall zeigen sollen. Soll der Helm des Oberwappens plastisch wirken, ist auch eine entsprechende Schattierung erlaubt.
Keine Regeln kennt die Heraldik dagegen bei der Farbgebung der einzelnen Schildfiguren. Sie müssen nicht unbedingt in der

Besondere Farbgebung im Wappen des Abtes Hieronymus von Hulzing (1482)

Farbe dargestellt werden, die sie auch in der Natur haben. So kann etwa ein Wolf als Schildfigur durchaus rot, ein Fuchs schwarz und ein Adler blau sein. Bei heraldisch dargestellten Fabelwesen wie Drachen und Einhörnern ist die Freiheit der farblichen Gestaltung natürlich erst recht gegeben. Gewisse Grenzen setzt allerdings auch hier wieder das ästhetische Empfinden; eine stilisierte und völlig in Blau gehaltene Eiche als Schildfigur läge schon hart an der äußersten Grenze des guten Geschmacks.

Aus drucktechnischen Gründen werden viele Wappen gar nicht immer farbig abgebildet, sondern in Schwarz-Weiß wiedergegeben. Um dabei trotzdem die einzelnen Farben als solche zu kennzeichnen, wurde, ausgehend von der alten Technik der Kupferstecher, ein besonderes Schraffursystem entwickelt. Bei der Richtung der Schraffur im Schild wird dabei von der Längsachse des Schildes ausgegangen, bei der Schraffurrichtung im Oberwappen von der Längsachse des Blattes, auf dem die Wappendarstellung abgedruckt ist. Diese Unterscheidung macht Sinn, weil manche Wappen mit leicht geneigtem Schild dargestellt werden. Für die wichtigsten Farben gelten folgende Schraffuren:

Rot	=	senkrechte Linien
Blau	=	waagerechte Linien
Grün	=	diagonal von links oben nach rechts unten laufende Linien
Purpur	=	diagonal von rechts oben nach links unten laufende Linien
Silber	=	weiß (keine Schraffur)
Gold	=	gepunktet
Schwarz	=	gegittert oder schwarz

(Die Bezeichnungen rechts und links beziehen sich in diesem Fall – im Gegensatz zur allgemeinen Wappenbeschreibung – auf den Blickwinkel des Betrachters.)

Zwar lehnt die heraldische Wissenschaft es mittlerweile generell ab, den einzelnen Farben Symbolwerte und Eigenschaften zuzuschreiben, doch weder die höfische Dichtung noch die Laienheraldik haben es sich nehmen lassen, immer wieder solche Bezüge herzustellen und Wappen entsprechend zu interpretieren. Nach diesem Farbsystem mit mythischen Anklängen ist den meisten Farben ein Edelstein zugeordnet. Edelstein und Farbe sollen zudem bestimmte Werte symbolisieren. In der farblichen Gestaltung des Wappens sollen über diese Symbolik Charaktereigenschaften des Wappenträgers oder seiner Familie ausgedrückt werden. Allerdings verkörpert jede Farbe mehrere unterschiedliche – wenn auch nicht unbedingt gegensätzliche – Eigenschaften, was bereits eine gewisse Schwäche der Systematik offenbart. Die landläufige Farbsymbolik verbindet jeweils die folgenden Farben, Edelsteine und Eigenschaften miteinander:

Farbe	Edelstein	Eigenschaften
Rot	Rubin	Liebe, Stärke, Mut
Blau	Saphir	Ehre, Treue, Ruhm
Grün	Smaragd	Freiheit, Hoffnung, Gesundheit
Schwarz	Diamant	Tod, Trauer Festigkeit
Gold	Topas	Reichtum, Hoheit, Herrlichkeit
Silber	Perle	Reinheit, Unschuld, Weisheit
Purpur	–	Hoheit, Macht, Würde

Terminologie der Schildbilder

Neben einem System von Regeln, die sich vor allem auf die Farbgestaltung beziehen, entwickelte die Heraldik im Laufe der Jahrhunderte auch eine eigene Terminologie. Diese Fachsprache soll es ermöglichen, ein Wappen so knapp und so treffend zu beschreiben, daß ein heraldisch Kundiger es sofort identifizieren, typologisch zuordnen und nach der Beschreibung nachzeichnen kann.

So unterscheidet man beim Inhalt eines Schildes zunächst zwischen *Gemeinen Figuren* und *Heroldsbildern.* Die Gemeinen Figuren haben natürliche Vorbilder unterschiedlich-

Schwarzweißdarstellung der heraldischen Farben (1–11); Heroldsstücke (12–33); Hausmarken (34–35)

Fahnenschwinger zur Jahrhundertfeier des Oktoberfestes 1910 (Wappen von Bezirkshauptstädten)

ster Art: Menschen, Tiere, menschliche und tierische Körperteile, Fabelwesen, Bauwerke, Blumen, Bäume, Waffen, Werkzeuge, Himmelskörper, Gewässer usw. Sie stehen frei im Schildfeld, das heißt, daß sie zumindest die beiden Seitenränder des Schildes nicht berühren dürfen. Meist werden sie im Profil, nach rechts gewendet, dargestellt. Dabei sollen sie den Schild beziehungsweise das ihnen zugewiesene Schildsegment (Platz) optimal ausfüllen. Natürlich kann ein unterteilter Schild mehrere Gemeine Figuren aufweisen, übersteigt ihre Zahl aber drei, beginnt der Schild unübersichtlich zu werden: die Erkennbarkeit und Prägnanz des Wappens gehen verloren. Auch sollten bei der Darstellung mehrerer Gemeiner Figuren auf einem Schild alle die gleiche Größe haben, da ihnen gleiche Bedeutung zukommt. Das abstrakte Pendant zur Gemeinen Figur ist das Heroldsbild. Dabei handelt es sich um nicht-gegenständliche Schildbilder, die allseitig von den Schildrändern begrenzt werden. Sie entstehen, wenn der Schild geometrisch aufgegliedert wird. Die einfachsten Gliederungsmöglichkeiten sind die *einfache Spaltung* (Gliederung der Schildfläche von oben nach unten in zwei Felder) und die *einfache Teilung* (Gliederung von rechts nach links). Zahllose weitere Möglichkeiten sind darüber hinaus denkbar: *schräge Teilung, zinnen-, zahn-* und *bogenförmige Teilung* oder *Spaltung*, drei- und mehrfache Teilung oder Spaltung, *Vierung* usw.

Selbstverständlich schließen sich Gemeine Figur und Heroldsbild nicht aus. Vielmehr sind die verschiedensten Kombinationen möglich. So können zum Beispiel die einzelnen Felder eines gespaltenen oder geteilten Schildes mit Figuren belegt werden, ein Teil der Felder kann unbelegt, ein anderer ausgeschmückt werden usw.

Das Hohenzollernwappen in ornamentaler Rahmung

Grabsteine mit Ritterwappen (1280–1340), Süddeutschland und Schweiz

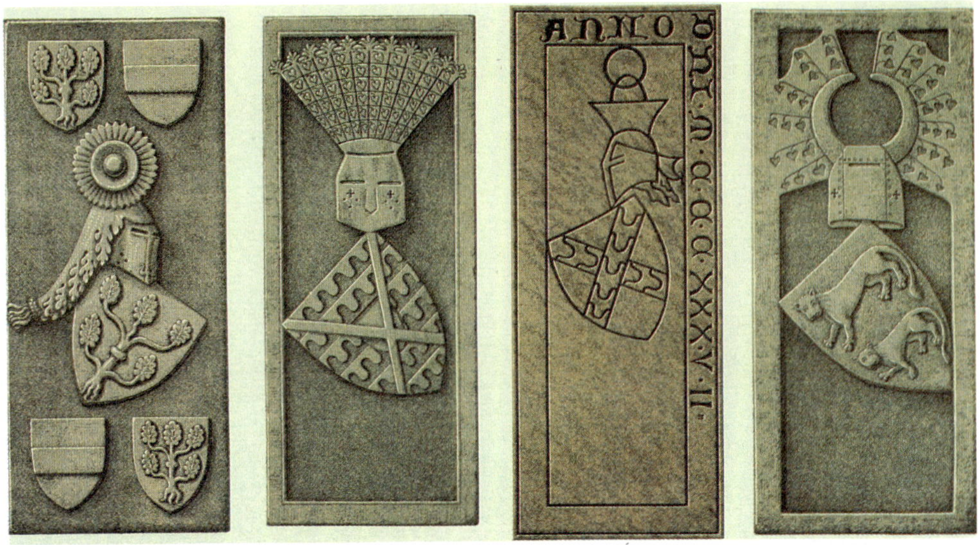

Albrecht Dürer: Wappen mit dem Totenkopf (1503)

Die Wappenbeschreibung (Blasonierung)

Die Wappenbeschreibung wird in der Fachsprache Blasonierung genannt. Dabei müssen die einzelnen Teile eines Vollwappens (das heißt eines Wappens mit Schild, Helm, Helmzier und Helmdecken) in einer genau festgelegten Reihenfolge kurz, aber vollständig beschrieben werden.

Die Blasonierung beginnt stets mit dem Schild, wobei der allgemeine Grundsatz gilt, daß die Begriffe rechts und links nicht vom Standort des Betrachters aus, sondern von dem des Schildträgers aus gelten! Die rechte Seite eines Wappens ist demnach die dem Betrachter zur linken Hand liegende, sie wird auch als vorne bezeichnet. Sie wird als erstes beschrieben. Grundsätzlich ist festgelegt, daß rechts und oben liegende Schildplätze stets vor den links und unten liegenden zu beschreiben sind.

Beim Helm genügt die Angabe der Helmform. Hierbei wird zwischen Stechhelm, Topfhelm, Kübelhelm und Bügelhelm unterschieden. Des weiteren anzugeben ist, ob auf dem Helm eine Helmwulst oder Helmkrone (zwischen Helm und Helmzier) angebracht ist. Enthält ein Oberwappen mehrere Helme, werden sie von rechts nach links angesprochen.

Als nächstes folgt die Beschreibung der Helmzier. Zunächst wird ihre Farbe und dann ihre Form vorgestellt. Besteht sie aus Haupt- und Nebenfiguren, so wird natürlich zuerst die Hauptfigur besprochen. Stellt die Helmzier zum Beispiel einen Adler mit einer Schlange im Schnabel dar, so ist der Adler die Haupt-, die Schlange die Nebenfigur. An die Beschreibung der Helmzier schließt sich die der Helmdecken an, bei denen die Benennung der Farben von Innen- und Außenseiten wesentlich ist. Als letztes werden eventuell vorhandene Nebenteile des Wappens (zum Beispiel eine Kette um die Halsbrünne des Helmes und ähnlicher Zierat) angesprochen.

Helm aus Süddeutschland (um 1480)

Helm und Handschuh zu einem Prunkharnisch, Mailand (16. Jahrhundert)

Zunftschild der Memminger Meistersinger mit den Wappen der Meister; die Meistersingergesellschaft wurde erst 1620 gegründet

Soldatenerinnerungsbild (Reservistenbild), Berlin (um 1890)

Einigkeit macht stark.
Mit Gott für König und Vaterland.
Zur Erinnerung an meine Dienstzeit.

Stechhelme der Ritter (1280–1360)

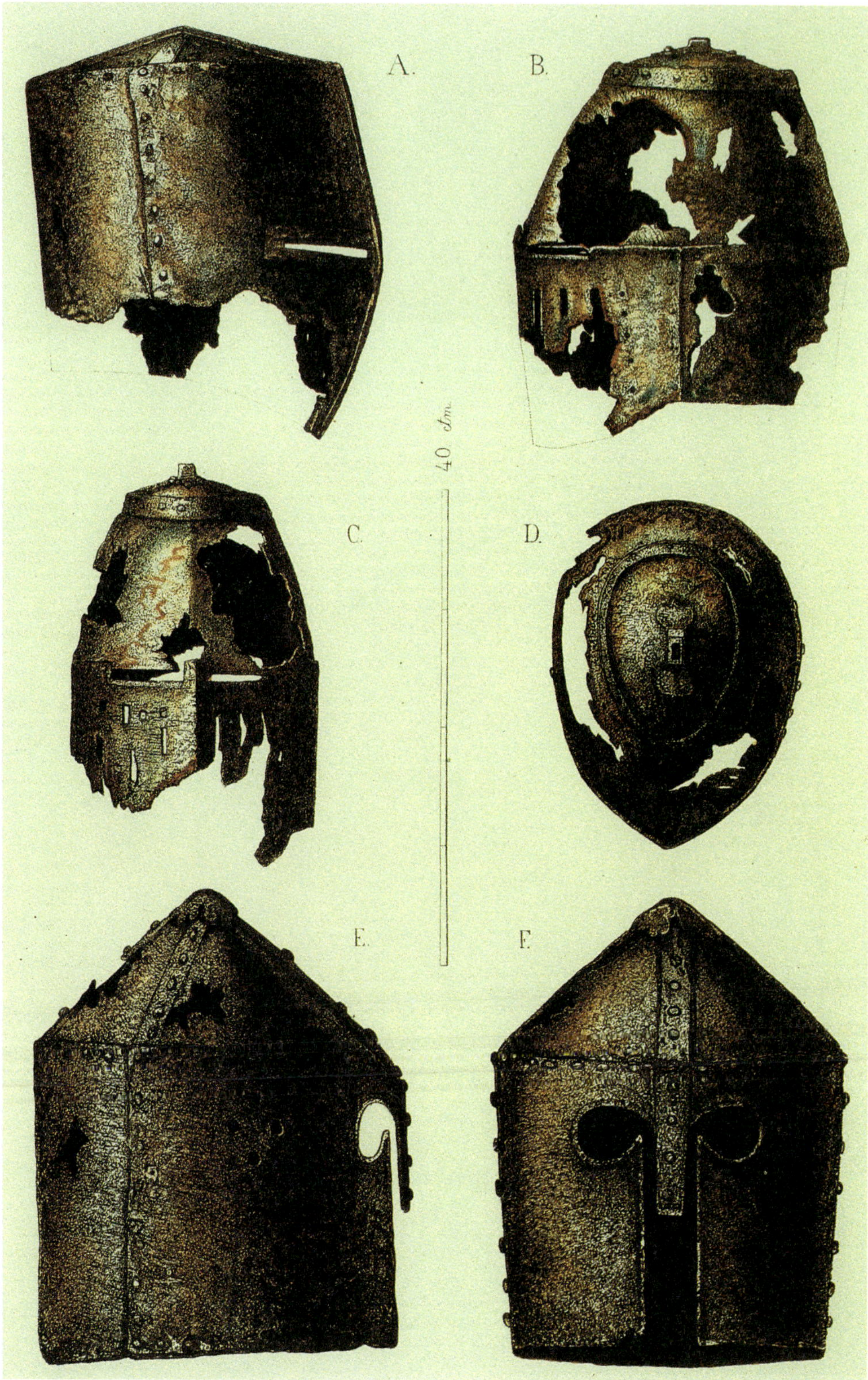

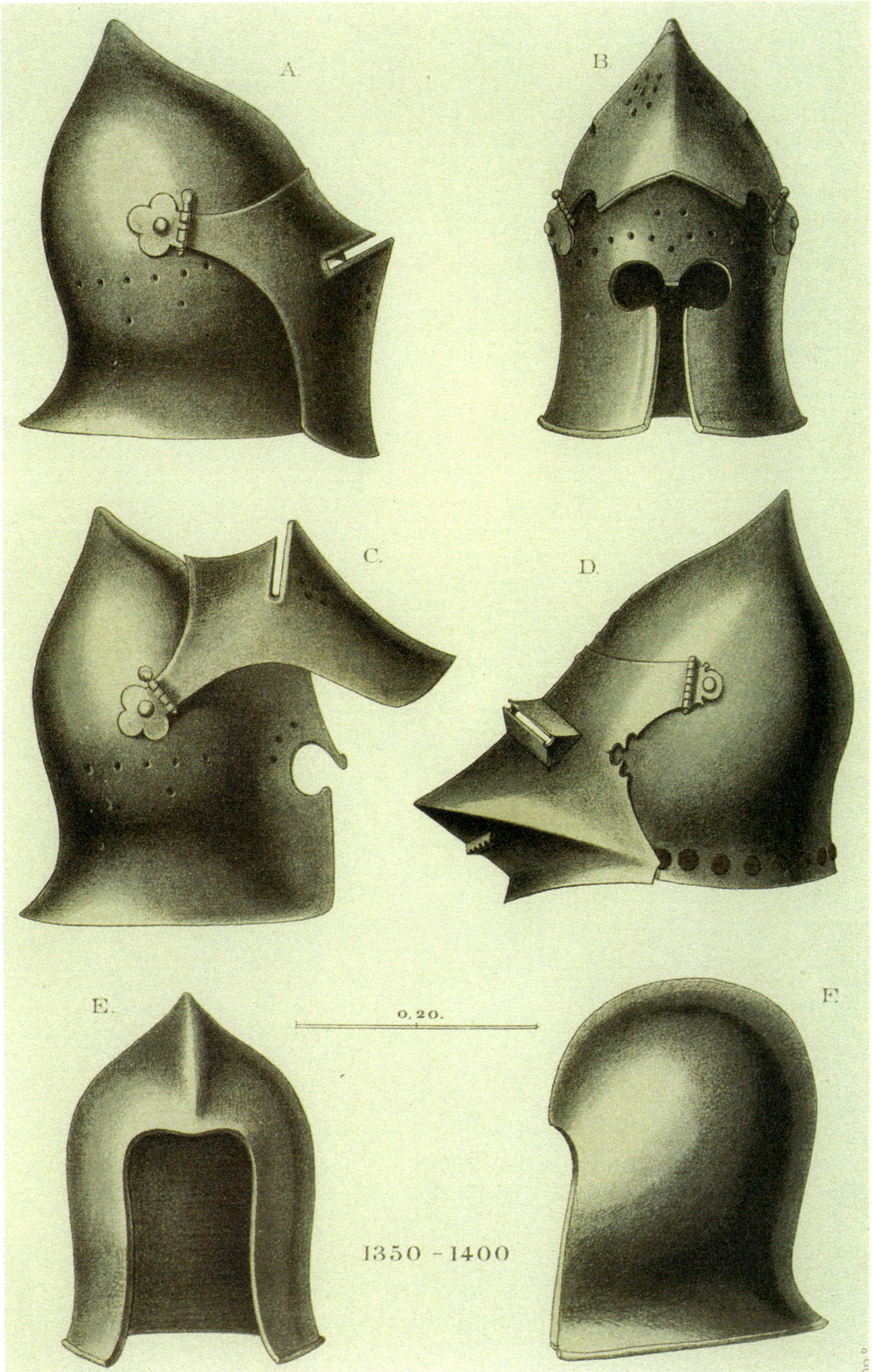

Spätmittelalterliche Helme (1350–1400)

Linke Seite:
Sturmhaube für Erzherzog Ferdinand II. (1529–1595), Mailand (um 1560)

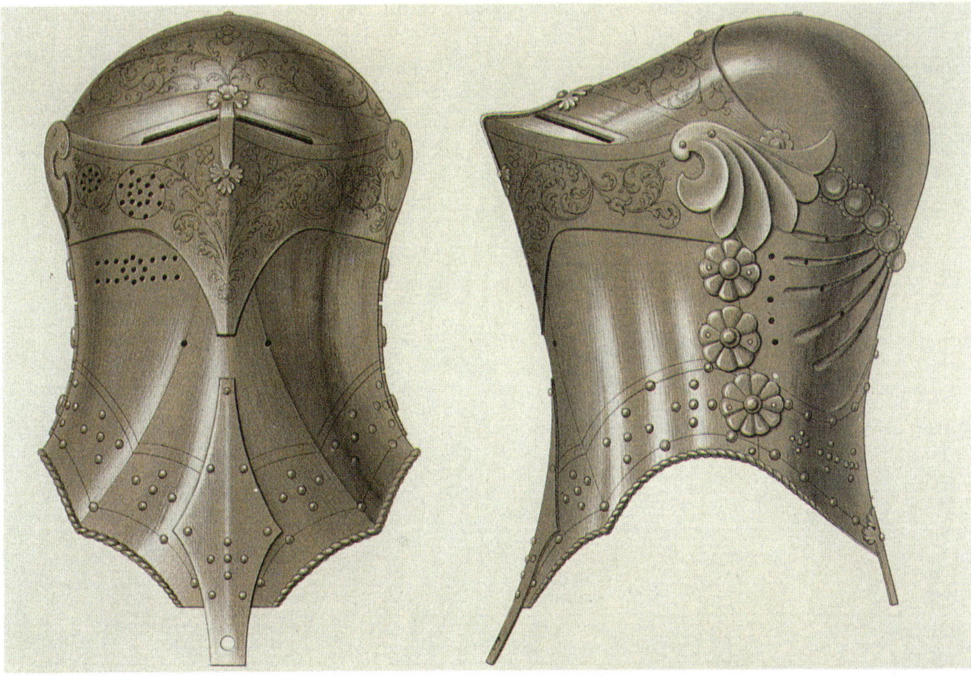

Deutscher Stechhelm für Ritterturniere (um 1500)

Links: Vollvisierhelm für Feld- und Turniergebrauch, Mailand (um 1560)

Topfhelm, Österreich (um 1350)

Sturmhaube, Deutschland (16. Jahrhundert)

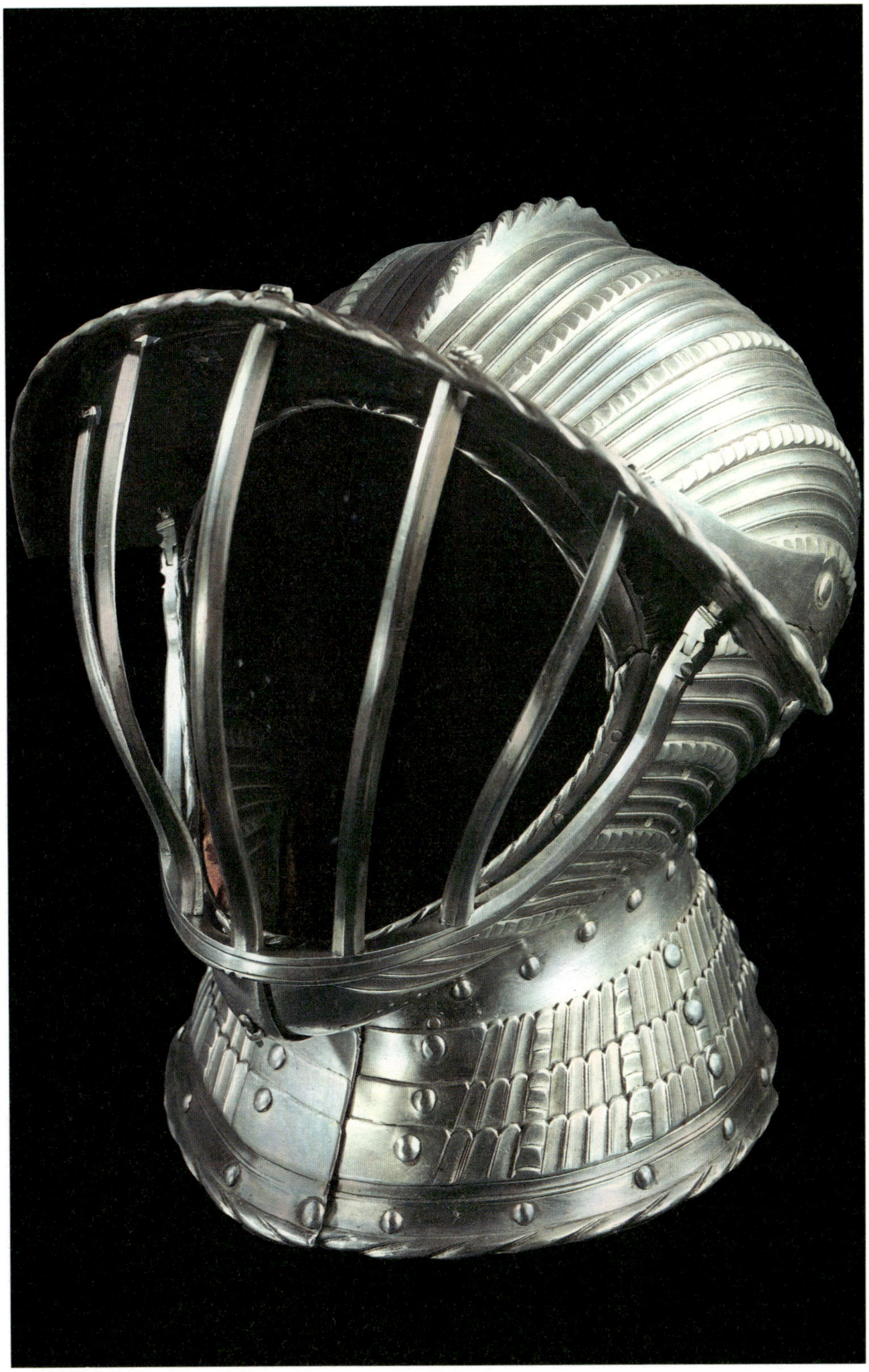

Helm für das Streitkolbengefecht, Deutschland (1. Hälfte des 16. Jahrhunderts)

Prunkhelm Skanderbegs, des albanischen Feldherrn und Nationalhelden (1403–1468)

Rüstung Kaiser Maximilians II. (1527–1576), Augsburg (um 1550)

Verschiedene Wappengruppen

Zur heraldischen Fachsprache gehören auch unterschiedliche Bezeichnungen für verschiedene Wappengruppen (Wappentypen), deren wichtigste hier kurz vorgestellt werden sollen.

So spricht man in der Heraldik zuweilen von *redenden Wappen*. So werden Wappen bezeichnet, die Auskunft über den Namen ihres Trägers geben. Redend sind zum Beispiel der Aal im Wappen der Stadt Aalen, der Mönch im Münchner, der Bär im Berliner und der Eber am Bach im Eberbacher Stadtwappen, aber auch eine Mühle in einem »Müller«-Familienwappen, eine Brezel in einem »Bretzel«- oder »Pretzel«-Familienwappen usw.

Eine Erscheinung besonderer Art sind auch die *Allianzwappen*. Sie wurden durch die Vereinigung zweier ursprünglich eigenständiger Familienwappen gebildet, der Anlaß hierfür war früher oft bei Heiraten gegeben. Beim Allianzwappen werden die beiden nun miteinander verbundenen Wappen nebeneinander gezeigt, entweder senkrecht stehend oder leicht zueinander geneigt. Das Familienwappen des Mannes befindet sich dabei (heraldisch gesehen) rechts, das der Frau links. Während beim Einzelwappen die Gemeinen Figuren und der Helm nach rechts

Wappenscheibe aus dem 16. Jahrhundert: Arbeit des Züricher Glasmalers Lukas Zeiner

schauen, wird beim Allianzwappen das frühere Einzelwappen des Mannes meist seitenverkehrt dargestellt, so daß alle Teile des Wappens dem der Frau zugewendet sind. Es ist aber auch möglich, beide Schilde unter einem Helm (dem aus dem Oberwappen des Mannes) zu vereinen. Allianzwappen aus älterer Zeit vereinen teilweise sogar beide Schilde in einem neuen, wobei der Schildinhalt aus dem Wappen des Mannes im neuen Schild rechts oder oben, der aus dem Wappen der Frau dagegen links oder unten aufgelegt wird.
Eine Vielzahl von Wappenfeldern und Figuren zeigen die *Landes-* und *Staatswappen*, die in den alten Reichsterritorien vor 1918 üblich waren. Das Gebiet der einzelnen Fürsten setzte sich meist aus vielen einzelnen Landschaften zusammen, die oft im Laufe von Jahrhunderten nach und nach durch Erbschaften, Verträge oder auch Kriege erworben worden waren. Ein gutes Beispiel hierfür bietet Brandenburg-Preußen, das sich noch im 17. Jahrhundert im wesentlichen auf Gebiete im nördlichen Ost- und Mitteldeutschland beschränkte und dem dann nach und nach auch Schlesien, das Rheinland, Nassau, Hannover usw. zufielen, bis der preußische Staat über die Hälfte des deutschen Reichsgebietes von 1871 umfaßte. Die Wappen der

Wappenscheibe, Nordschweiz (1501)

Wappen der Waffenschmiede (1. Hälfte des 16. Jahrhunderts)

Familienwappen, Glasmalerei, Zürich (um 1490)

einzelnen erworbenen Landstriche und früher zum Teil selbständigen Territorien wurden in die Staatswappen mit einbezogen, die bei großen Staaten daher 30 und mehr einzelne Felder umfassen können.

In einem ähnlichen Zusammenhang stehen auch die *Anspruchswappen*: zuweilen erscheinen auf Feldern von Staatswappen die Wappen von Gebieten, die dem jeweiligen Staat nicht angehören. Damit wurde früher ein – meist erbrechtlich begründeter – Anspruch des Herrscherhauses auf das betreffende Territorium dokumentiert.

Ebenfalls aus der monarchischen Zeit stammt der Begriff von den *heimgefallenen* Wappen. Damit wurden Wappen bezeichnet, deren Trägergeschlecht ausgestorben war und die deshalb dem Landesherren »anheimfielen«, dessen Hofkanzlei sie einmal verliehen oder bestätigt hatte. Der Landesherr konnte die heimgefallenen Wappen wieder neu verleihen, doch beschränkten sich solche Neuverleihungen in der Regel auf Personen, die in relativ enger genealogischer Beziehung zum ursprünglichen Trägergeschlecht (etwa über eine Tochterlinie) standen.

Unter *Gemeinschafts-* oder *Gesellschaftswappen* schließlich werden Wappen verstanden, die nicht von einer natürlichen Person oder von einer Familie, sondern von juristischen Personen geführt werden. Die ältesten derartigen Gesellschaftswappen waren wohl die Wappen der Ritter- und Turniergesellschaften des Mittelalters, die im persönlichen Wappen oder Siegel der Mitglieder nicht enthalten sein, wohl aber neben diesem gezeigt werden durften. Ebenso zählten hierzu früher die Wappen der zahlreichen weltlichen und geistlichen Orden sowie die Wappen von Stiften, von Zünften und Gilden usw. Im 19. Jahrhundert schufen sich auch Vereine und auf Erwerb gerichtete Gesellschaften (Wirtschaftsunternehmen) eigene Wappen, die zum Teil heute noch (etwa in der Werbung) Bedeutung haben: sie sollen Firmenstolz, Tradition und Beständigkeit im Geschäftsleben dokumentieren.

Kabinettscheibe mit Greifenkopfwappen, Schweiz (Mitte des 16. Jahrhunderts)

Edelfräulein mit Steinkauz als Schildhalterin, Nordschweiz (1504)

Otto Hupp (1859–1949) schuf als Wappenforscher und -zeichner die Grundlagen der modernen deutschen Heraldik. Berühmt war sein »Münchener Kalender«; hier Januar und Februar 1890

Otto Hupp: »Münchener Kalender«, April und Juni 1890

Otto Hupp: »Münchener Kalender«, Oktober und Dezember 1890

Fahne aus dem 15. Jahrhunderrt

Grabmal des Ritters Hans von Kronberg und seiner Frau (Schloßkirche Kronberg in Hessen)

Kursächsisches Wappen, reich verziert (um 1610)

Wappendarstellungen aus dem 15. Jahrhundert; oben Mittel: deutsches Kaiserwappen

Konzil zu Konstanz: Kaiser Sigismund belehnt den Burggrafen von Nürnberg mit der Mark Brandenburg

1. Königreich Preußen
2. Kaisertum Österreich
3. Königreich Ungarn
4. Königreich Bayern
5. Kaisertum Rußland
6. Deutsches Reich
7. Königreich Großbritannien und Irland
8. Königreich Sachsen
9. Königreich Italien
10. Königreich Spanien
11. Königreich Württemberg

3
4
7
DIEU.ET. MON.DROI
11
Furchtlos und treu!

.1564.
Hanns Kiner
BA
Lienhart Burgman
1564.

Zunftscheibe der Metzger in St. Gallen, Schweiz (1564)

Glasfenster mit Wappen, England (15./16. Jahrhundert)

»Der Turmbau zu Babel«: unten Zunftzeichen und Wappen der Steinmetze und Maurermeister, Zürich (1620)

Weberzunft München (1825)

Rechts: Zunftzeichen der »Sadler, Riemer, Sailler, Kirschner« (1840)

Zunftbild der Schreiner (Anfang 19. Jahrhundert)

Hausmarken und verwandte Zeichen

Zum Forschungsgebiet der Heraldik gehört auch eine besondere Gruppe von Zeichen, die mit den Wappen in enger Verbindung stehen, ihrem Ursprung und ihrer Bedeutung nach aber keine Wappen sind und daher auch nicht mit ihnen gleichgesetzt werden dürfen: die Hof- und Hausmarken bäuerlicher und bürgerlicher Familien.

Die Geschichte der Haus- und Hofmarken reicht weit in die vorheraldische Zeit zurück. Sie waren persönliche Kennzeichen des Eigentums, die in den verschiedensten Zusammenhängen auftauchten. So wurden sie in Gebäude (oft in den Türsturz) eingemeißelt und zur Kennzeichnung von Vieh, Arbeitsgeräten, Möbeln und anderem beweglichem Eigentum genutzt. Da die Landbevölkerung des Mittelalters, aber auch viele städtische Handwerker des Lesens und Schreibens nicht kundig waren, wurde die Marke oft auch statt des Namens als Unterschrift verwendet – eine gewiß eindeutigere Form der persönlichen Bestätigung als die berühmten drei Kreuze, die noch bis weit ins 19. Jahrhundert als Unterschriftenersatz auf Urkunden erschienen.

Wie die Wappen waren auch die Haus- und Hofmarken erblich. Allerdings gingen sie in unveränderter Form nur auf den ältesten Sohn der Familie über. Die anderen Söhne mußten dagegen zusätzliche Unterscheidungsmerkmale anbringen. Dies unterschied die Marken zusätzlich von den Wappen, die von allen Söhnen und Töchtern unverändert übernommen und selbst bei Heiraten von der Ehefrau in ein Allianzwappen eingebracht werden konnten.

Der Ursprung der Marken liegt im bäuerlichen Bereich, sie waren zunächst Hofmarken. Ab dem 11. Jahrhundert vollzog sich jedoch ein Wandel in der mittelalterlichen Gesellschaft, der den Übergang zu städtischen Hausmarken zur Folge hatte. Die Städte gewannen wirtschaftlich wie politisch an Bedeutung, und besonders jene Landbewohner, die sich im Zuge der stärker werdenden Arbeitsteilung bestimmte handwerkliche Fähigkeiten angeeignet hatten, zogen in die aufstrebenden städtischen Gemeinwesen. Zugleich wanderten auch Bauernsöhne in die Stadt ab, die durch das Erbrecht von der Nachfolge auf dem Hof ausgeschlossen waren oder nach einer Hofteilung keine ausreichende Erwerbsgrundlage mehr hatten. Sie alle brachten ihre ererbten Hofmarken mit in die Städte, wo sie ihnen auch weiterhin zur Kennzeichnung des Eigentums und als Ersatz des Namenszuges dienten.

Im weiteren Verlauf der Geschichte wurde die Hausmarke von den städtischen Handwerkern auch als Urheberzeichen benutzt.

Hausschild der Lederer-Brauerei, Nürnberg, 1835

Wappenscheibe des Michel Müller aus Hettlingen mit seinen drei Ehefrauen (die verstorbenen mit Bibel) und fünf Kindern, Nordschweiz (1641)

Vielfach in dieser Funktion erhalten ist sie noch auf alten Waffen und Rüstungen, auf denen sie eingehämmert wurde. Museumsexperten und Kunstgeschichtler können aus ihr oft wichtige Rückschlüsse für die Herkunftsbestimmung und Datierung entsprechender Objekte ziehen. In einem ähnlichen Funktionszusammenhang sind auch die Steinmetzzeichen zu sehen, die allerdings eine noch viel ältere, bis weit in den vorchristlichen Orient zurückreichende Tradition haben. Schließlich knüpfte auch die städtische Kaufmannschaft an den Brauch der Kennzeichnung mit Hausmarken an: Es entstanden Handelsmarken, mit denen die einzelnen Waren versehen wurden.
Im ausgehenden Mittelalter und verstärkt im 15. Jahrhundert wurde es üblich, Hausmarken in einem Schild abzubilden, so daß sie eine dem Laien wappenähnlich erscheinende Form erhielten. In der weiteren Entwicklung wurden Hausmarken dann – teils als Schildbilder, teils als Helmzieren – in neugestiftete Wappen bürgerlicher Familien übernommen.
Allgemein kann gesagt werden, daß die Haus- und Hofmarken älteren und anderen Ursprungs als die Wappen sind und auch lange Zeit neben den Wappen andere Funktionen erfüllten. Eine Hausmarke an sich ist also kein Wappen. Erst durch die Wappenannahme bürgerlicher Familien wurden Hausmarken zum Teil in Wappen einbezogen, während andere weiterhin in ihrer alten, wappenfernen Funktion fortbestanden.

Wappenrecht und Wappenschwindel

Es wurde bereits darauf hingewiesen, daß die Annahme und Führung eines Wappens schon seit dem Mittelalter frei und keineswegs ein Vorrecht des Adels war. Auch eine

Mohrin als Schildhalterin, Schweiz (1501)

direkte staatliche Einflußnahme gab es nicht. Zwar verliehen die einzelnen Hofkanzleien auf landesherrlichen Beschluß Wappen an einzelne Personen beziehungsweise Familien oder bestätigten auf Antrag und in der Regel gegen Gebühr bereits angenommene Wappen. Sie erfaßten auf diese Weise aber stets nur einen Teil der in Gebrauch befindlichen Wappen, viele andere wurden jahrzehnte- und jahrhundertelang ohne offizielle Bestätigung durch eine Kanzlei geführt. Auch die zum Teil bis heute erhaltenen alten Wappensammlungen spiegeln nur einen Ausschnitt aus der heraldischen Welt vergangener Zeiten wider, viele heute verschollene und selbst zahlreiche der heute noch geführten Wappen sind in diesen Sammlungen überhaupt nicht registriert.

Früher wie heute nicht zulässig war und ist allerdings die Annahme und Führung eines Wappens, das bereits von einer anderen (natürlichen oder juristischen) Person geführt wird. Da das Wappen seinem Charakter nach ein individuelles Bildzeichen darstellt, würde die Annahme eines fremden Wappens einen (unter Umständen sogar schwerwiegenden) Eingriff in fremde Persönlichkeitsrechte bedeuten. Zum Schutz des Wappens gelten ähnliche Bestimmungen wie zum Schutz des Namens (§ 12 BGB), bei Wappenmißbrauch kann sogar Schadensersatz (nach § 823 BGB) gefordert werden. Zum Schutz gegen Mißbrauch empfiehlt sich die Registrierung des Wappens in der Wappenrolle einer seriösen heraldischen Vereinigung. Damit wird vor allem die Beweisführung beim Streit um die Rechte an einem Wappen erleichtert.

In diesem Zusammenhang muß auch vor dem leider immer wieder vorkommenden Wappenschwindel gewarnt werden, der vor allem im 19. Jahrhundert eine Hochkonjunktur hatte, aber bis in die heutige Zeit seine Fortsetzung findet. Dabei wird ahnungslosen Zeitgenossen von dubiosen Heraldikern und Wappeninstituten ein angeblich altes Familienwappen zum Kauf angeboten – zu gepfefferten Preisen, versteht sich. In Wirklichkeit handelt es sich zum Teil um völlig neue (und oft genug äußerst dilettantische) Wappenentwürfe, zum Teil jedoch (noch schlimmer) um die Wappen namensgleicher Familien. Im letzteren Falle wird der leichtgläubige Käufer zur mißbräuchlichen Verwendung eines fremden Familienwappens verleitet. Oft bedienen sich die Schwindler der in Bibliotheken frei und leicht zugänglichen großen heraldischen Sammelwerke, wie etwa »Siebmachers Wappenbuch« oder Rietstaps »Illustrierten Allgemeinen Wappenbuchs« (siehe Literaturverzeichnis). Aus den weit über 100 000 dort aufgeführten Wappen, wird ein zum Namen des potentiellen Interessenten passendes herausgeklaubt. Seriöse Heraldikinstitute orientieren demgegenüber den Entwurf eines neuen Wappens an den Ergebnissen genealogischer Forschungen, um zu gewährleisten, daß das neue Wappen tatsächlich einen realen Bezug zur Familiengeschichte hat. Erst recht sind genealogisch fundierte Absicherungen notwendig, wenn ein zeitweilig verschollenes altes Familienwappen wieder geführt werden soll: die Verwandtschaftsbeziehung der früheren Wappenträger zur heutigen Familie sollte einwandfrei feststehen, ehe das Wappen übernommen wird.

Wappen der Verbandsgemeinde Rhein-Nahe mit dem Binger Mäuseturm (rechts); unten: Wappen der Gemeinde Unterschleißheim bei München: der Zickzackbalken symbolisiert die geschichtliche Verbindung zum Kloster Scheyern im 12. Jahrhundert

Amtswappen

Alle deutschen und österreichischen Bundesländer sowie die Schweizer Kantone führen eigene Wappen. Auch eine ständig wachsende Zahl von Gemeinden im deutschen Sprachraum hat sich mittlerweile eigene Wappen zugelegt, ebenso die meisten der westdeutschen Landkreise. All diese Amtswappen sind offiziell registriert und gesetzlich als Hoheitszeichen geschützt, um dem Mißbrauch durch Unbefugte vorzubeugen. Darüber hinaus führen selbst Stadt- und Ortsteile zahlreicher Kommunen in der Bundesrepublik Deutschland und zum Beispiel auch alle Wiener Gemeindebezirke eigene Wappen, die auf die historische Tradition verweisen und bürgerschaftliches Selbstbewußtsein stärken sollen.

Die Aufgliederung der Bundesrepublik Deutschland in Bundesländer, die in den meisten Fällen nicht oder allenfalls annähernd mit den historischen Territorien übereinstimmen, schuf die Voraussetzung für die Konzeption von Wappen, in denen die Neueinteilung auch nach außen hin dokumentiert werden sollte. Dabei wurden historische Wappenmotive in neue Kombinationen eingebracht. Dies zeigt sich vor allem bei denjenigen Bundesländern, die aus mehreren größeren, vorher nicht zusammengehörenden Territorien geschaffen wurden. So verweist der silberne Strom im grünen Feld des nordrhein-westfälischen Landeswappens auf das Gebiet der ehemaligen preußischen Rheinprovinz, das silberne Roß im roten Feld auf die ehemalige preußische Provinz Westfalen und die Rose im Fuß des Wappenschildes auf das ehemals selbständige Land Lippe. Im Wappen von Rheinland-Pfalz steht das rote Kreuz auf silbernem Grund für den ehemaligen Kurstaat Trier, das silberne Rad auf rotem Grund für Kurmainz und der goldene Löwe auf schwarzem Grund für die Kurpfalz – das Gebiet des heutigen Bundeslandes setzt sich zum größten Teil aus Territorien zusammen, die einem dieser drei in der napoleonischen Zeit untergegangenen alten rheinischen Kurstaaten angehörten.

Völlig andere, bislang ungewohnte Wappenmotive sind zuweilen in den neuen Gemeinde- und Kreiswappen zu entdecken. Das Ortswappen der pfälzischen Gemeinde Krähenberg (Landkreis Pirmasens), das 1979 gestiftet wurde, zeigt zum Beispiel im linken oberen Feld einen Kometen und will damit an ein bedeutendes lokalgeschichtliches Ereignis aus dem Jahre 1869 erinnern: Damals ging auf dem Gebiet der Krähenberger Gemarkung tatsächlich ein Komet nieder. Im Wappen der Verbandsgemeinde Rhein-Nahe (Landkreis Mainz-Bingen) ist unter anderem der Binger Mäuseturm abgebildet – in einer Form, die er erst seit seiner Restaurierung im 19. Jahrhundert hat. Das Stadtteilwappen des Mainzer Stadtteils Lerchenberg, einer in den sechziger Jahren entstandenen Trabantensiedlung, zeigt sogar in einem Feld das Emblem des Zweiten Deutschen Fernsehens, das dort seinen Sitz hat. Allerdings hat die künstlerische Gestaltungsfreiheit bei Gemeinde- und Landkreiswappen auch ihre Grenzen. So müssen die neuen Kommunalwappen historische Bezüge in angemessener Weise widerspiegeln und den heraldischen Regeln entsprechen.

Daher ist eine Absprache der kommunalen Entscheidungsträger mit den zuständigen Landesarchiven unverzichtbar. Erst wenn nach solchen Konsultationen ein sachlich und stilistisch korrekter Wappenentwurf erstellt worden ist, kann durch die Aufsichtsbehörden des jeweiligen Bundeslandes die Genehmigung zur Annahme und Führung dieses Wappens erteilt werden. Es wird dann in der Regel auf dem Briefpapier der jeweiligen Kommune, ihren Stempeln, auf einer eventuell zusätzlich entworfenen Gemeindeflagge und bei der Fremdenverkehrswerbung Verwendung finden.

Amtswappen gibt es nicht nur im staatlichen, sondern auch im katholisch-kirchlichen Bereich. Zu denken ist an die Wappen des Papstes, der Bischöfe und der Äbte. Die bischöflichen Amtswappen setzen sich zumeist aus zwei Teilen zusammen: dem Diözesanwappen und dem persönlichen Wappen des amtierenden Bischofs. Bekannte Schildfiguren der Diözesanwappen sind zum Beispiel das Rad für das Bistum Mainz, das Kreuz für das Bistum Köln und der Mohrenkopf für das Bistum von München und Freising. Das persönliche Wappen des Bischofs war früher, als die Bischofsstühle so gut wie ausschließlich mit den Söhnen bekannter Adelsfamilien besetzt wurden, das jeweilige adelige Familienwappen. Heute zeigt es dagegen häufig ein vom Amtsinhaber gewähltes Symbol religiöser Art, zuweilen auch eine symbolische Anspielung auf seine Heimat oder auf seine Herkunft.

Das Oberwappen der bischöflichen Wappen wird nicht von einem Helm, sondern von einer Bischofsmütze (Mitra) oder einem Kardinalshut gebildet, eine Krone (die Tiara) steht allein dem Papst zu. Statt der Helmdecken dienen Quasten zur Umrahmung des Schildes, für deren Farbe und Anzahl es innerhalb der Kirchenheraldik eigene Vorschriften gibt. So führt

- ein Kardinal beiderseits jeweils 15 rote Quasten,
- ein Patriarch beiderseits jeweils 15 grüne Quasten,
- ein Erzbischof beiderseits jeweils 10 grüne Quasten,
- ein Bischof beiderseits jeweils 6 grüne Quasten,
- ein Abt oder Propst beiderseits jeweils 3 schwarze Quasten.

Der Weg zum eigenen Familienwappen

Zunächst abseits aller Theorie stellt sich für viele geschichtsbewußte Interessenten immer wieder die Frage, auf welchem Weg man zu einem eigenen Familienwappen gelangen kann. Auf die grundsätzliche Freiheit der Wappenführung und ihre rechtlichen Grenzen ist bereits eingegangen worden. Unter Beachtung dieser Voraussetzungen sind Annahme und Führung eines Wappens auf zweierlei Weise möglich: durch die Wiederannahme eines alten Familienwappens oder durch die Stiftung eines neuen Wappens.

Die Suche nach einem früher vielleicht einmal in der Familie geführten, dann aber verschollenen Wappen ist nicht einfach und nur in wenigen Fällen von Erfolg gekrönt. Zur Klärung der damit zusammenhängenden Fragen sind intensive Nachforschungen in Archiven, Bibliotheken und Museen erforderlich. Dabei kommt es auf zwei Dinge an: zum einen ein Wappen zu finden, das dem eigenen Familiennamen zugeordnet ist, und zum anderen, durch familiengeschichtliche Recherchen die Abstammung in direkter männlicher Linie von den früheren Trägern dieses Wappens nachzuweisen. Besonders die Wichtigkeit des zweiten Punktes kann gar nicht genug betont werden, denn Namensgleichheit ist keinesfalls gleichbedeutend mit Wappengleichheit!

Die Quellen, die zur Auffindung eines alten Wappens erschlossen werden können, sind recht zahlreich. In erster Linie gehören dazu natürlich – wie bei der Familienforschung – die privaten familiengeschichtlichen Dokumente einschließlich vielleicht noch vorhan-

Familienwappen:
Maurer und Riedmüller;
unten: Baumgartner

dener Zeichnungen oder Gemälde, auf denen Vorfahren abgebildet sind. Besondere Aufmerksamkeit ist eventuell auf alten Dokumenten angebrachten Familiensiegeln zu schenken, die ein Wappen, wenn auch ohne farbliche Kontrastierung, zeigen können. Weitere wichtige Quellen stellen möglicherweise Grabplatten und Grabsteine von Familiengräbern dar, auf denen sich manchmal Wappendarstellungen befinden. Das gleiche gilt für Bauwerke (Höfe, Mühlen, Stadthäuser usw.), die zum Familienbesitz gehören oder in der Vergangenheit einmal gehörten. Schließlich ist auch auf Produkte des Handwerks und Kunsthandwerks und auf Gegenstände des täglichen Bedarfs aus früherer Zeit ein Augenmerk zu richten – auch auf ihnen kann ein altes Familienwappen angebracht sein oder zumindest eine Hausmarke, die unter Umständen einen Anhaltspunkt für den Entwurf eines neuen Wappens bietet.
Von besonderer Bedeutung sind natürlich die beiden bereits erwähnten Wappensammlungen von Siebmacher und Rietstap, kleinere regionale Wappensammlungen und die Archive der genealogischen und heraldischen Vereinigungen, aber auch die der Länder und der Kommunen. Eine Gewähr, daß man tatsächlich auf ein verschollenes altes Wappen der eigenen Familie stößt, können aber auch sie nicht bieten. Für die Mehrzahl der Interessenten wird, so bitter das vielleicht auch klingen mag, die Suche erfolglos bleiben – und durch die Namensgleichheit mit einem früheren Wappenträger, zu dem man aber keine genealogisch einwandfreie Verbindung herstellen kann, sollte sich niemand zum Mogeln verleiten lassen.
Hat sich die Suche nach einem alten Wappen als ergebnislos oder als zu aufwendig erwiesen, bleibt dem Wappenbegeisterten nur der Weg zur Stiftung eines neuen Familienwappens. Es versteht sich von selbst, daß die Deckungsgleichheit mit einem bereits bestehenden Wappen in allen Teilen, vor allem bezüglich des Schildes, vermieden werden muß, und daß die heraldischen Regeln zu beachten sind. Schließlich soll das Wappen ein würdiges und stilistisch einwandfreies Familienzeichen sein.
Am Anfang, noch vor den Entscheidungen zur Farbgebung und zur genauen Aufgliederung des neuen Wappens, sollten Überlegungen zum zentralen Motiv beziehungsweise zu den Motiven stehen. Schlichtheit ist hier Trumpf, je einfacher das Wappen gestaltet ist, desto größer ist seine tatsächliche Aussagekraft und Wirkung. Überladungen mit einer Vielzahl von Figuren sollten unbedingt vermieden werden.
Bei der Motivsuche gibt es eine Reihe von Ansatzpunkten. Diese können in der Ver-

gangenheit, aber auch in der Gegenwart liegen. Als Motive aus der Vergangenheit bieten sich Symbole an, die wichtige Aspekte der Familiengeschichte typisieren. Motive aus der Gegenwart können einen Bezug zur derzeitigen Situation der Familie oder zur Tätigkeit des Wappenstifters herstellen (wobei Tätigkeit nicht unbedingt im engen beruflichen Sinne verstanden werden muß). Allerdings sollte man sich vor einer allzu starken Personalisierung des Wappens hüten. Wer ein Familienwappen stiftet, das vor allem Aussagen über die eigene Person und allenfalls noch gewisse Bezüge zur Familie der Ehefrau enthält, grenzt den Kreis der möglichen Wappenführer unnötig ein, denn noch nicht einmal die eigenen Geschwister und deren Nachkommen könnten ein solches Wappen führen.

Die Möglichkeit, bei der Motivsuche »Anleihen« aus der Familiengeschichte zu nehmen, scheint auf den ersten Blick geradezu unbegrenzt zu sein. Berufe, Herkunftsorte, Dienstverhältnisse, besondere Taten und Ereignisse, früherer Besitz und vieles andere mehr aus der Geschichte können Anstöße zur Entscheidung über das Wappenmotiv geben. Doch sollte man gewisse Fehler zu vermeiden suchen, die leider immer wieder gemacht werden und die Aussagekraft von Wappen schmälern.

So wird bei der Stiftung neuer Wappen gerne Bezug auf Berufe genommen, die in der Stammlinie der Vorfahren eine wichtige Rolle spielten, vielleicht sogar viele Generationen hindurch typisch für die ganze Familie waren. Generell ist dagegen nichts einzuwenden, doch liegt auch eine gewisse Gefahr darin, diesen Weg der Motivfindung zu verabsolutieren. Wer die Familiengeschichte auch nur bis ins frühe 19. Jahrhundert, das heißt bis in die Zeit vor dem Beginn der Industrialisierung, zurückverfolgt, wird bereits in jener Zeit bei über 80 Prozent der Vorfahren auf Personen stoßen, die in irgendeiner Weise in der Landwirtschaft tätig waren. In den letzten Jahrzehnten hatte dies eine wahre Flut von neugestifteten Familienwappen mit landwirtschaftlichen Symbolen (Ährenbündeln, Pflügen, Sicheln, Rechen, Hacken, Winzermessern usw.) zur Folge, die sich teilweise kaum noch voneinander unterscheiden. Daher sollten berufliche Bezüge bei Wappen nur dann gewählt werden, wenn es sich bei den Berufen, deren Symbole Wappenmotiv werden sollen, um charakteristische oder seltene handelte.

Aus dem gleichen Grund sind auch Bezüge zum Herkunftsort der Familie nicht unproblematisch. Ist der Ort zum Beispiel eine größere Stadt, so muß damit gerechnet werden, daß auch eine Reihe von anderen Wap-

Familienwappen:
oben: Springer;
unten: Wächter und Wagenseil

Alle Abbildungen: Initialen als Schildfiguren heutiger Wappen (N für Nagel usw.)

penstiftern bereits auf die ortstypische Symbolik (Bauwerke, markante Landschaftszeichen, Elemente des jeweiligen städtischen Wappens usw.) zurückgegriffen haben. Auf jeden Fall sollten vorher beim zuständigen Landes- oder Kommunalarchiv Erkundigungen eingezogen werden, ob es bereits Wappen mit der für das eigene gewünschten Symbolik und Gestaltung gibt.
Dienstverhältnisse des Familien-»Stammvaters« oder auch mehrerer Generationen der Familie können gleichfalls Anregungen bieten. In einem solchen Fall wird man aus dem Wappen des früheren, zumeist adeligen Dienstherrn Entlehnungen machen, die entweder farblicher Art sein oder auch in der Übernahme von einzelnen Symbolen bestehen können. Gerade bei dieser Art der Motivwahl sind jedoch äußerste Vorsicht, Fingerspitzengefühl und vor allem die eingehende Beratung mit einem erfahrenen Heraldiker notwendig, um (als Wappenmißbrauch deutbare!) Plagiate oder die Zusammenstellung von heraldisch grundsätzlich nicht zu vereinbarenden Elementen zu vermeiden.
Das Schicksal der Familie, ihres Stammvaters oder besondere Taten eines Vorfahren können weitere Gesichtspunkte bei der Wahl des Motivs sein. Allerdings sollte man hierbei berücksichtigen, daß ein Wappen keine ganze Geschichte erzählen, sondern nur markante Momente einer Geschichte in einem oder einigen wenigen Symbolen verdeutlichen kann. Überfrachtungen des Wappens, die seine Übersichtlichkeit und Prägnanz beeinträchtigen, stellen bei dieser Art der Motivsuche immer wieder eine große Gefahr dar.
Durch die Einbeziehung von entsprechenden Heroldsbildern können auch die Initialen des Familiennamens in das Wappen eingebracht werden. Allerdings ist die Auswahl bei 26 Buchstaben des Alphabets nicht allzugroß, und es ist schon einige Phantasie nötig, um Überschneidungen mit den Wappen von Familien, die die gleichen Initialen haben und bereits auf dieselbe Idee kamen, zu vermeiden.
Besonders wirkungsvoll sind die »redenden« Wappen, auf die bereits eingegangen wurde. Sie »sprechen« den Familiennamen in bildhafter Weise aus und haben hohen symbolischen Wert.
Schließlich sei an dieser Stelle noch einmal auf die Hausmarken verwiesen. Vielleicht fördert ja die hoffnungsvoll begonnene Suche nach einem alten Familienwappen zwar nicht dieses, wohl aber eine Hausmarke zutage, die einmal von der Familie benutzt wurde. Sie kann dann durchaus als Motiv in ein neu zu stiftendes Familienwappen einge-

bracht werden, auch wenn dies von verschiedenen orthodoxen Heraldikern, die auf den früheren Funktionsunterschied von Hausmarken und Wappen verweisen, nicht gerne gesehen wird. Immerhin jedoch stellt die Hausmarke ein in der Familiengeschichte bedeutsames Zeichen dar.

Die Ausarbeitung eines neuen Familienwappens sollte nicht allein der Phantasie überlassen werden, auch wenn diese oft die schönsten Einfälle liefert und zu den kühnsten gedanklichen Höhenflügen verleitet. Vielmehr sollte man als Laie stets die Hilfe eines Fachmannes in Anspruch nehmen. Wer im Bekanntenkreis Archivare, Museumsexperten oder Historiker mit heraldischen Interessen hat, sollte sie unbedingt ansprechen und zu Rate ziehen. Eine weitere Möglichkeit ist die Einschaltung eines Berufsheraldikers. Entsprechende Anschriften und Geschäftsanzeigen finden sich in fast allen genealogischen und heraldischen Fachzeitschriften. Allerdings gilt bei den Heraldikern das gleiche wie bei den Genealogen: Es gibt für diesen Bereich keine Studien- oder Ausbildungsgänge, als Heraldiker kann sich jeder bezeichnen, der will und ein gewisses zeichnerisches Talent mitbringt. Bevor man einen solchen haupt- oder nebenberuflichen Heraldiker gegen Gebühr konsultiert oder ihm gar den Auftrag zu einem Wappenentwurf erteilt, sollte man sich Referenzen und Arbeitsproben zeigen lassen, um später keine unangenehmen Überraschungen zu erleben.

Generell abzuraten ist von einem Durchdiskutieren des neu zu stiftenden Familienwappens im Verwandtenkreis. Die heraldische Grundregel der Schlichtheit läßt sich sonst erfahrungsgemäß nicht einmal ansatzweise befolgen; zu groß sind meist die Wünsche nach zusätzlichen Symbolen und Verzierungen, fast jeder will auch sich persönlich noch in irgendeiner Form im Wappen vertreten sehen.

Ist das neue Wappen in Farbe und Motiv gestaltet, von einem in heraldischen Fragen Sachverständigen positiv beurteilt und von den Familienmitgliedern akzeptiert, sollte man Schritte unternehmen, um es auch für die kommenden Generationen zu sichern. Eine Möglichkeit dazu bietet die Eintragung in eine Wappenrolle. Solche Wappenrollen werden von verschiedenen genealogischen und heraldischen Vereinigungen beziehungsweise Instituten geführt. Die wohl mit Abstand bedeutendste im deutschen Sprachraum ist die »Deutsche Wappenrolle« des Vereins »Herold« in Berlin. Sie wird von einem der führenden genealogisch-heraldischen Fachverlage betreut, der über ein umfassendes Register mit Wappennachweisen aus älterer und neuerer Zeit verfügt. Dadurch ist es ihm möglich, nachzuprüfen, ob es das gleiche Wappen oder ein ihm ähnliches nicht bereits gibt und ob bei dem Neuentwurf die heraldischen Regeln genügend berücksichtigt wurden. Auch auf regionaler Ebene gibt es zum Teil Wappenrollen, erwähnt sei hier zum Beispiel die »Hessische Wappenrolle«, die von der »Arbeitsgemeinschaft familienkundlicher Gesellschaften in Hessen« betreut wird. Sie nimmt nur Wappen von Familien an, die entweder aus Hessen stammen oder seit mindestens drei Generationen in Hessen ansässig sind.

Bei den verschiedenen kommerziellen Wappenrollen und Wappenforschungsinstituten steht natürlich die Erzielung von wirtschaftlichem Gewinn im Mittelpunkt der Tätigkeit. Daher können die Bearbeitungs- und Eintragungsgebühren dort erheblich höher sein als bei den von den Vereinen unterhaltenen Wappenrollen, die einem ideellen Zweck dienen.

Ist die Eintragung in eine Wappenrolle erfolgt, so bedeutet das für den Stifter und Einsender des Wappens die Bestätigung, daß sein Entwurf heraldisch einwandfrei ist und daher keine fachlichen Bedenken gegen die künftige Führung des Wappens bestehen. Nun kann das neue Wappen auf die verschiedenste Art und Weise verwendet werden und in Zukunft Familienstolz und Geschichtsbewußtsein nach außen hin wirkungsvoll dokumentieren.

Grabplatte eines adligen Paars aus dem 14. Jahrhunderts

Grabsteinrelief mit Wappen (16. Jahrhundert)

Oswald von Wolkenstein (um 1377–1445): Grabplatte im Dom zu Brixen, Südtirol

Rittergrabmal in der Katharinenkirche in Frankfurt am Main (14. Jahrhundert)

Nürnberger Ratskalender von 1771

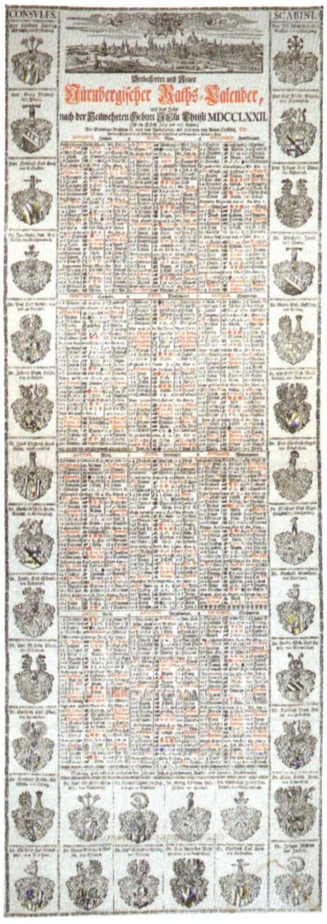

Möglichkeiten der Wappenverwendung

Vielfältig sind die Möglichkeiten, das neue Familienwapen eindrucksvoll zur Geltung zu bringen. So kann man es zum Beispiel auf den Briefkopf, auf die privaten Briefumschläge und auf Visitenkarten drucken lassen. Denkbar sind hier sowohl die farbige Originalwiedergabe als auch ein Prägedruck, der die Wappenumrisse in erhabener Form, aber ohne Farbe hervortreten läßt. Gewerbetreibende werden zum Teil auch an einer kommerziellen Nutzung des Wappens, zum Beispiel auf Geschäftsbriefen und -drucksachen, auf Verpackungen, Etiketten usw. interessiert sein.

Der häusliche Bereich bietet weitere gute Möglichkeiten zur Wappenverwendung. Wäre nicht ein Besteck mit eingraviertem Wappen ein herrliches Geschenk, etwa zur Hochzeit eines der Kinder? Gravuren des Wappens können natürlich auch auf anderen Metallgegenständen, so zum Beispiel auf Zinngeschirr, Silbertellern, Messinggeräten usw. vorgenommen werden – Arbeiten, mit denen die Werkstatt eines fachkundigen Graveurs zu beauftragen ist. Eine schöne Flur- und Zimmerdekoration sind Kupfer-, Emaille- oder Holzschilder mit einer Abbildung des Wappens. Während bei Kupfer eine Gravur vorgenommen wird, kann das Wappen emailliert auch seine Farbwirkung entfalten. Doch sind auch Kombinationen (Emailleelemente auf Kupfer- und Zinngegenständen usw.) möglich. Bei Ziertafeln aus Holz empfiehlt sich eine eingebrannte Darstellung (Holzbrandtechnik), die entweder farblos lackiert oder mit den Wappenfarben bemalt werden kann.

Gut geeignet ist ein Wappen auch als Vorlage für ein eigenes Familiensiegel. Ein entsprechendes Petschaft kann bei einem Graveur in Auftrag gegeben werden. Das Siegel kann sowohl zum Briefverschluß als auch zur Bestätigung der Unterschrift auf dem Brief selbst Verwendung finden. Wem ein Siegel zu aufwendig erscheint, kann sich natürlich auch einen Stempel mit seinem Familienwappen schneiden lassen. Denkbar ist aber auch die Anfertigung eines wertvollen Siegelringes mit dem Wappen, die Verwendung des Wappens auf anderen Schmuckgegenständen (zum Beispiel auf Kettenanhängern, Broschen usw.), auf Manschettenknöpfen, auf Feuerzeugen und ähnlichem. Auf diese Weise erhalten Sie exquisite Geschenke von besonderem Reiz und mit einer sehr persönlichen Note, wobei Ihrem Ideenreichtum und Ihrer Phantasie kaum Grenzen gesetzt sind.

Vor allem im Bereich der kommunalen Heraldik wird das Wappen immer häufiger auch auf Flaggen gezeigt. Dem Entwurf eines neuen Wappens ließen nicht wenige Gemeinden in den letzten Jahren schon bald den Entwurf einer eigenen, repräsentativen Gemeindeflagge folgen, die das Wappen integriert. Auch Vereinswappen finden sich häufig auf der jeweiligen Vereinsfahne. Seltener, aber durchaus nicht unüblich ist der Gebrauch einer privaten Familienflagge, die zu bestimmten Anlässen vor dem Haus aufgezogen werden kann. Selbst die durch und durch republikanisch gesinnte Familie des verstorbenen ehemaligen Bundespräsidenten Gustav Heinemann führt eine solche Familienflagge. Während des Aufenthaltes der Familie in ihrem Ferienhaus auf einer Nordseeinsel ist diese stets aufgezogen und signalisiert die Anwesenheit. Vielleicht findet dieser schone Brauch im Zuge des wachsenden Interesses an Familiengeschichte und an Wappen bald weitere Verbreitung.

Doppeladler als Schmuckanhänger: Gold, Diamanten, Rubine, Perlen

Alle Abbildungen: Friedhof, angelegt um 1900, – auf Grabsteinen sind Wappen oft anzutreffen

hans

Historische Hilfswissenschaften

Namenkunde

Genaugenommen stellt die Namenkunde keine historische Hilfswissenschaft dar, sondern ist im deutschen Sprachraum ein Teilgebiet der Germanistik und in anderen Ländern ein Teil der dortigen nationalen Philologien (der Anglistik, der Romanistik usw.). Sie befaßt sich mit Herkunft, Bedeutung, historischer Entwicklung und geographischer Verbreitung der einzelnen Vor- und Familiennamen. Da sie in der Praxis der familiengeschichtlichen Forschung zahlreiche nützliche Hilfen und Hinweise geben kann, soll sie an dieser Stelle kurz vorgestellt werden. Sowohl in der Genealogie als auch in der Heraldik spielen Herkunft und Bedeutung des Familiennamens eine wichtige Rolle. So war bereits im Abschnitt über die Erstellung einer Familienchronik darauf hingewiesen worden, daß es in einer solchen Chronik durchaus interessant sein kann, auch auf den Familiennamen und seine Geschichte einzugehen, verrät er doch unter Umständen einiges über die Ursprünge der Familie und ihre früheren Geschicke. Familiennamen wurden zum Beispiel oft aus der Berufsbezeichnung entwickelt, zuweilen lagen auch besondere Taten oder Lebenssituationen des ersten Namensträgers zugrunde. Dadurch kann der Name in bestimmten Fällen durchaus Rückschlüsse auf Tätigkeiten und Eigenschaften sowohl des ersten in der Stammlinie als auch – untersucht man die Namen mehrerer Vorfahrenzweige – weiterer Ahnen zulassen.
Hinweise kann der Name auch auf das Land, die Stadt oder die Region geben, wo die Familie einstmals ansässig war. Allgemein bekannt ist, daß die vielen Schimanskis, Jablonskis und Kowalskis, die man im Ruhrgebiet antrifft, von polnischen Vorfahren abstammen, die meist im vorigen Jahrhundert oder in den Jahren vor dem Ersten Weltkrieg einwanderten, um sich in den Bergwerken des Reviers zu verdingen. Vor allem im Rheinland und in der Pfalz trifft man nicht selten auf Namen französischen Ursprungs (zum Beispiel Lafontaine, Grohé, Delorme, Cordier, Labonté usw.). Sie deuten auf die zahlreichen, teils durch nachbarschaftlichen Handel und Wandel, teils aber auch durch mehrmalige militärische Besetzung bedingten Verbindungen des äußersten Westens Deutschlands mit Frankreich und der belgischen (französischsprachigen) Wallonie hin. Da zahlreiche weitere Namen französischen Ursprungs mittlerweile eingedeutscht wurden und daher als solche kaum noch zu erkennen sind (zum Beispiel Piroth von Pierrot, Wilbert/Wilbertz zum Teil von Villevert usw.), können diese Kontakte in der Vergangenheit auch in familiengeschichtlicher Hinsicht als reger angenommen werden, als es heute auf den ersten Blick scheinen mag. Dagegen sind französisch anmutende Familiennamen in anderen Teilen des deutschen Sprachraumes zwar nicht immer, aber doch recht häufig ein Hinweis auf die Abstammung von französischen Glaubensflüchtlingen (Hugenotten). Ein berühmtes Beispiel dafür ist der Dichter Theodor Fontane, der wie kein zweiter seine Heimat, die Mark Brandenburg, beschrieb, aber nicht aus einer ur-märkischen, sondern aus einer alten hugenottischen Familie stammte. Allerdings muß hier ausdrücklich darauf hingewiesen werden, daß viele französisch-hugenottische Namen in den Jahrhunderten seit der Einwanderung dieser Flüchtlingsgruppe so stark eingedeutscht wurden, daß sie als solche kaum noch zu erkennen sind.
Auch über das Herkunftsgebiet einer Familie innerhalb des deutschen Sprachraumes sagt der Familienname in manchen Fällen etwas aus. Wessen Name zum Beispiel auf »-gruber« oder »-huber« endet, der kann mit einiger Sicherheit davon ausgehen, daß die

Wurzeln der Stammlinie im bayerisch-österreichischen Raum liegen, auch wenn die Familie vielleicht schon seit vielen Generationen in Kiel, Lübeck oder Pinneberg ansässig ist und alle Familienmitglieder waschechtes norddeutsches Platt »snacken«. Namen mit der Endung »-sen« (zum Beispiel Dirksen, Paulsen usw.) deuten dagegen auf einen norddeutschen Ursprung hin, Namensendungen auf »-le« (Reichle, Pfeifle, Häberle usw.) auf den schwäbisch-alemannischen Raum. Ausnahmen bestätigen natürlich diese Faustregeln.

Eine stärkere Durchmischung der einzelnen regionaltypischen Namensformen begann sich erst Mitte des 19. Jahrhunderts bemerkbar zu machen. Die Gründe lagen sowohl im Prozeß der Industrialisierung mit ihrer gesteigerten Arbeitskräftemobilität als auch in der Tatsache, daß Verwaltungserfordernisse und Wehrpflicht in den großen nach dem Wiener Kongreß entstandenen Flächenstaaten zu immer häufigeren und immer weiteren Ortswechseln führten. Da kamen Arbeiter aus Pommern, Ostpreußen, Nassau und der Eifel in die neuen Industriestädte des Ruhrreviers, da versahen aus München oder Passau gebürtige Beamte in der nun bayerisch gewordenen Rheinpfalz ihren Dienst, da kommandierten aus Norddeutschland stammende Offiziere Truppen in Garnisonsstädten am Mittelrhein usw.

Ergibt sich bei Nachforschungen in Standesämtern und Pfarreien ein »toter Punkt«, weil der Herkunftsort des letzten ermittelten Vorfahren nicht mehr feststellbar ist, kann also unter Umständen der Familienname ein wichtiger Anhaltspunkt sein. Er kann zumindest auf die Region hindeuten, auf die sich weitere Forschungen konzentrieren sollten. Allerdings ist hier vor voreiligen Schlüssen zu warnen. In jedem Fall sollte bei der Klärung der Namensherkunft ein Namenlexikon aus einer Bibliothek herangezogen werden, in dem die Namen wissenschaftlich fundiert etymologisch (ihrer Entstehung nach) erklärt werden. Erst nach einer solchen Überprüfung eigener Ansichten über die Herkunft kann man – und auch das leider nicht immer – Schlüsse über das Ursprungsgebiet ziehen, die einigermaßen plausibel sind und bei der Familienforschung weiterhelfen.

Informationen über einzelne Vorfahren enthalten nicht nur die Familiennamen, sondern zuweilen auch die Vornamen. Dies gilt zum Beispiel bei der Frage nach der Konfession, die ja eine wichtige Rolle spielt, wenn überlegt werden muß, ob für familiengeschichtliche Nachforschungen das evangelische oder das katholische Pfarramt eines Ortes anzuschreiben ist. Ein Vorname wie Gustav oder gar Gustav Adolf deutet zum Beispiel in der Regel auf die protestantische Konfession seines Trägers hin, die Verwendung des Beinamens Maria bei Männern, ist ein katholischer Brauch. Auch auf die Herkunft eines Ahnen kann ein Vorname zuweilen einen Hinweis geben. So sind etwa Vornamen wie Xaver, Aloys und Innozenzia (Zenzi) vornehmlich in Süddeutschland in Gebrauch, Jan, Dirk, Heike und Frauke dagegen typisch norddeutsche Namen. Solchen Faustregeln liegen vor allem Erfahrungswerte zugrunde, doch ist ihr Wahrscheinlichkeitsgehalt sehr hoch.

Bei den Vornamen sollte man auch in Betracht ziehen, daß es früher weit häufiger als heute üblich war, einem Kind bei der Taufe mehrere Vornamen zu geben, von denen aber nur einer als Rufname geführt wurde. So taucht mancher Vorfahre in alten Adreßbüchern, Amtsblättern, Grundbesitzverzeichnissen und ähnlichen Unterlagen nicht mit dem vollen, vom Taufregister bekannten langen Vornamen, sondern nur mit der Kurzfassung auf. In solchen Fällen die Personenidentität festzustellen ist nicht immer leicht, zumal dann nicht, wenn dieser Vorfahre auch noch einen in der entsprechenden Gegend häufigen Familiennamen trug.

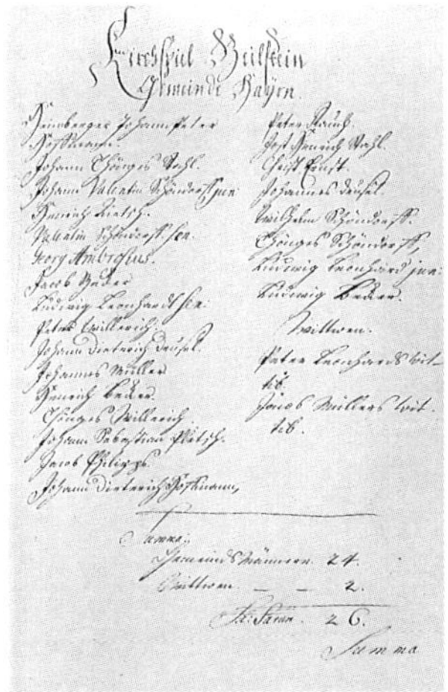

Untertanenliste aus dem Jahre 1740. Verzeichnis der Einwohner in der Gemeinde Haiern im Fürstentum Nassau-Dillenburg

Ortsnamenkunde

Ebenfalls ein Teilgebiet der Germanistik ist die Ortsnamenkunde. Sie befaßt sich mit der Entstehung, der Bedeutung und der geographischen Verbreitung der Namen von Siedlungen (Dörfern, Weilern, Städten, Einzelhöfen usw.). Ihre Bedeutung für den Familienforscher liegt darin, daß mit ihrer Hilfe Rückschlüsse auf die Lage auch kleinerer Orte gezogen werden können, die in standes- oder pfarramtlichen Urkunden genannt werden, aber zunächst nicht genau zu lokalisieren sind.

Auch hier gibt es wiederum einige einfache Faustregeln, die zumindest eine grobe Orientierung bieten. Heißt es zum Beispiel in einer alten Urkunde von einem Vorfahren, er sei in Wiefelstede geboren, so kann man sich bei der Suche nach diesem Ort getrost auf Norddeutschland konzentrieren: die Endung »-stede« kommt nur dort vor, süddeutsch hieße es »-stetten«. Und tatsächlich: Wiefelstede liegt im Kreis Ammerland bei Oldenburg. Dagegen sind Endungen wie »-ach« und »-ingen« typisch für den süddeutschen Raum und finden sich nur selten in anderen Regionen, »-bronn« ist typisch für Südwestdeutschland, »-brunn« demgegenüber für Bayern usw.

Tausende von Gemeinden sind im offiziellen Postleitzahlenverzeichnis der Deutschen Bundespost aufgeführt. Ihre Lage läßt sich anhand dieses Verzeichnisses relativ leicht ermitteln. Schwieriger sieht es schon aus, wenn der gesuchte Ort bei der Verwaltungsreform, die in den meisten Bundesländern Ende der sechziger/Anfang der siebziger Jahre stattfand, einer größeren Nachbargemeinde zugeschlagen oder mit anderen Dörfern zu einer neuen Großgemeinde vereinigt wurde. Dabei entstanden teilweise sogar völlig neue Ortsnamen, wie etwa Taunusstein und Maintal in Hessen, Waldbachtal und Seewald in Baden-Württemberg. Hier können fürs erste die älteren, noch in den sechziger Jahren erschienenen Postleitzahlenverzeichnisse der Bundespost weiterhelfen, die in manchen Haushalten noch vorhanden sind. In ihnen sind weitaus mehr Orte aufgeführt als in den heute aktuellen: eben auch all diejenigen, die nach der Verwaltungsreform von der Landkarte verschwanden.

Weiterführend und oft unerläßlich sind aber die für einzelne Bundesländer vorliegenden Ortsverzeichnisse, die auch nichtselbständige Siedlungen, Gemeindeteile und kleine Weiler und Wohnplätze außerhalb der Ortslagen aufführen. Sie können in vielen Bibliotheken eingesehen werden. Allerdings erfassen auch sie nicht immer alle Orte und Siedlungen, die, schon im 18. oder 19. Jahrhundert mit einem größeren Nachbarort verschmolzen, heute vielleicht schon am Cityrand einer Großstadt liegen, aber in alten Urkunden noch als selbständige Gemeinden aufgeführt werden.

Ein besonderes Problem schließlich stellen die sogenannten Wüstungen dar: Siedlungsplätze, die von ihren früheren Bewohnern völlig aufgegeben wurden und zerfielen. Viele solcher Wüstungen blieben nach den großen Pestepidemien sowie im Verlauf des Dreißigjährigen Krieges zurück. Aber auch das 20. Jahrhundert schuf Wüstungen, zum Beispiel durch die Anlage von ausgedehnten Truppenübungsplätzen, durch Braunkohletagebau usw. Hier können besondere Verzeichnisse weiterhelfen, die auch historische Ortsnamen und Flurnamen (die sich in einer Reihe von Fällen von solchen Wüstungen herleiten) enthalten. Sie sind in wissenschaftlichen Bibliotheken einzusehen oder zu entleihen.

Sowohl zur Namen- als auch zur Ortsnamenkunde gibt es eine umfangreiche Spezialliteratur. Sie umfaßt sowohl entsprechende Verzeichnisse und lexikalisch gegliederte Nachschlagewerke als auch sprachhistorische Abhandlungen zu Einzelfragen. Für den Familienforscher ist es in jedem Fall von Nutzen, sich auch über diese Bereiche einen Überblick zu verschaffen, da er hier Hinweise finden kann, die ihn seinen eigenen Erkenntniszielen unter Umständen ein erhebliches Stück näherbringen können.

Zeitrechnungskunde (Chronologie)

Die Zeit auf der Erde verläuft gleichförmig, im Rhythmus der Gestirne und der Jahreszeiten. Seit altersher haben die Menschen die Zeit gemessen und einzuteilen versucht, wobei sich schon die frühen Völker des Orients erstaunlich exakter Zeitmeßsysteme und Rechenschemata bedienten.

Die verschiedenen Kulturen entwickelten unterschiedliche – meist religiös motivierte – Kalendersysteme. Der heute bei uns gebräuchliche Kalender beruht auf der ägyptischen Zeitrechnung. Im Lande der Pharaonen hatte man schon sehr früh das Sonnenjahr zu 365 Tagen eingeführt. Ihm lag die Umlaufdauer der Erde um die Sonne zugrunde. Im alten Griechenland dagegen war noch das Mondjahr kalenderbestimmend, das von 354 Tagen (zwölf Mondumläufe um die Erde) ausging. Der christliche Kalender, der vom zentralen Datum der Geburt Christi (Jahr eins) ausgeht, unterscheidet sich vom jüdischen, dieser wiederum vom islamischen usw. Aber selbst der christliche Kalender machte im Laufe seiner fast 2 000jährigen Geschichte Wandlungen mit, und das heutige Kalendersystem, der sogenannte Gregorianische Kalender, ist noch nicht sehr alt. Erst vor wenig mehr als 400 Jahren, im Jahre 1583, wurde er in Teilen des deutschsprachigen Raumes eingeführt. 1812, als er auch vom schweizerischen Kanton Graubünden übernommen wurde, hatte er sich dann im gesamten deutschen Sprachgebiet durchgesetzt. Eine Reihe von osteuropäischen Ländern führte den Gregorianischen Kalender erst in unserem Jahrhundert ein, so zum Beispiel die Sowjetunion im Jahre 1923. Zuvor galt der Julianische Kalender, der auf die alte römische Zeitrechnung zurückging. Im Laufe der Jahrhunderte wurde er aufgrund geringfügiger jährlicher Abweichungen vom Sonnenlauf aber immer ungenauer. Der zeitliche Unterschied zwischen beiden Kalendern betrug am 1. März 1700 zehn Tage, am 1. März 1800 bereits elf Tage und am 1. März des Jahres 1900 schon zwölf Tage. Dabei »hinkte« der traditionelle Julianische Kalender hinterher. So entspricht zum Beispiel dem 10. Dezember 1750 des Julianischen Kalenders der 20. Dezember nach der heutigen, vom Gregorianischen Kalender bestimmten Zeitrechnung. Wenn in der Sowjetunion von der Oktoberrevolution gesprochen wird, dann fußt diese Bezeichnung noch auf dem Julianischen Kalender, nach dem die Revolution Ende Oktober 1917 stattfand. Nach dem Gregorianischen Kalender war es aber bereits Anfang November. Folgerichtig werden die alljährlichen Feierlichkeiten zum Jahrestag der Oktoberrevolution in der UdSSR heute stets im November abgehalten.

Für den Familienforscher kann es – vor allem, wenn bestimmte Jahrestage oder Jubiläen zu begehen sind – ganz nützlich sein, die Lebensdaten seiner Vorfahren in das System des heutigen Gregorianischen Kalenders umzurechnen. Da dieser aber in den verschiedenen, früher selbständigen Territorien zu unterschiedlichen Zeiten eingeführt wurde, ist dies zuweilen gar nicht so einfach. Zunächst muß festgestellt werden, unter welcher Landesherrschaft der jeweilige Ort, in dem Taufe, Heirat oder Tod eines Vorfahren registriert wurden, zur entsprechenden Zeit stand. Die katholischen Reichsstände in Deutschland führten den neuen Kalender zwischen 1583 und 1585 ein, die protestantischen zwischen dem 1. März 1700 und dem Jahre 1776. In Österreich hat der Gregorianische Kalender seit 1583 Gültigkeit, in den einzelnen Schweizer Kantonen dagegen zog sich seine allmähliche Einführung mehr als 200 Jahre lang hin (eine ausführliche Detailübersicht ist unter anderem im »Taschenbuch für Familiengeschichtsforschung« von Ribbe/Henning).

Neben dem Julianischen und dem Gregorianischen Kalender ist für den Familienforscher oft auch der Revolutionskalender der Französischen Republik von Bedeutung, zumal dieser auch in den zeitweilig zu Frank-

Kalender der ersten französischen Republik 1792–1805

1. Jahre und Monatsanfänge

<table>
<tr><th>Tag</th><th>Monat</th><th>Jahr II = 1793/4
III = 1794/5
V = 1796/7
VI = 1797/8
VII = 1798/9</th><th>Jahr IV
= 1795/6</th><th>VIII = 1799/1800
IX = 1800/1
X = 1801/2
XI = 1802/3
XIII = 1804/5
XIV = 1805</th><th>Jahr XII
= 1803/4</th></tr>
<tr><td>1.</td><td>Vendémiaire</td><td>O 22. Sept.</td><td colspan="2">Q 23. Sept,</td><td>S 24. Sept.</td></tr>
<tr><td>1.</td><td>Brumaire</td><td>L 22. Okt.</td><td colspan="2">P 23. Okt.</td><td>R 24. Okt.</td></tr>
<tr><td>1.</td><td>Frimaire</td><td>K 21. Nov.</td><td colspan="2">O 22. Nov.</td><td>Q 23. Nov.</td></tr>
<tr><td>1.</td><td>Nivôse</td><td>G 21. Dez.</td><td colspan="2">L 22. Dez.</td><td>P 23. Dez.</td></tr>
<tr><td>1.</td><td>Pluviôse</td><td>E 20. Jan.</td><td colspan="2">G 21. Jan.</td><td>L 22. Jan.</td></tr>
<tr><td>1.</td><td>Ventôse</td><td>H 19. Febr.</td><td colspan="2">M 20. Febr.</td><td>N 21. Febr.</td></tr>
<tr><td>1.</td><td>Germinal</td><td colspan="2">G 21. März</td><td colspan="2">L 22. März</td></tr>
<tr><td>1.</td><td>Floréal</td><td colspan="2">F 20. April</td><td colspan="2">K 21. April</td></tr>
<tr><td>1.</td><td>Prairial</td><td colspan="2">E 20. Mai</td><td colspan="2">G 21. Mai</td></tr>
<tr><td>1.</td><td>Messidor</td><td colspan="2">D 19. Juni</td><td colspan="2">F 20. Juni</td></tr>
<tr><td>1.</td><td>Thermidor</td><td colspan="2">C 19. Juli</td><td colspan="2">E 20. Juli</td></tr>
<tr><td>1.</td><td>Fructidor</td><td colspan="2">B 18. August</td><td colspan="2">C 19. Aug.</td></tr>
</table>

Jahr	II, IV, V, VI	III, VII	VIII, IX, X, XII, XIII	XI
jours complémentaires	17.–21. Sept.	17.–22. Sept.	18.–22. Sept.	18.–23. Sept.

2. Umsetzung der Monatstage

	1	2	3	4	5	6	7	8	9	10	11	12	13	14	15	16	17	18	19	20	21	22	23	24	25	26	27	28	29	30
A	17	18	19	20	21	22																								
B	18	19	20	21	22	23	24	25	26	27	28	29	30	31	1	2	3	4	5	6	7	8	9	10	11	12	13	14	15	16
C	19	20	21	22	23	24	25	26	27	28	29	30	31	1	2	3	4	5	6	7	8	9	10	11	12	13	14	15	16	17
D	19	20	21	22	23	24	25	26	27	28	29	30	1	2	3	4	5	6	7	8	9	10	11	12	13	14	15	16	17	18
E	20	21	22	23	24	25	26	27	28	29	30	31	1	2	3	4	5	6	7	8	9	10	11	12	13	14	15	16	17	18
F	20	21	22	23	24	25	26	27	28	29	30	1	2	3	4	5	6	7	8	9	10	11	12	13	14	15	16	17	18	19
G	21	22	23	24	25	26	27	28	29	30	31	1	2	3	4	5	6	7	8	9	10	11	12	13	14	15	16	17	18	19
H	19	20	21	22	23	24	25	26	27	28	1	2	3	4	5	6	7	8	9	10	11	12	13	14	15	16	17	18	19	20
I	20	21	22	23	24	25	26	27	28	29	1	2	3	4	5	6	7	8	9	10	11	12	13	14	15	16	17	18	19	20
K	21	22	23	24	25	26	27	28	29	30	1	2	3	4	5	6	7	8	9	10	11	12	13	14	15	16	17	18	19	20
L	22	23	24	25	26	27	28	29	30	31	1	2	3	4	5	6	7	8	9	10	11	12	13	14	15	16	17	18	19	20
M	20	21	22	23	24	25	26	27	28	1	2	3	4	5	6	7	8	9	10	11	12	13	14	15	16	17	18	19	20	21
N	21	22	23	24	25	26	27	28	29	1	2	3	4	5	6	7	8	9	10	11	12	13	14	15	16	17	18	19	20	21
O	22	23	24	25	26	27	28	29	30	1	2	3	4	5	6	7	8	9	10	11	12	13	14	15	16	17	18	19	20	21
P	23	24	25	26	27	28	29	30	31	1	2	3	4	5	6	7	8	9	10	11	12	13	14	15	16	17	18	19	20	21
Q	23	24	25	26	27	28	29	30	1	2	3	4	5	6	7	8	9	10	11	12	13	14	15	16	17	18	19	20	21	22
R	24	25	26	27	28	29	30	31	1	2	3	4	5	6	7	8	9	10	11	12	13	14	15	16	17	18	19	20	21	22
S	24	25	26	27	28	29	30	1	2	3	4	5	6	7	8	9	10	11	12	13	14	15	16	17	18	19	20	21	22	23

Benutzungsanleitung

a) Welches Datum nach dem christlichen Kalender ist der 11. Frimaire des Jahres XIII der Republik (= Krönung Napoleons)? Nach Abb. 1 fällt das Jahr XIII der Republik in den Zeitraum 1804/1805 n.Chr. Der 1. Frimaire ist der 22. November (1804), der in Abb. 1 mit dem Buchstaben O versehen ist. Auf der Abb. 2 ist dann unter dem genannten Buchstaben (O) die Spalte des französischen Monatstages (11) zu suchen. Die dort eingetragene 2 bezeichnet den 2. Tag des folgenden Monats, also den 2. Dezember 1804, als das gesuchte Datum.

b) Auf welchen Tag des französischen Revolutionskalenders fällt der 28. Juli 1794 (= Hinrichtung Robespierres)? Nach Abb. 1 beginnt am 19. Juli 1794 der 1. Thermidor des Jahres II der Republik; bis zum 28. Juli sind also noch 9 Tage hinzuzuzählen, so daß es sich bei dem zu ermittelnden Datum um den 10. Thermidor des Jahres II der Republik handelt.

Da sich Monate und Jahre der beiden Kalender nicht decken, ist stets auf den entsprechenden Wechsel zu achten.

reich gehörenden deutschen Gebieten (Rheinland) seine Gültigkeit hatte und einige Jahre lang die dortigen Standesamtsurkunden nach seinem System datiert wurden. Der Revolutionskalender wurde 1793 rückwirkend zum 22. September 1792 eingeführt, aber am 31. Dezember 1805 wieder zugunsten des Gregorianischen Kalenders aufgehoben. Nicht nur andere Jahreszahlen (»Jahr eins, zwei ... der Französischen Republik«), sondern auch völlig andere Monatsnamen (Vendémiaire, Brumaire, Floreal usw.) wurden von den französischen Revolutionären geschaffen, die mit dem neuen Kalendersystem die welthistorische Bedeutung ihrer Revolution unterstreichen wollten. Außerdem gab es – da jeder »Revolutionsmonat« exakt 30 Tage umfaßte – noch fünf »monatsfreie« Schalttage in jedem Jahr. Die nebenstehenden Tabellen ermöglichen eine Übersicht und Orientierung.

Schriftkunde (Paläographie)

Die Schriftkunde als historische Hilfswissenschaft befaßt sich mit der geschichtlichen Entwicklung der Schrift beziehungsweise der Schriften, den einzelnen Typen und Buchstaben, ihrem Verhältnis und ihren Verbindungen zueinander und ganzen Schriftsystemen als solchen. Dabei sind Schriftsysteme mit Ligaturen (Verbindungen zwischen den einzelnen Buchstaben oder Zeichen) und solche mit isolierten Einzelbuchstaben beziehungsweise Einzelzeichen zu unterscheiden. In den Bereich der Schriftkunde fällt selbstverständlich auch die Beschäftigung mit älteren Schriftsystemen (Keilschrift, Hieroglyphen, Runen usw.) und mit solchen, die heute noch außerhalb Mittel- und Westeuropas gebräuchlich sind (kyrillische, hebräische, arabische, japanische, chinesische Schrift usw.).

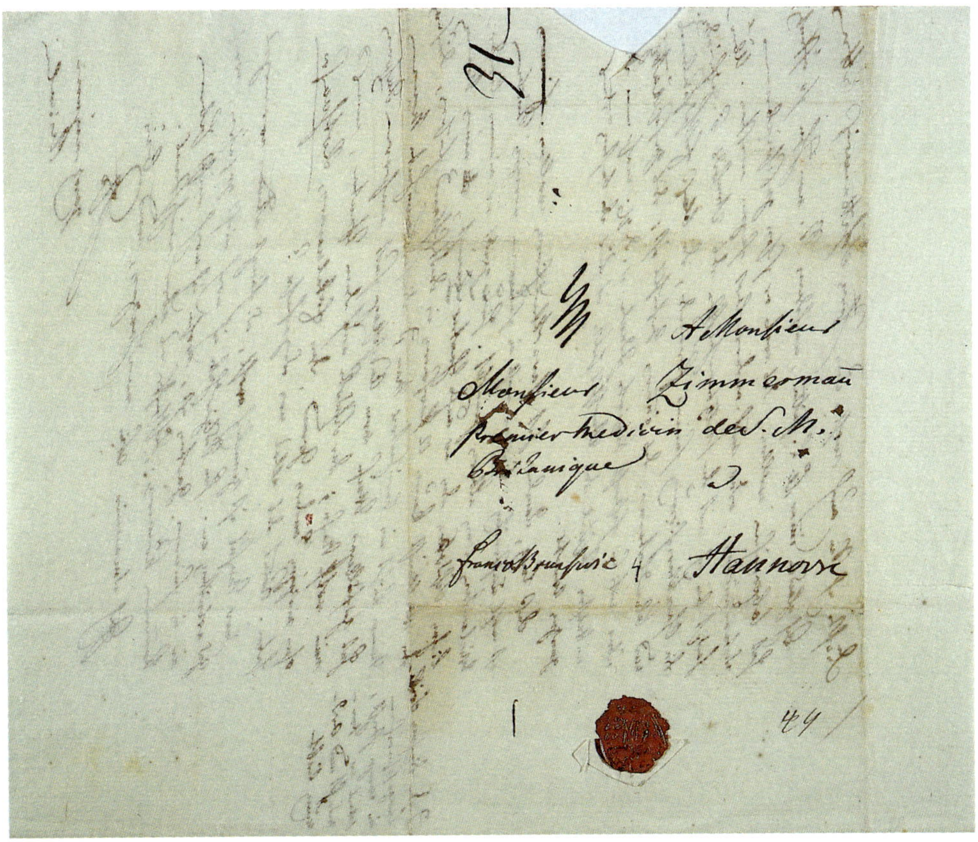

Brief des Schriftstellers und Verlagsbuchhändlers Christoph Friedrich Nicolai (1733–1811)

Bis zur Erfindung des Buchdrucks mit beweglichen Lettern durch Johannes Gutenberg Mitte des 15. Jahrhunderts war Schrift so gut wie gleichbedeutend mit Handschrift. Die Schreibkunst wurde vor allem in den Schreibstuben der Klöster und in den Hofkanzleien gepflegt. Eine Ausnahme von dieser manuellen Schriftkultur bildeten lediglich die sogenannten Blockbücher des Spätmittelalters, bei denen ganze Buchseiten mit Text und Bild in Holz geschnitten und diese Holzblöcke als Druckstock benutzt wurden. Erst Gutenbergs Erfindung, die durch bewegliche Einzellettern die variable Zusammenstellung immer wieder anderer Druckvorlagen ermöglichte, brachte den Übergang zu einer zunehmend vom Druck bestimmten Schriftkultur. Dabei förderte die Entwicklung der Druckkunst mit der Zeit eine Festigung und Normierung der Schrifttypen, die allerdings im Laufe der Jahrhunderte noch einer Reihe von Wandlungen unterworfen waren. Für diese Veränderungen der Typen waren sowohl praktische als auch ästhetische Gründe maßgebend.

Das Setzen und Drucken war zunächst auf Bücher sowie – vor allem seit dem 16. Jahrhundert – Flugschriften aktuellen Inhalts beschränkt. Daneben spielte die Handschrift noch lange Zeit eine wichtige Rolle. Bis weit ins 19. Jahrhundert hinein wurden zum Beispiel in zahlreichen deutschen Ländern Rundschreiben der Zentralverwaltungen an nachgeordnete Behörden handschriftlich angefertigt und dann lithographisch vervielfältigt. Erst die Erfindung und Verbreitung der Schreibmaschine führte gegen Ende des letzten Jahrhunderts im amtlichen Schriftverkehr zu einem einheitlicheren und damit auch für den Laien besser lesbaren Erscheinungsbild der Rundschreiben, Urkunden, Dokumente usw.

Die Deutsche Schreibschrift, die vor allem jüngeren und am Anfang ihrer Forschungen stehenden Freunden der Familiengeschichte oft erhebliche Schwierigkeiten bereitet, entwickelte sich aus der gotischen Kursive, deren Ursprünge bis ins 13. Jahrhundert zurückgehen. Sie setzte sich vor allem im deutschen Sprachraum durch und wirkte mit ihren Nachfolgetypen bis in unser Jahrhundert. Dagegen orientierten sich die romanischen Länder seit dem 15. Jahrhundert an den Nachfolgeschriften der karolingischen Minuskel, die im 8. Jahrhundert entstanden war und eine größere Nähe zur Antiqua-Druckschrift, der heute gebräuchlichsten Schriftart, aufwies, die sich wiederum an die Schrift der römischen Antike anlehnt.

Leseschwierigkeiten bei älteren Urkunden können aber auch durch die folgenden Schreibbesonderheiten auftreten, die in früheren Zeiten oft und gern gepflegt wurden:

- Kontraktion: Wortanfang und Wortende sind unter Fortlassen der mittleren Wortteile zusammengezogen.
- Suspension: die Wortendung wird weggelassen oder abgebrochen.
- Abbreviation: ein Wort wird überhaupt auf einen oder einige wenige Buchstaben abgekürzt, dabei können die einzelnen Abkürzungszeichen sogar unterschiedliche Bedeutung haben.
- Konvention: es besteht unter den Schreibenden der jeweiligen Zeit eine Übereinkunft, bestimmte häufige Wörter durch graphische Zeichen zu ersetzen.

Sowohl über die allgemeine Geschichte der Schrift als auch über besondere Schreibgepflogenheiten zu bestimmten Zeiten gibt es eine reichhaltige Fachliteratur, die für den Familienforscher vor allem dann unentbehrlich wird, wenn er es mit älteren, aus dem 18. oder gar früheren Jahrhunderten datierenden Schriftstücken zu tun hat. Für die Transkription (Übertragung in heutige Schrift) solcher Texte gibt es Spezialisten, die sich zum Teil schon auf einzelne Jahrhunderte spezialisiert haben: ein Zubrot für manche Assistenten oder Doktoranden der Geschichtswissenschaft. Dagegen sollte die gute Kenntnis der Deutschen Schreibschrift in ihren im 19. und 20. Jahrhundert gebräuchlichen Formen zum Standardrepertoire jedes Familienforschers gehören.

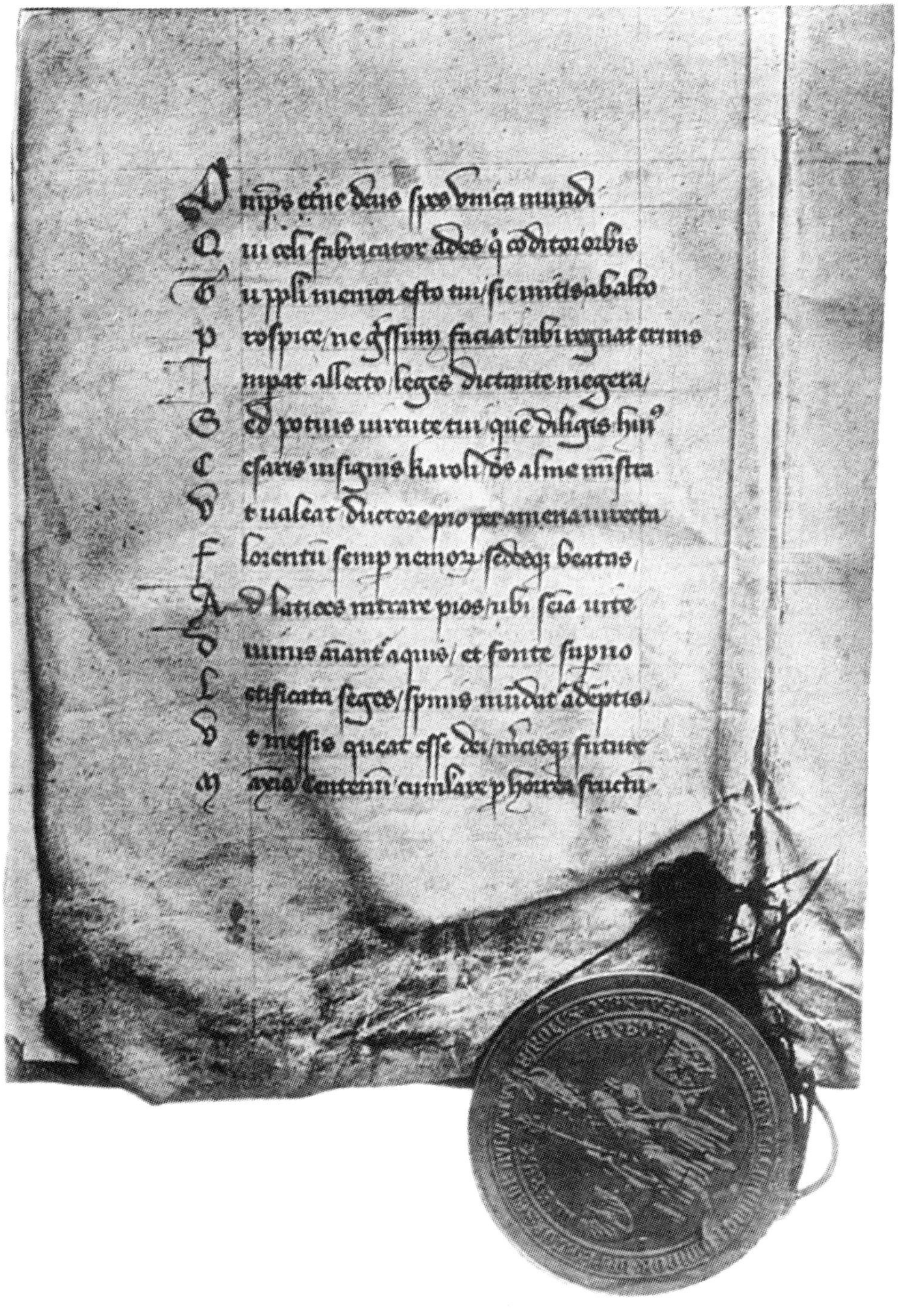

Goldene Bulle mit kaiserlichem Siegel, Reichsgrundgesetz Karls IV., 1356 erlassen

Siegelkunde (Sphragistik)

Von Siegeln war bereits im Kapitel über die Heraldik die Rede: sowohl als mögliche Quelle für den Neuentwurf eines Familienwappens als auch als möglicher Anwendungsbereich nach der Stiftung des neuen Wappens sind sie von Interesse. Die Sphragistik, eine weitere historische Hilfswissenschaft, widmet sich der Geschichte des Siegelwesens und den praktischen Fragen, die beim Entwurf und der Gestaltung eines neuen Siegels zu beachten sind.

Der Begriff Siegel leitet sich vom lateinischen Wort »sigillum« ab, einer Verkleinerungsform von »signum« (= Bild, Zeichen). Konkret versteht man darunter den Abdruck eines Stempels (Petschafts), der durch seine Form oder Beschriftung einer bestimmten Person oder Institution zugeordnet ist. Während im Mittelalter dieser Abdruck in Wachs erfolgte, kam später der noch von vielen alten Urkunden und Briefverschlüssen her bekannte Siegellack auf. Ab dem 14. Jahrhundert gab es parallel dazu auch Papiersiegel, bei denen der Eindruck des Petschafts auf einem mit Wachs unterlegten Papierblättchen erfolgte, das dann die Siegelumrisse zeigte. Das Siegeln von Dokumenten war zunächst ein exklusives Vorrecht des Papstes, des Kaisers und der Könige, doch schon im 9. Jahrhundert begann auch der höhere Klerus (Bischöfe, Äbte) zu siegeln. Im 11. Jahrhundert siegelten auch die Angehörigen des niederen Klerus sowie des Adelsstandes, ab dem 13. Jahrhundert nahmen bürgerliche Familien Siegel an. Später wurde das Führen eines Siegels bei bestimmten Berufen und Tätigkeiten (so zum Beispiel bei Richtern, Schöffen, Offizieren usw.) sogar zur beruflichen Notwendigkeit und Pflicht: Dienstakten waren außer mit der Unterschrift auch mit dem Siegel zu beglaubigen.

Die Bedeutung der Siegelkunde für die Familienforschung liegt auf der Hand: wenn Siegel bestimmten Personen zugeordnet waren, dann können Siegelabdrücke Auskunft über diese Personen und ihr Wirken geben, die Zuordnung von Dokumenten zu bestimmten Vorfahren erleichtern usw. Die Grundlagen der Siegelkunde muß sich jeder Familienforscher spätestens im fortgeschrittenen Stadium seiner Recherchen aneignen. Wer weiß, vielleicht ist für den einen oder anderen der vielfältige Themenbereich, mit dem sich diese Hilfswissenschaft beschäftigt, so interessant, daß sich daraus gar ein neues Hobby entwickelt.

Berlin: Wappen von 1875

Oben: Berlin, Wappen von 1338-1418; rechts: Berlin, Wappen von 1280; ganz rechts: Berlin, ältestes Wappen von 1253

Ganz links: Siegel des Hochmeisters des Deutschordens;
links: Siegel Kaiser Ottos IV.

Ganz links: Siegel Kaiser Friedrichs II.;
links: Siegel Friedrich I. Barbarossas;
unten: Siegel Kaiser Ottos I.

Siegel Kaiser Karls des Großen (nach einem Kupferstich von 1729)

Verschiedene historische Siegel

Verdenhalven, Fritz: Familienkundliches Wörterbuch. 3., überarbeitete und erweiterte Auflage, Neustadt a. d. Aisch 1992
Wentscher, Erich/Mitgau, Hermann: Einführung in die praktische Geneologie. 4. Auflage, Limburg/Lahn 1966

Literatur zur Heraldik und anderen Hilfswissenschaften

Alberti, Hans-Joachim von: Maß und Gewicht. Geschichtliche und tabellarische Darstellungen von den Anfängen bis zur Gegenwart. Berlin 1957
Arnstwaldt, Werner Konstantin von: Handschriftenkunde für Familienforscher. Neustadt a. d. Aisch 1978 (Reprint))
Bahlow, Hans: Deutsches Namenslexikon. Familien- und Vornamen nach Ursprung und Sinn erklärt. Neustadt a. d. Aisch 1976
Brandt, A. von: Werkzeug des Historikers. Eine Einführung in die historischen Hilfswissenschaften. 14. Auflage, Stuttgart/Berlin/Köln/Mainz 1996
Bresslau, Harry/Klewitz, Hans-Werner: Handbuch der Urkundenlehre für Deutschland und Italien, 2. Auflage, Band 1–3, Darmstadt 1931–1960
Duelfer, Kurt/Korn, Hans E. (Bearb.): Gebräuchliche Abkürzungen des 16.–20. Jahrhunderts. 6. Auflage, Marburg 1986
Engel, Franz: Tabellen alter Münzen, Maße und Gewichte zum Gebrauch für Archivbenutzer. Rinteln 1965
Galbreath, D. L./Jéquier, Léon: Lehrbuch der Heraldik. München 1978
Gottschald, Max: Deutsche Namenkunde. 5., verbesserte Auflage, Berlin 1982
Grotefend, Hermann: Taschenbuch der Zeitrechnung des deutschen Mittelalters und der Neuzeit. 13. Auflage, hrsg. von Theodor Ulrich, Hannover 1991
Grun, Paul Arnold: Leseschlüssel zu unserer alten Schrift. Limburg 1984 (Reprint)
Grun, Paul Arnold: Schlüssel zu alten und neuen Abkürzungen, Limburg a. d. Lahn 1992 (Reprint)
Henning, Eckart: Nachweise bürgerlicher Wappen in Deutschland 1937–1973. Neustadt a. d. Aisch 1975
Henning, Eckart (Hrsg.): Bibliographie der historischen Hilfswissenschaften. Band 1 (Heraldik), Köln/Wien 1984
Henning, Eckart: Nachweise bürgerlicher Wappen in Deutschland 1973–1983. Neustadt a. d. Aisch 1985
Jäger, H.: Historische Geographie. Wiesbaden 1969
Kenfenheuer, Johann Josef: Alphabetisches Namensregister bürgerlicher deutscher Wappenvorkommen. Hoffnungsthal-Köln 1937
Kittel, Erich: Siegel. Braunschweig 1970
Knappe, Franz: Familienforschung und Wappenkunde. Karlsruhe o. J.
Knoetel, Herbert: Uniformkunde. Das deutsche Heer. 3 Bände, Stuttgart 1982
Leonhard, Walter: Das große Buch der Wappenkunst. München 1978
Müllers Großes Deutsches Ortsbuch. Vollständiges Gemeindelexikon. Wuppertal-Barmen 1972
Neubecker, Ottfried: Wie finde ich ein Familienwappen? Beispiele zur Gestaltung bürgerlicher Wappen. Berlin 1956
Neubecker, Ottfried: Heraldik. Wappen, ihr Ursprung, Sinn und Wert. Frankfurt a. M. 1977
Nienholdt, Eva: Kostümkunde. Ein Handbuch für Sammler und Liebhaber. Braunschweig 1961
Pedersen, Christian F.: Internationales Wappen- und Flaggenlexikon. Berlin 1970
Reise, Heinz (Bearb.): Deutsche Familienwappen. Ein heraldisches Sammelwerk. Göttingen 1956
Stiebner, Erhardt D./Leonhard, Walter: Bruckmanns Handbuch der Schrift. 3. Auflage, München 1985
Thiel, Erika: Geschichte des Kostüms. Die europäische Mode von den Anfängen bis zur Gegenwart. 5. Auflage, Berlin 1997
Verdenhalven, Fritz: Alte Maße, Münzen und Gewichte aus dem deutschen Sprachgebiet. Neustadt a. d. Aisch 1968

Anschriftenverzeichnis

Genealogische Vereine in Deutschland (alphabetisch nach Orten)

26585 Aurich:
Ostfriesische Landschaft
Arbeitsgruppe Familienkunde
Postfach 1580

34385 Bad Karlshafen:
Deutscher Hugenottenverein
Hafenplatz 9 a

64625 Bensheim 1:
Institut zur Erforschung
historischer Führungsschichten
Ernst-Ludwig-Straße 21

10179 Berlin:
Interessengemeinschaft Genealogie
c/o Gabriele von Griesheim
Heinrich-Heine-Straße 11

13629 Berlin:
Arbeitsgemeinschaft für Familiengeschichte
im Kulturkreis Siemens
Siemensdamm 50

14195 Berlin:
Der Herold. Verein für Heraldik, Genealogie
und verwandte Wissenschaften
Archivstraße 12–14

14195 Berlin:
Verein zur Förderung der Zentralstelle für
Personen- und Familiengeschichte
Archivstraße 12–14

33605 Bielefeld:
Salzburger Verein e.V.
Memeler Straße 35

67295 Bolanden:
Mennonitischer Geschichtsverein
Weierhof

38108 Braunschweig:
Akademie für Genealogie, Heraldik und
verwandte Wissenschaften
Myrtenweg 1

28203 Bremen:
Die Maus – Gesellschaft für Familien-
forschung Bremen
Am Staatsarchiv 1
Fedelhören (Staatsarchiv)

75015 Bretten:
Dr. Otto-Beuttenmüller-Bibliothek
(Genealogisches Forschungszentrum)
Altes Rathaus, Marktplatz 1

50321 Brühl:
Deutsche Arbeitsgemeinschaft
Genealogischer Verbände
Schloßstraße 12

64285 Darmstadt:
Deutsch-Baltische
Genealogische Gesellschaft
Herdweg 79

64283 Darmstadt:
Hessische familiengeschichtliche
Vereinigung
Schloß (Staatsarchiv)

44033 Dortmund:
Roland zu Dortmund
Postfach 10 33 26

24340 Eckernförde:
Bund der Familienverbände
Lorenz-von-Stein-Ring 20

91020 Erlangen:
Genealogischer Kreis Siemens-Erlangen
Postfach 3240

60320 Frankfurt:
Genealogie-Forschungsstelle der
Genealogischen Gesellschaft von Utah
Eckenheimer Landstraße 262–264

30826 Garbsen:
Familienkundliche Kommission
für Niedersachsen und Bremen
Steinfeldstraße 34

37010 Göttingen:
Genealogisch-Heraldische Gesellschaft
Postfach 2062

51608 Gummersbach:
Westdeutsche Gesellschaft
für Familienkunde
Postfach 10 08 22

58095 Hagen:
Arbeitskreis Familienforschung
im Hagener Heimatbund
Hochstraße 74

06122 Halle:
Hallescher Familienforscher „Ekkehard“
c/o Bernd Hofestädt
Otto-Hahn-Straße 2

20307 Hamburg:
Genealogische Gesellschaft Hamburg
Postfach 30 20 42

21147 Hamburg:
Verein für Familienforschung
in Ost- und Westpreußen
In de Krümm 10

30171 Hannover:
Niedersächsischer Landesverein
für Familienkunde
Am Bokemahle 14–16 (Stadtarchiv)

93155 Hemau:
Gesellschaft für Familienfoschung
in der Oberpfalz
Pustetstraße 13

04454 Holzhausen:
Leipziger Genealogische Gesellschaft
c/o Marion Bähr
Südstraße 59 b

34013 Kassel:
Gesellschaft für Familienkunde
in Kurhessen und Waldeck
Postfach 10 13 46

24103 Kiel:
Schleswig-Holsteinische Gesellschaft
für Familienforschung und Wappenkunde
Postfach 38 09

47533 Kleve:
Mosaik. Familienkundliche
Vereinigung für das Klever Land
Antoniusstraße 9

67061 Ludwigshafen:
Arbeitsgemeinschaft für pfälzische-
rheinische Familien- und Wappenkunde
Rottstraße 17 (Stadtarchiv)

44536 Lünen:
Verein zur Förderung EDV-gestützter
familienkundlicher Forschungen
Schorlemmerskamp 20

23552 Lübeck:
Arbeitskreis für Familienforschung
Mühlentorplatz 2

39104 Magdeburg:
Arbeitsgemeinschaft Genealogie
Magdeburg
c/o Siegfried Reincke
Thiemstraße 7

35037 Marburg:
Deutsches Adelsarchiv
Schwanallee 21

04416 Markkleeberg:
Arbeitsgemeinschaft für
mitteldeutsche Familienforschung
c/o Ernst Joachim Müller
Waldweg 5

80539 München:
Bayerischer Landesverein für
Familienkunde
Ludwigstraße 14/I (Hauptstaatsarchiv)

48033 Münster/Westfalen:
Westfälische Gesellschaft für
Genealogie und Familienforschung
Postfach 6125

90408 Nürnberg:
Gesellschaft für Familienforschung
in Franken
Archivstraße 17 (Staatsarchiv)

26131 Oldenburg:
Oldenburgische Gesellschaft
für Familienkunde
Lerigauweg 14

31228 Peine:
Gruppe Familien- und Wappenkunde
im Bundesbahn-Sozialwerk
Weißdornstraße 10

08523 Plauen:
Arbeitskreis vogtländischer
Familienforscher
A.-Schlagk-Straße 12

66346 Püttlingen:
Arbeitsgemeinschaft für saarländische
Familienkunde
Hebbelstraße 3

26180 Rastede:
Arbeitsgemeinschaft ostdeutscher
Familienforscher
c/o Heike Brachwitz
Am Mühlenhof 5

93053 Regensburg:
Vereinigung sudetendeutscher
Familienforscher
Erikaweg 58

71065 Sindelfingen:
Arbeitskreis donauschwäbischer
Familienforscher
Goldmühlestraße 30

70047 Stuttgart:
Verein für Familien- und Wappenkunde
in Württemberg und Baden
Postfach 10 54 41

65187 Wiesbaden:
Familienkundliche Gesellschaft für Nassau
und Frankfurt (Hessisches Staatsarchiv)
Mosbacher Straße 55

42287 Wuppertal:
Bergischer Verein für Familienkunde
c/o Dr. Wolfram Lang
Zanellastraße 52

Sonstige für Familienforscher relevante Vereinigungen und Einrichtungen

Bund freireligiöser Gemeinden Deutschlands (BFGD), Körperschaft des öffentlichen Rechts, Wörthstr. 6 a, **67059 Ludwigshafen**

Bund für deutsche Schrift und Sprache, Postfach 10 10 03, **32510 Bad Oeynhausen**

Deutsche Burgenvereinigung, Marksburg, **56338 Braubach/Rhein**

Deutsche Gesellschaft für Hochschulkunde, Institut für Hochschulkunde, Am Hubland, **97074 Würzburg**

Gesellschaft für deutsche Studentengeschichte, Giersweg 22, **33098 Paderborn**

Krankenbuchlager Berlin, Wattstr. 11–13, **13355 Berlin**

Nordrhein-Westfälisches Personenstandsarchiv für das Rheinland, Schloßstraße 12, **50321 Brühl**

Nordrhein-Westfälisches Personenstandsarchiv für Westfalen und Lippe, Willi-Hofmann-Straße 2, **32756 Detmold**

Zentralstelle der Heimatortskarteien, Lessingstraße 1, **80336 München**

Ausland

BELGIEN

Fédération généalogiques et héraldiques de Belgique/Belgische Federatie voor genealogie en heraldiek, Avenue de Floréal 168, B-1180 Bruxelles

Office généalogique et héraldique de Belgique, Musées Royaux d'Art et d'Histoire, Avenue des Nerviens, B-1400 Bruxelles

DÄNEMARK

Samfundet for dansk Genealogi og Personalhistorie, Riksarkivet, Rigsdagsgarden 9, DK-1218 Kobenhavn

FRANKREICH

Fèdèration des associations françaises de généalogie, d'héraldique et de sigillographie, Boite postale 63, F-75261 Paris Cedex 06

Cercle généalogique de Lorraine, 1, rue de la Monnaie (Archives de Meurthe et Moselle), F-54000 Nancy

Cercle généalogique d'Alsace, 5 rue Fischart, F-67000 Strasbourg

GROSSBRITANNIEN

The Federation of Family History Societies, 96 Beaumont Street, Milehouse, Plymouth, Devon PL2 3AQ

Institute of Heraldic and Genealogical Studies, Northgate, Canterbury, Kent CT1, 1 BA

NIEDERLANDE

Werkgroep Genealogisch Onderzoek Duitsland, P.C.Hooftlaan 9, NL-3818HG Amersfoort

Zentral Bureau voor Genealogie, Prins-Willem-Alexanderhof 22, Postbus 11755, NL-2595 BE s'Gravenhage

NORWEGEN

Norsk Slektshistorisk Forening, Postboks 9562, Egerorget, N-0128 Oslo

ÖSTERREICH

Heraldisch-Genealogische Gesellschaft Adler, Haarhof 4 a, A-1010 Wien

POLEN

Towarzystwo Genealogiczno-Heraldyczne (Genealogisch-Heraldische Gesellschaft), Wodna 27, Pałac Górków, 61781 Poznán

SCHWEIZ

Schweizerische Gesellschaft für Familienforschung, c/o Dr. Hans B. Kälin, Steinbühlallee 189, CH-4054 Basel

Schweizerische Heraldische Gesellschaft, c/o Herrn Gregor Brunner, Burgstr. 32, CH-8706 Meilen

Zentralstelle für genealogische Auskünfte, c/o Herrn Manuael Aicher, Vogelaustr. 34, CH-8953 Dietikon

TSCHECHIEN

Genealogicky a heraldicky klub pri Domu kultury – ROH Kravolopolské strojirny, c/o Frantisek Spirk, Palackého 78, 500000 Brno (Brünn)

USA
Federation of Genealogical Societies,
P.O. Box 220, Davenport, Iowa 52805
German Genealogical Society of America,
P.O. Box 291818, Los Angeles, CA 90029
Immigrant Genealogical Society,
5043 Lankershim Boulevard, North
Hollywood CA 91601
Genealogical Society of Utah,
50 East-North Temple Street,
Salt Lake City, Utah 84150

Zeitschriften

Neben den verschiedenen Vereinspublikationen erscheinen noch einige genealogische Zeitschriften, die von mehreren Vereinigungen gemeinsam oder von unabhängigen Verlagen herausgegeben werden. Nachstehend eine Auswahl:

COMPUTERGENEALOGIE,
Dipl.-Ing. Karl B. Thomas, Postfach 13 44,
59853 Meschede

FAMILIENKUNDLICHE NACHRICHTEN,
c/o Verlag Degener & Co., Postfach 13 40,
91403 Neustadt/Aisch

GENEALOGIE (früher: FAMILIE UND VOLK),
c/o Verlag Degener & Co., Postfach 13 40,
91403 Neustadt/Aisch

HESSISCHE FAMILIENKUNDE
(siehe Hessische Familienkundliche Vereinigung, Familienkundliche Gesellschaft für Nassau und Frankfurt, Gesellschaft für Familienkunde in Kurhessen und Waldeck als gemeinsame Herausgeber)

NORDDEUTSCHE FAMILIENKUNDE
(siehe Die Maus/Gesellschaft für Familienforschung, Familienkundliche Kommission für Niedersachsen und Bremen, Niedersächsischer Landesverein für Familienkunde als gemeinsame Herausgeber)

OSTDEUTSCHE FAMILIENKUNDE
(siehe Arbeitsgemeinschaft ostdeutscher Familienforscher als Mitherausgeber)

Wichtige Archive in der Bundesrepublik Deutschland, in Belgien, Frankreich, Liechtenstein, Luxemburg, Österreich, Polen, der Schweiz und den USA

Bundesrepublik Deutschland

52062 Aachen:
Bischöfliches Diözesanarchiv,
Klosterplatz 7

86152 Augsburg:
Bischöfliches Ordinariatsarchiv,
Hafnerberg 2/II

26603 Aurich/Ostfriesland:
Niedersächsisches Staatsarchiv, Oldersumer Str. 50

10623 Berlin:
Evangelisches Zentralarchiv, Jebenstr. 3

12099 Berlin:
Diözesanarchiv des Erzbistums Berlin,
Götzstr. 65

10997 Berlin:
Archiv des Centrum Judaicum,
Oranienburger Str. 28/29

14195 Berlin:
Geheimes Staatsarchiv Preußischer Kulturbesitz, Archivstr. 12–14

10777 Berlin:
Landesarchiv, Kalckreuthstr. 1–2

33602 Bielefeld:
Archiv des Landeskirchenamtes der Evangelischen Kirche von Westfalen, Altstädter Kirchplatz 4

55113 Bonn:
Pressearchiv des Presse- und Informationsamtes der Bundesregierung, Welckerstr. 11

38100 Braunschweig:
Archiv der Braunschweigischen Evangelisch-Lutherischen Landeskirche, Alter Zeughof 1

28203 Bremen:
Staatsarchiv des Landes Bremen, Am Staatsarchiv 1

64283 Darmstadt:
Hessisches Staatsarchiv, Schloß

64285 Darmstadt:
Zentralarchiv der Evangelischen Kirche in Hessen und Nassau, Paulusplatz 1

06844 Dessau:
Archiv der Evangelischen Landeskirche Anhalts, Friedrichstr. 22

32756 Detmold:
Staatsarchiv und Personenstandsarchiv, Willi-Hofmann-Str. 2

32756 Detmold:
Archiv der Lippischen Landeskirche, Leopoldstr. 27

01097 Dresden:
Staatsarchiv Dresden, Archivstr. 14

01069 Dresden:
Archiv der Evangelisch-Lutherischen Landeskirche Sachsen, Lukasstr. 6

40476 Düsseldorf:
Hauptstaatsarchiv, Mauerstr. 55

40476 Düsseldorf:
Archiv der Evangelischen Kirche im Rheinland, Hans-Böckler-Str. 7

85072 Eichstätt:
Diözesanarchiv, Luitpoldstr. 2

99817 Eisenach:
Landeskirchliches Archiv Thüringen, Schloßberg 4 a

45127 Essen:
Bistumsarchiv, Zwölfling 16

79115 Freiburg:
Bundesarchiv (Abteilung Militärarchiv), Wiesenthalstr. 1

79098 Freiburg:
Erzbischöfliches Archiv, Herrenstr. 35

02827 Görlitz:
Archiv der Evangelischen Kirche des Görlitzer Kirchengebiets, Schlaurother Str. 11

17489 Greifswald:
Staatsarchiv Greifswald, Martin-Andersen-Nexö-Platz 1

17489 Greifswald:
Landeskirchliches Archiv der Evangelischen Landeskirche Greifswald, Bahnhofstr. 35/36

20354 Hamburg:
Archiv der Freien und Hansestadt Hamburg, ABC-Str. 19 a

20146 Hamburg:
Landeskirchliches Archiv, Grindelallee 7

30169 Hannover:
Niedersächsisches Hauptstaatsarchiv, Planckstr. 2

30449 Hannover:
Landeskirchliches Archiv, Am Steinbruch 14

31134 Hildesheim:
Archiv des Bischöflichen Generalvikariats, Pfaffenstieg 2

67657 Kaiserslautern:
Archiv des Instituts für Pfälzische Geschichte und Volkskunde, Benzinoring 6

76133 Karlsruhe:
Badisches Generallandesarchiv, Nördliche Hildapromenade 2

76133 Karlsruhe:
Evangelisches Landeskirchenarchiv, Blumenstr. 1

34131 Kassel-Wilhelmshöhe:
Landeskirchliches Archiv, Heinrich-Wimmer-Str. 4

24103 Kiel:
Archiv der Evangelisch-Lutherischen Landeskirche Schleswig-Holstein, Dänische Str. 27/35

56075 Koblenz:
Bundesarchiv, Koblenz Kartause, Potsdamer Str. 1

56068 Koblenz:
Staatsarchiv des Landes Rheinland-Pfalz, Karmeliterstr. 1–3

50670 Köln:
Archiv des Erzbistums Köln, Gereonstr. 2–4

26789 Leer/Ostfriesland:
Archiv des Evangelisch-Reformierten Landeskirchenamtes, Saarstr. 6

04107 Leipzig:
Sächsisches Staatsarchiv Leipzig, Beethovenstr. 4

04329 Leipzig:
Deutsche Zentralstelle für Genealogie, Schongauer Str. 1

65549 Limburg:
Diözesanarchiv, Roßmarkt 4

39104 Magdeburg:
Staatsarchiv Magdeburg, Hegelstr. 25

39104 Magdeburg:
Zentralarchiv für die Kirchenprovinz Sachsen, Am Dom 2

55116 Mainz:
Dom- und Diözesanarchiv, Heringsbrunnengasse 4

98617 Meiningen:
Thüringisches Staatsarchiv Meiningen, Schloß Bibrabau

06217 Merseburg:
Landesarchiv Merseburg, König-Heinrich-Str. 37

80005 München:
Bayerisches Hauptstaatsarchiv, Postfach 20 05 07

80063 München:
Erzbischöfliches Ordinariatsarchiv München und Freising, Karmeliterstr. 1

48147 Münster:
Staatsarchiv, Bohlweg 2

48143 Münster:
Bistumsarchiv, Georgskommende 19

90408 Nürnberg:
Staatsarchiv, Archivstr. 17

90489 Nürnberg:
Landeskirchliches Archiv, Veilhofstr. 28

26135 Oldenburg:
Niedersächsisches Staatsarchiv in Oldenburg, Damm 43

26121 Oldenburg:
Archiv der Evangelisch-Lutherischen Kirche in Oldenburg, Philosophenweg 1

49074 Osnabrück:
Niedersächsisches Staatsarchiv, Schloßstr. 29

49074 Osnabrück:
Diözesanarchiv des Bischöflichen Generalvikariats, Große Domfreiheit 10

33098 Paderborn:
Archiv des Erzbischöflichen Generalvikariats, Domplatz 3

94032 Passau:
Archiv des Bistums Passau, Luragogasse 4

14467 Potsdam:
Abt. III des Bundesarchivs (Deutsches Reich), Tizianstr. 13

14467 Potsdam:
Brandenburgisches Landesarchiv, Orangerie Schloß Sanssouci

23909 Ratzeburg:
Domarchiv, Am Domhof

93047 Regensburg:
Bischöfliches Zentralarchiv, St.-Petersweg 11

72108 Rottenburg/Neckar:
Diözesanarchiv, c/o Bischöfliches Ordinariat

07407 Rudolstadt:
Staatsarchiv Rudolstadt, Schloß Heidecksburg

66123 Saarbrücken:
Landesarchiv des Saarlandes, Scheidter Str. 114

24837 Schleswig:
Schleswig-Holsteinisches Landesarchiv, Prinzenpalais

19053 Schwerin:
Staatsarchiv Schwerin, Graf-Schack-Allee 2

19055 Schwerin:
Mecklenburgisches Kirchenbuchamt (Ev.-Luth. Landeskirche Mecklenburgs), Münzstr. 8

21682 Stade:
Niedersächsisches Staatsarchiv in Stade, Am Sande 4 c

70173 Stuttgart:
Hauptstaatsarchiv, Konrad-Adenauer- Str. 4

70184 Stuttgart:
Landeskirchliches Archiv, Gänsheidestr. 4

70599 Stuttgart:
Wirtschaftsarchiv Baden-Württemberg, Schloß Hohenheim

54290 Trier:
Bistumsarchiv, Jesuitenstr. 13 b

99423 Weimar:
Staatsarchiv Weimar, Marstallstr. 2

65187 Wiesbaden:
Hessisches Hauptstaatsarchiv, Mosbacher Str. 55

38302 Wolfenbüttel:
Niedersächsisches Staatsarchiv, Forstweg 3

97070 Würzburg:
Staatsarchiv, Residenzplatz 2

97070 Würzburg:
Bischöfliches Ordinariatsarchiv, Domschulstr. 2

Außer den aufgeführten Archiven von regionaler oder bundesweiter Bedeutung gibt es in allen Großstädten, in allen kreisfreien Städten und in einer Reihe von kreisangehörigen Städten Stadtarchive, die stets familiengeschichtliches Material enthalten. Sie können brieflich in der Regel über die jeweiligen Stadtverwaltungen erreicht werden. Ähnliches gilt für die in Nordrhein-Westfalen bestehenden Kreisarchive, die über die Kreisverwaltungen angeschrieben werden können.

Ausländische Archive

BELGIEN
Archives Générales de Royaume, 2, rue Ruysbroeck, **B–1000 Bruxelles**

FRANKREICH
Archives départementales, 5, rue Fischart, **F-67000 Strasbourg**

Archives départementales, Cité administrative, **F-68026 Colmar-Cedex**

Archives départementales, c/o Préfecture, **F-57034 Metz-Cedex**

LIECHTENSTEIN
Liechtensteinisches Landesarchiv, **FL-9490 Vaduz**

LUXEMBURG
Großherzogliches Staatsarchiv, plateau du Saint-Esprit, **Luxembourg**

ÖSTERREICH
A-6900 Bregenz:
Vorarlberger Landesarchiv, Kirchstr. 28

A-7001 Eisenstadt:
Burgenländisches Landesarchiv, Freiheitsplatz 1

A-8010 Graz:
Steiermärkisches Landesarchiv, Bürgergasse 2 a

A-8010 Graz-Seckau:
Diözesanarchiv, Bischofplatz 4

A-6010 Innsbruck:
Tiroler Landesarchiv, Michael-Gaismair-Str. 1

A-9010 Klagenfurt:
Kärntner Landesarchiv, Herrengasse 24

A-4020 Linz a. d. Donau:
Oberösterreichisches Landesarchiv, Anzengruberstr. 19

A-4020 Linz a. d. Donau:
Diözesanarchiv des Bischöflichen Ordinariates, Harrachstr. 7

A-5020 Salzburg:
Salzburger Landesarchiv, Michael-Pacher-Str. 40

A-5020 Salzburg:
Erzbischöfliches Konsistorialarchiv, Kapitelplatz 2

A-1030 Wien:
Österreichisches Staatsarchiv, Generaldirektion, Nottendorfer Gasse 2

A-1010 Wien:
Niederösterreichisches Landesarchiv, Herrengasse 11

A-1082 Wien:
Archiv der Stadt und des Landes Wien, Magistratsabteilung 8, Rathaus

A-1010 Wien:
Archiv des Erzbischöflichen Ordinariats, Wollzeile 2

A-1180 Wien:
Archiv des Evangelischen Oberkirchenrates, Severin-Schreiber-Gasse 3

A-1010 Wien:
Zentralarchiv des Deutschen Ordens, Singerstr. 7

POLEN
Wojewodzkie Archiwum Państwowe w Gdańsku, ul. Wały Piastowski 5, **Gdansk** (Wojewodschaftsarchiv Danzig)

Wojewodzkie Archiwum Państwowe w Szczecinie, ul.św. Wojciecha 13, **Szczecin** (Wojewodschaftsarchiv Stettin)

Archiwum Państwowe Miasta Wroclawia i Wojewodztwa Wrocławskiego, ul. Pomorska 2, **Wrocław** (Wojewodschaftsarchiv Breslau)

Arcybiskupie Archiwum Diecezjalne (Erzbischöfliches Diözesanarchiv), ul Kanonia, **Wrocław**

SCHWEIZ
CH-4001 Basel:
Schweizerisches Wirtschaftsarchiv, Petersgraben, Kollegienhaus der Universität

CH-4001 Basel:
Staatsarchiv des Kantons Basel-Stadt, Martinsgasse 2

CH-3003 Bern:
Bundesarchiv, Archivstr. 24

CH-3003 Bern:
Staatsarchiv des Kantons Bern, Falkenplatz 4

CH-4410 Liestal:
Staatsarchiv des Kantons Basel-Landschaft, Wiedenhubstr. 35

CH-8200 Schaffhausen:
Staatsarchiv des Kantons Schaffhausen, Rathausbogen 4

CH-8057 Zürich:
Staatsarchiv des Kantons Zürich, Winterthurer Str. 170

USA
University Research Library, 405 Hilgard Ave., **Los Angeles**, California

The Family History Library, **Salt Lake City**, Utah

Unberücksichtigt mußten in dieser Aufstellung die zahlreichen kleinen und kleinsten Stadt- und Gemeindearchive sowie Privat- und Firmenarchive, Dekanats- und Pfarrarchive usw. bleiben.
Weitere Adressen von Archiven aus den ehemaligen deutschen Ostgebieten sind bei der Botschaft der Volksrepublik Polen, Kulturabteilung, Pferdmengesstr. 5, 50968 Köln oder der »Arbeitsgemeinschaft Ostdeutscher Familienforscher« zu erfragen. Die Staatsarchive der übrigen Schweizer Kantone können über das Bundesarchiv in Bern erfragt werden.
Das »Minerva-Handbuch der Archive« (2 Halbbände, Berlin 1974) ist für die Anschriften sowie für Informationen über die Hilfsmittel und Bestände der einzelnen Archive unerläßlich.

Register

Halbfette Seitenzahlen verweisen auf eine ausführliche Erläuterung des Begriffs.

Zum selben Thema ist in der Verlagsgruppe FALKEN auch ein Ratgeber für Einsteiger erschienen: »Familienforschung, Ahnentafel, Wappenkunde. Wege zur eigenen Familienchronik« (ISBN 3-8068-0744-2)

ISBN 3 8094 514 0

Umschlaggestaltung: Peter Udo Pinzer
Titelbild: EDITIO TOTIUS MUNDI
Bildquellenverzeichnis:
Archiv der Verbandsgemeinde Rhein-Nahe, Bingen am Rhein: S. 85, 184 o., 209; Archiv für Kunst und Geschichte, Berlin: S. 7, 13, 14, 33, 48, 49, 82, 114, 138, 140, 145 o., 146 o. und u., 147, 151 u., 152 l., 181, 192, 201, 203, 204; Callwey Verlag, München, aus: Walter Leonhard »Das große Buch der Wappenkunst«: S. 126, 127; Familienstiftung Pies-Archiv; Forschungszentrum Vorderhunsrück e.V., Dr. Eike Pies, Sprockhövel: S. 31; Archiv Gerstenberg, Wietze: S. 40, 43, 60, 66, 119, 124, 125 o., 130 o., 132, 134 l., 136, 137 r., 139, 144 l., 145 u., 146 l., 151 r., 152 r., 156, 157, 159 o., 166, 172, 174, 175; Claus und Liselotte Hansmann, Kulturgeschichtliches Bildarchiv von A–Z, München: S. 2, 6, 29, 39, 42, 44, 50, 51, 80, 122, 123, 125 u., 128, 129, 130 u., 131, 133, 134 r., 135, 137 l., 142, 143, 144 r., 148, 151 o., 153–155, 158, 159 u., 160–165, 167-171, 173, 178-180, 182, 183, 193, 194 und 195 (Foto M. Holzapfel); Weingut Karl Happ, Geisenheim/Rheingau: S. 16; Hessisches Hauptstaatsarchiv, Wiesbaden: S. 74 (Abt. II 52), 90 (Abt. 360 Weinbach 30), 197 (Abt. 171 V 515 II); Historia-Photo, Hamburg: S. 1, 20, 27, 32, 35, 38, 57, 63, 71, 73, 79, 86, 87, 93, 94, 97, 98, 102–105, 141, 205, 206 o., 207; Weingut Janssen, Bodenheim: S. 19 o.; Einheitsübersetzung der Heiligen Schrift, © Katholische Bibelanstalt, Stuttgart 1980: S. 37; Mittelrhein-Burgen und Wein e.V., St. Goar (Weingut Johannishof, Johannisberg): S. 19 u.; Magistrat der Landeshauptstadt Wiesbaden, Stadtarchiv: S. 91; Nordrhein-Westfälisches Personenstandsarchiv Rheinland, Brühl: S. 59, 65, 68; Pandion-Verlag, Bad Kreuznach: S. 47; Heinz Reise Verlag, Göttingen: S. 23, 45; RNK-Nachdruckverlag, Braunschweig: S. 8, 111; Stadtarchiv Frankfurt a.M.: S. 88; Wolf von Schenck, Kronberg: S. 21, 117; Gemeinde Unterschleißheim: S. 15, 184 u.l.; Prof. Dr. I. Weber-Kellermann, Marburg: »Die Familie«, Insel Verlag 1984, S. 264: S. 9; Monika Zilliken: Wiesbaden: S. 53.
Redaktion: Dr. Petra Begemann
Redaktion für diese Ausgabe: Falk Steins
Herstellung für diese Ausgabe: Norbert Happel

Satz: Grunewald Satz & Repro GmbH, Kassel
Gesamtkonzeption: Bassermann'sche Verlagsbuchhandlung, D-65527 Niedernhausen/Ts.

044850294X 817 2635 4453 6271